2025年度版

滋賀県の家庭科

過去問

協同教育研究会 編

協同出版

本書には，滋賀県の教員採用試験の過去問題を収録しています。各問題ごとに，以下のように5段階表記で，難易度，頻出度を示しています。

難　易　度

非常に難しい	☆☆☆☆☆
やや難しい	☆☆☆☆
普通の難易度	☆☆☆
やや易しい	☆☆
非常に易しい	☆

頻　出　度

◎	ほとんど出題されない
◎◎	あまり出題されない
◎◎◎	普通の頻出度
◎◎◎◎	よく出題される
◎◎◎◎◎	非常によく出題される

※本書の過去問題における資料，法令文等の取り扱いについて

本書の過去問題で使用されている資料や法令文の表記や基準は，出題された当時の内容に準拠しているため，解答・解説も当時のものを使用しています。ご了承ください。

はじめに～「過去問」シリーズ利用に際して～

教育を取り巻く環境は変化しつつあり，日本の公教育そのものも，教員免許更新制の廃止やGIGAスクール構想の実現などの改革が進められています。また，現行の学習指導要領では「主体的・対話的で深い学び」を実現するため，指導方法や指導体制の工夫改善により，「個に応じた指導」の充実を図るとともに，コンピュータや情報通信ネットワーク等の情報手段を活用するために必要な環境を整えることが示されています。

一方で，いじめや体罰，不登校，暴力行為など，教育現場の問題もあいかわらず取り沙汰されており，教員に求められるスキルは，今後さらに高いものになっていくことが予想されます。

本書の基本構成としては，出題傾向と対策，過去5年間の出題傾向分析表，過去問題，解答および解説を掲載しています。各自治体や教科によって掲載年数をはじめ，「チェックテスト」や「問題演習」を掲載するなど，内容が異なります。

また原則的には一般受験を対象としております。特別選考等については対応していない場合があります。なお，実際に配布された問題の順番や構成を，編集の都合上，変更している場合があります。あらかじめご了承ください。

最後に，この「過去問」シリーズは，「参考書」シリーズとの併用を前提に編集されております。参考書で要点整理を行い，過去問で実力試しを行う，セットでの活用をおすすめいたします。

みなさまが，この書籍を徹底的に活用し，教員採用試験の合格を勝ち取って，教壇に立っていただければ，それはわたくしたちにとって最上の喜びです。

協同教育研究会

CONTENTS

第１部

滋賀県の
家庭科
出題傾向分析

滋賀県の家庭科　傾向と対策

滋賀県では，2024年度も2023年度同様，中学校と高等学校で募集があり，校種別で実施された。解答形式について，中学は選択・記述式の併用で，記述式は用語を答えさせるものが多い。高校は，ほぼ記述式解答となり，用語を答えさせる他，理由を問う問題や説明等を求める問題も多い。試験時間は60分，問題数は，年度により多少の変動がある。

校種別の2024年度の出題の特徴について，中学校では，食生活分野の出題が多いことや，2023年度同様に高齢者関係の分野の出題がないことがあげられる。一方，高等学校では，すべての分野から出題されているが，食生活分野の出題が少なく，2023年度は出題がなかった学習指導要領からの出題があった。どの分野も踏み込んだ内容の出題が多くみられる。

分野別の出題内容について，「子ども・高齢者と家族」分野では，中学では基本的生活習慣，共遊玩具マーク，幼児との触れ合い体験での注意事項，認定子ども園などの出題，高校では妊娠・出産，保育所，待機児童問題などが出題された。過去には，生涯発達の考え方や，青年期における発達課題を問う問題，生理的微笑や愛着，人見知り，第1反抗期，大泉門・小泉門など乳幼児の心身の発達に関した問題などが出題された。「食生活」分野では，中学では5大栄養素，可食部の計算，加工食品の表示，アレルギー物質，消費期限と賞味期限，持続可能な食生活に関してフード・マイレージ，バーチャル・ウォーターなどが出題された。過去には，日本食品標準成分表や食事摂取基準関連問題，滋賀県の伝統的な食文化が出題された。高校ではPFCバランス，ハレ，和食のユネスコ文化遺産登録での評価事項，食の禁忌が出題された。過去にはビタミンやミネラル，細菌性食中毒が出題された。「衣生活」分野については，中学では日本の文様，衣服の手入れに関して洗濯や3Rなど，特に洗濯に関しては洗剤の濃度と汚れ落ちの関係をグラフから考察させる問題もみられた。過去には繊維による吸湿性や防しわ性などの特徴，混紡繊維の洗濯方法やアイロン温度，和服の平面構成などが出題された。高校では三原組織，平面構成，立体構成，反物の裁断に関して和服を構成する部位の名称などが出題された。過去には界面活性剤による洗浄の仕組みや，防虫剤の種類と特徴，小紋・振袖・浴衣・訪問着などの格の違いの問題が出題された。「住生活」分野は，中学では日本各地の住まい，室内環境についての出題であった。過去には日本の和風建築の設計や引き戸と開き戸の特徴などが出題されている。高校ではバリアフリー新法，コーポラティブハウス，減災，ヒートショック，建築基準法の採光に関しての出題であった。「消費生活と環境」分野からは，中学では物資とサービス，民法改正により18歳でできるようになったこと，クーリング・オフ制度，製造物責任法についての出題であった。過去にはSDGsの目標のマークやカーボンフットプリントなど環境関連問題も出題された。高校ではクーリング・オフ制度，貸金業法，SDGsの柱が出題された。過去には，法律に関連した問題も多く出題されている。学習指導要領については，中学校では，目標や内容を中心に出題されることが多い。2024年度は目標と指導計画の作成と内容の取り扱いから出題された。高校では，家庭科改定の趣旨及び要点，指導計画の作成と内容の取扱いから出題された。指導法は，近年みられないが，滋賀県特有の板書例を求める問題として，2017年度は，離乳の意義・離乳食の進め方・注意点の板書例，2016年度は，幼児の言葉の発達の板書例，高齢者の摂食時の工夫の板書例が出題されている。

対策だが，これまで頻出の食生活，衣生活に加えて，他分野についても幅広く基本事項を押さえておくことが必要だろう。分野によっては年度によって出題傾向が異なるが，どのような問題にも対応できるように準備しておこう。難易度は中学校・高等学校の教科書レベルだが，生活関連の法律の出題も多いことから，社会の動きにも関心をもつように常日頃から広くアンテナをはっておくように心がけたい。中学教員志願者は中学と高校の家庭科の教科書を見比べておくことも大切である。新学習指導要領の学習内容の重要項目として，契約に関する学校教育の必要性，衣食住に関する伝統文化の継承，中学における高齢者関連の介助等をはじめとする高齢者への理解などが示されていることから，今後出題が増えてくるだろう。記述式問題も多いことから，用語をきちんと理解するなど，基本的な知識を的確に伝えられるように丁寧な学習が求められる。誤字・脱字には十分注意しなければならない。加えて，高等学校では，用語説明や実際の指導を想定した資料の作成，授業を想定した板書の学習も必要となる。本書の過去問を通じて時間配分のコツをつかむことも重要である。学習指導要領については，学習指導要領解説を丁寧に読み理解しておく必要があろう。二次試験では中高ともに指導実技として模擬授業，専門実技として実技試験が課せられるので，実際に教壇に立ったことを想定して，生徒にわかりやすく関心を呼び起こす授業を構想しておくことが求められよう。

過去5年間の出題傾向分析

中学＝○　高校＝◎

分類	主な出題事項	2020年度	2021年度	2022年度	2023年度	2024年度
子ども・高齢者と家族	子どもへの理解		○ ◎	◎	◎	○ ◎
	子育て支援の法律・制度・理念	○				○ ◎
	児童福祉の法律・制度		○			
	家族と家庭生活			◎		◎
	高齢者の暮らし	○	◎			
	高齢者への支援		◎			◎
	福祉と法律・マーク		○ ◎			○ ◎
	その他				◎	
食生活	栄養と健康	○		○ ◎	○ ◎	○ ◎
	献立		○			
	食品		○		◎	○
	食品の表示と安全性		◎	○	◎	
	調理	○	○ ◎	◎		
	食生活と環境	○		◎		○
	生活文化の継承		◎	○ ◎	○	◎
	その他	○				
衣生活	衣服の材料		○		○ ◎	◎
	衣服の表示					
	衣服の手入れ	○	○ ◎	◎	○ ◎	○
	製作	○		○ ◎		
	和服		◎	○	○ ◎	◎
	衣生活と環境			◎		○
	生活文化の継承		◎			○
	その他	○	○		○	
住生活	住宅政策の歴史・住宅問題			◎		
	間取り，平面図の書き方			○	○	
	快適性（衛生と安全）	○	○	○ ◎	○ ◎	○ ◎
	住まい方（集合住宅など）					◎
	地域社会と住環境			○		
	生活文化の継承		○ ◎		○	○
	その他	○				◎
消費生活と環境	消費者トラブル					
	消費者保護の法律	○	○ ◎	◎		○ ◎
	お金の管理，カード，家計		◎	○	○ ◎	◎
	循環型社会と3R		○			○
	環境問題と法律				○	
	消費生活・環境のマーク	○	○	○ ◎	○	○ ◎
	その他	○				○
学習指導要領に関する問題		○	○ ◎	○ ◎	○	◎
学習指導法に関する問題						

第２部

滋賀県の
教員採用試験
実施問題

2024年度　実施問題

【中学校】

【1】中学校学習指導要領(平成29年3月告示)「第2章　各教科　第8節　技術・家庭」に示されている内容について，次の1，2の問いに答えよ。

1　次の文は，「第2　各分野の目標及び内容　[家庭分野]　1　目標」の一部である。(　①　)～(　⑤　)にあてはまる語句を答えよ。

> 生活の営みに係る見方・考え方を働かせ，衣食住などに関する実践的・(　①　)な活動を通して，よりよい生活の実現に向けて，生活を工夫し創造する資質・能力を次のとおり育成することを目指す。
>
> (1)　家族・家庭の機能について理解を深め，家族・家庭，衣食住，消費や環境などについて，生活の(　②　)に必要な基礎的な理解を図るとともに，それらに係る(　③　)を身に付けるようにする。
>
> (2)　家族・家庭や地域における生活の中から(　④　)を見いだして(　⑤　)を設定し，解決策を構想し，実践を評価・改善し，考察したことを論理的に表現するなど，これからの生活を展望して(　⑤　)を解決する力を養う。

2　次の文は，「第3　指導計画の作成と内容の取扱い」の一部である。(　①　)～(　⑤　)にあてはまる語句を答えよ。

> 1　指導計画の作成に当たっては，次の事項に配慮するものとする。
>
> (2)　技術分野及び家庭分野の授業時数については，(　①　)を見通した全体的な指導計画に基づき，いずれかの分野に偏ることなく配当して履修させること。その際，各学年において，技術分野及び家庭分野のいずれも

履修させること。

家庭分野の内容の「A家族・家庭生活」の(4)，「B衣食住の生活」の(7)及び「C消費生活・環境」の(3)については，これら三項目のうち，(　②　)以上を選択し履修させること。その際，他の内容と関連を図り，実践的な活動を家庭や(　③　)などで行うことができるよう配慮すること。

(4)　各項目及び各項目に示す事項については，相互に有機的な関連を図り，総合的に展開されるよう適切な題材を設定して計画を作成すること。その際，生徒や学校，(　③　)の実態を的確に捉え，指導の効果を高めるようにすること。また，(　④　)における学習を踏まえるとともに，高等学校における学習を見据え，他教科等との関連を明確にして系統的・発展的に指導ができるようにすること。さらに，(　⑤　)な開発のための教育を推進する視点から他教科等との連携も図ること。

(☆☆☆◎◎◎◎◎)

【２】食生活について，次の1～3の問いに答えよ。

1　次の問いに答えよ。

(1)　図中の(　①　)～(　③　)にあてはまる語句を答えよ。

【図：栄養素の種類と働き】

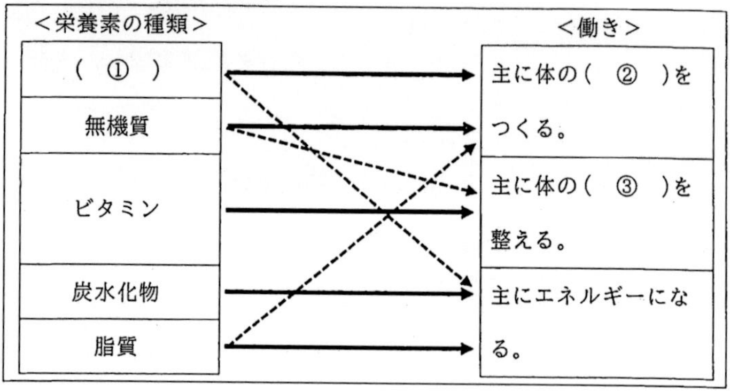

(2)　無機質について，次の文の(　ア　)，(　イ　)にあてはまる語句を答えよ。

> 人の血液中の赤血球に含まれる(　ア　)は，体全体に酸素を運んでいる。(　ア　)をつくるには，栄養素の鉄が必要である。偏った食事などで鉄が不足すると，(　ア　)が少なくなり，体全体に十分に酸素が行きわたらず，(　イ　)状態になることがある。

(3)　ビタミンについて，次の文の(　ア　)，(　イ　)にあてはまる語句を答えよ。

> ・ビタミンAは，目の働きを助け，皮膚や喉，鼻の粘膜を健康に保つ。植物性食品に含まれている橙黄色のカロテンは，体内で分解されて(　ア　)に変わる。
> ・ビタミン(　イ　)は，骨や歯などを丈夫にする。

(4)　脂質について，食品に含まれる脂質のほとんどは脂肪であり，脂肪はエネルギー源となる。脂質は1gあたり約何kcalのエネルギーを発生するか数字で答えよ。

(5) りんご1個220gの場合，可食部の重さを答えよ。ただし，りんごの廃棄率は15%とすること。

2 次は，ある加工食品〔ロースハム(スライス)〕の表示の一部である。以下の問いに答えよ。

加熱食肉製品（加熱後包装）

名　　称	ロースハム（スライス）
原材料名	豚ロース肉（国産），還元水あめ，大豆たん白，食塩，卵たん白（卵を含む），乳たんぱく，たん白加水分解物（豚肉を含む），調味エキス（大豆を含む）／カゼインＮａ（乳由来），増粘多糖類，リン酸塩（Ｎａ），調味料（アミノ酸等），酸化防止剤（ビタミンＣ），くん液，発色剤（亜硝酸Ｎａ），カルミン酸色素
内容量	70g　賞味期限　表面左上部に記載してあります。
保存方法	10℃以下で保存してください。
製造者	○○株式会社　○○県○○市○－○

栄養成分表示（1パック70g当たり）●この表示値は，目安です。

エネルギー	たんぱく質	脂質	炭水化物	食塩相当量
75kcal	12.1g	1.7g	2.8g	1.9g

(1) 最も多く使用されている原材料名を1つ答えよ。

(2) 食品添加物の数を答えよ。

(3) 原材料の1つである酸化防止剤(ビタミンC)の使用目的を説明した次の文の(　　)にあてはまる語句を答えよ。

酸化防止剤は，(　　)の酸化を防ぐ。

(4) アレルギー物質の表示において，必ず表示される7品目(特定原材料)のうち，この加工食品に含まれているものをすべて答えよ。

(5) 消費期限と賞味期限について，「期限」という語句を使って説明せよ。

3 持続可能な食生活について，次の(　①　)～(　⑤　)に適する語句をア～クから選び，記号で答えよ。

○　食べられるのに捨てられてしまう食品を(　①　)という。
○　国内で消費される食べ物が，どのくらい国内の生産でまかなえているかを示す(　②　)は約40％(カロリーベース)で，これは主要先進国の中では最低の水準である。
○　食料輸送に伴う環境への影響を示す指標を(　③　)という。これは，輸送量(t)×輸送距離(km)で表され，食料輸入が多く，島国である日本は高い値である。
○　農畜産物を育てるには多くの水を必要とする。食料を輸入することは，その食品を生産するために必要な水資源を使って，(　④　)を輸入することになる。
○　ある地域で生産されたものを，その地域で消費することを(　⑤　)という。(　⑤　)の食材は，つくられた場所とそれを調理して食べる場所が近いので，食材の鮮度が保たれる利点がある。

ア　食料自給率　　　イ　食品ロス
ウ　エコクッキング　　　エ　バーチャル・ウォーター
オ　郷土料理　　　カ　フード・マイレージ
キ　地産地消　　　ク　カーボンフットプリント・マーク

(☆☆◎◎◎◎◎)

【3】衣生活について，次の1～3の問いに答えよ。

1　日本の文様には，草，花，動物，自然，季節などを表す柄が多くあり，そこに人々の思いや願いなどが込められている。次の①～④の文様の名前をア～カから選び，記号で答えよ。

①　②　③　④

ア　青海波　　イ　亀甲　　ウ　麻の葉　　エ　市松

オ　うろこ　　カ　七宝つなぎ

2　洗濯について，次の問いに答えよ。

(1)　水と油をなじませ，汚れを繊維から離す働きをする洗剤の主成分の名前を答えよ。

(2)　図1は(1)の主成分の分子をモデル化したものである。洗剤によって汚れが落ちる様子として最も適切な順に図2のア～エを並び替え，ア →【　　】→【　　】→【　　】に合うように，記号で答えよ。

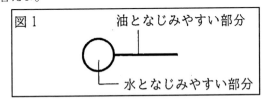

図 1

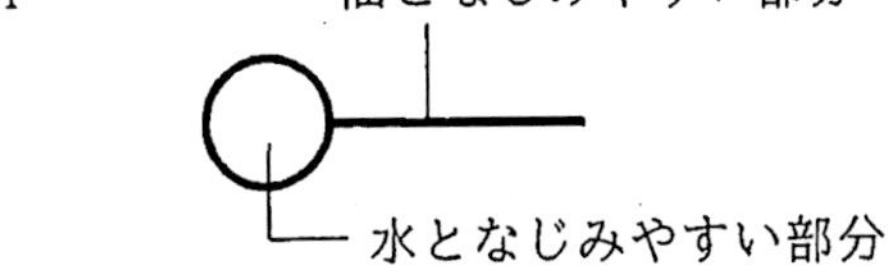

図 2

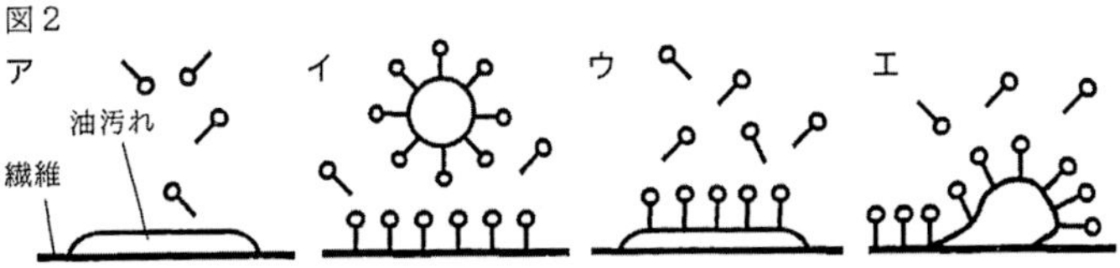

(3)　次の図は洗剤の濃度と汚れ落ちの関係を示したものである。この図から洗剤の濃度と汚れ落ちの関係について分かることを2つ簡潔に答えよ。

図　洗剤の濃度と汚れ落ちの割合

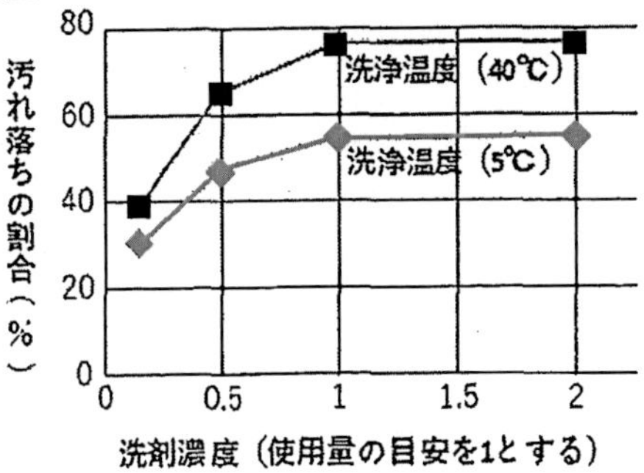

3　衣服の手入れについて，次の問いに答えよ。

(1)　スカート，ズボンのすそなどの縫い目がほころびている場合の補修の方法として，最も適している縫い方を答えよ。また，その縫い方を選んだ理由を答えよ。

(2)　資源や環境のことを考えた衣服の計画的な活用のために，3Rに取り組むことが重要である。3Rについてまとめた次の表の(　①　)～(　③　)に適する語句をカタカナで答えよ。

3R	実践例
(　①　)	必要な枚数を購入する。長く着られる衣服を選ぶ。
(　②　)	ほかの人に譲る。フリーマーケットに出す。
(　③　)	衣服を裁断したり繊維にほぐしたりして，衣服や衣服以外のものにつくり変える。

(☆☆☆◎◎◎)

【4】住生活について，次の1，2の問いに答えよ。

1　次の①～④は日本各地の特徴的な住まいを説明した文である。①～④が見られる地域を，それぞれア～エから選び，記号で答えよ。

①　台風の被害を防ぐために，周りを石垣と樹木で囲んだ平屋建てが多い。樹木は日差しと暑さを和らげ，住まいも風通しの良いつくりになっている。

②　町中に建つ「町家」は，間口が狭く，奥に長い住まい。通りから中庭を抜ける通り庭があり，風を通し，日照を確保できるように工夫されている。

③　出入りのとき，室内に雪や冷気が入らないように，風除室を設けている。また，二重窓にして暖房効果を高めている。

④　合掌造りの住まい。冬の雪下ろしの作業を軽減するように，急勾配を付けた断熱性のある茅ぶきの屋根を持つ。

ア　北海道　　イ　沖縄県　　ウ　京都府　　エ　岐阜県

2　室内環境について，次の問いに答えよ。

(1)　室内の空気を外に出して，新鮮な空気を外から取り入れることを換気という。

①　窓を開ける方法，②　換気扇を使う方法　をそれぞれ何換気というか答えよ。

(2)　塗料や接着剤などに含まれる化学物質による室内空気の汚染など住まいが原因となって起こる頭痛，目やのど・鼻の痛み，はき気，呼吸器の障害，めまい，皮膚炎などの体調不良を何というか答えよ。

(3)　ガス湯沸かし器やガスこんろ，石油ストーブなどの不完全燃焼によって発生し，僅かな量でも命に関わる重大な健康被害をもたらす物質名を答えよ。

(☆☆◎◎◎◎◎)

【5】消費生活について，次の1～4の問いに答えよ。

1　私たちは，毎日の生活に必要な物の多くを商品として購入し，消費して生活している。商品には，物資とサービスがある。次のア～クから物資をすべて選び，記号で答えよ。

ア　スーパーで食料品を買う　　イ　デパートで衣料品を買う
ウ　クリーニング店を利用する　　エ　映画館で映画を観る
オ　音楽をダウンロードする　　カ　塾で勉強を教えてもらう
キ　電気店で冷蔵庫を買う　　ク　美容室で髪を切る

2　民法の改正により，2022年4月1日から成年年齢は18歳になった。18歳(成年)になったら親の同意がなくてもできることを，次のア～エからすべて選び，記号で答えよ。

ア　飲酒　　イ　喫煙　　ウ　一人暮らしの部屋を借りる契約
エ　ローンを組む契約

3　クーリング・オフ制度について，次の問いに答えよ。

(1)　クーリング・オフの対象となるものを，次のア～オからすべて選び，記号で答えよ。

ア　路上で勧誘されて営業所に連れて行かれて契約した商品
イ　デパートに自ら出向いて購入した商品
ウ　通信販売で購入した商品
エ　電話で勧誘されて営業所に連れて行かれて契約した商品
オ　訪問販売で購入した商品

(2)　クーリング・オフの方法として正しいものを，次のア～エからすべて選び，記号で答えよ。
ア　電子メールでの手続き
イ　店舗での口頭での手続き
ウ　電話での手続き
エ　特定記録郵便での書面の手続き

4　次は，消費者を支える法律を説明したものである。法律の名称を答えよ。

製品の欠陥により，命や体などに被害が生じた場合の，製造業者などの責任を定めた法律。

(☆☆◎◎◎)

【6】幼児の生活と家族について，次の1～5の問いに答えよ。

1　健康的で自立した生活の基礎となる食事，睡眠，排せつ，着脱衣，清潔など，生きていくうえで必要な，毎日繰り返し行われている習慣を何というか答えよ。

2　次のマークのように，目や耳が不自由な子もいっしょに楽しく遊べるおもちゃにつけられているマークを何というか答えよ。

3　おにごっこや折り紙，あやとりなど昔から子どもに親しまれ，受け継がれてきた日本の伝統的な遊びを何というか答えよ。

4　地域の保育所や幼稚園で，中学生が「幼児との触れ合い体験」で幼児と触れ合う活動を行う時，幼児への接し方や関わり方など，心がけることを2つ簡潔に答えよ。

5　就学前の子どもに幼児教育と保育の両方を提供し，地域における子育て支援を行う施設のことで，幼保連携型，幼稚園型，保育所型，地方裁量型がある。その施設の名称を答えよ。

(☆☆☆◎◎◎)

【高等学校】

【1】次のA，Bは，「高等学校学習指導要領(平成30年告示)解説　家庭編」の一部である。以下の問いに答えなさい。

A　家庭科，技術・家庭科家庭分野では，人の生活の営みに係る多様な生活事象を学習対象としている。(　①　)にわたって(　②　)し共に生きる生活を創造するために，「家族や家庭，衣食住，消費や環境などに係る生活事象を【　A　】等の視点で捉え，よりよい生活を営むために工夫すること」を「<u>生活の営みに係る見方・考え方</u>」として整理することができる。

B　高等学校家庭科においては，(　②　)した(　③　)として必要な生活の(　④　)的な理解や生活課題を(　⑤　)する力の育成について一層の充実が求められる。また，選挙権年齢が18歳以上に引き下げられたことなども踏まえて，男女が協力して(　⑥　)的に家庭を築き相互に支えあう社会の構築に向けて，家庭や地域の生活を創造しようとする態度や(　⑥　)的に地域社会と関わり，(　⑦　)しようとする態度を育成することが一層求められている。

(1)　文中の空欄(　①　)～(　⑦　)にあてはまる語句を答えなさい。

(2)　下線部について，文中の空欄【　A　】にあてはまる視点4つを答えなさい。

(3)　「家庭総合」および「家庭基礎」における指導計画について，

次の①，②の問いに答えなさい。

① 成年年齢が18歳に引き下げられることを踏まえ，入学年次またはその次の年次までに履修させることが求められている内容を書きなさい。

② 「家庭総合」および「家庭基礎」の各科目に配当する総授業時数のうち，原則として実験・実習に配当することとなっている時間の割合はどのように示されているか，答えなさい。

(☆☆☆◎◎◎◎)

【2】次の文を読み，以下の問いに答えなさい。

現在の日本では，家族に関する法律は，おもに(　①　)の第四編・親族と第五編・相続に規定されており，この二編を家族法と呼んでいる。

1898年施行された明治(　①　)では(　②　)制度にもとづいて，(　③　)が強大な権力を持って家族を統一していた。そのため，<u>夫婦関係</u>については，妻は夫に服従し，財産の管理権や運用権もなかった。親権については，未成年者に対する権利と義務は(　④　)のみにあった。

生活の自立が困難な人に対して援助することを(　⑤　)といい，(　①　)では(　⑥　)血族と兄弟姉妹は互いに(　⑤　)する義務があるとしている。(　①　)による親族の範囲は「6親等内の血族，配偶者，3親等内の姻族」とされている。自分にとって配偶者の妹の子どもは(　⑦　)族(　⑧　)親等，自分の親の兄は(　⑨　)族(　⑩　)親等となる。

(1) 文中の空欄(　①　)～(　⑩　)にあてはまる語句を答えなさい。

(2) 下線部について，次の文の誤っている語句を1つ選び正しい語句を答えなさい。

夫婦関係の継続が困難になった場合，婚姻関係を解消し，離婚することができる。日本では，夫婦の話し合いによる合意で離婚届を提出する裁判離婚が約9割を占めている。

(3) 婚姻関係にある夫婦の子を法律上何というか，答えなさい。

(4) 相続人が次の①～③の3人であり，相続額が6000万円であった場合，①～③のそれぞれの法定相続分を答えなさい。

① 配偶者

② 被相続人と婚姻関係にあった配偶者との間の子

③ 上の②ではない子

(☆☆☆☆◎◎◎)

【3】次の文を読み，以下の問いに答えなさい。

妊娠期間とは，一般的に(①)から数えて約40週間とされている。妊娠が判明したら妊娠届を提出して(②)の交付を受ける。妊娠初期には，つわりが始まることが多く，妊娠後期になると，(③)が起こりやすい。

母胎内で成長した胎児は，(④)によって母胎内から外へ出され，妊娠は終了する。その後，(a)母体が妊娠前の健康状態に回復するまで，おおよそ6～8週間かかり，母親は体の急激な変化や慣れない育児による疲れから，精神面や情緒面で不安になりやすい。子どもを産むのは母親であるが，子どもを育てることは父親と母親が協力しておこなうことがらである。

また，次の時代をつくる子どもたちを社会全体で育てていこうと，さまざまな取り組みがおこなわれている。家庭のなかだけで子どもを育てるのではなく，地域社会で支援しようということであり，保育のニーズも多様化している。多くの子どもを対象にした保育を集団保育といい，家庭とは異なる集団のなかで，家庭ではできない活動，人間関係，習慣やルールを通して，多様な経験をすることができる。母親の就労の増加など，(b)集団保育施設への入所を希望する家庭は増え，地域によっては(c)申請しても入所できない問題も生じている。

(1) 文中の空欄(①)～(④)にあてはまる語句を答えなさい。

(2) 下線部(a)について，このような期間を何というか，答えなさい。

(3) 下線部(b)について，保育所を所管する省庁を答えなさい。

(4)　下線部(c)について，このような問題を何というか，答えなさい。

(☆☆☆◎◎◎◎◎)

【４】次の(1)～(4)の問いに答えなさい。

(1)　知的機能には，流動性知能と結晶性知能がある。高齢期になっても伸び続けるとされるのはどちらか，答えなさい。また，その能力はどのようなものか，書きなさい。

(2)　生活の質(QOL)とは，どのような考え方か，答えなさい。

(3)　文中の空欄(　①　)～(　⑧　)にあてはまる語句を答えなさい。

介護保険制度は，市区町村が保険者となり，日本に住所をもつ(　①　)歳以上の人は被保険者として月々保険料を支払うしくみである。サービスを受けるには，(　②　)に申請し，要介護認定を受ける。(　③　)と認定された場合は，(　④　)支援センターとともに介護予防プランを立て，サービスを利用する。要介護と認定された場合は，(　⑤　)とケアプランを立て，サービスを利用する。サービスを受ける際には費用の1～3割を負担する。

厚生労働省「2017年度介護保険事業状況報告」によると，日常的に介護が必要な人は65歳以上人口の約18％であり，そのうち，生活全般に全面的な介護が必要な要介護(　⑥　)と認定されている人は約2％である。ただし，(　⑦　)歳以上の後期高齢者をみるとその割合は上昇する。また，身体的な支えを必要とする人が増加するだけでなく，(　⑧　)症のように物事を判断する能力が十分でなくなるような脳の病気をわずらう人の割合も上昇している。

(4)　育児や家族の介護をおこなう労働者の職業生活と家庭生活の両立を支援する法律を何というか，答えなさい。

(☆☆☆◎◎◎)

【５】次の文を読み，以下の問いに答えなさい。

明治以降，日本の食文化は欧米諸国の影響を受け，洋風料理が増加した。肉類や牛乳・乳製品，油脂などの摂取が増加した(a)1980年ころの食生活は日本型食生活と呼ばれ，栄養バランスがとれた食事として，海外からも評価された。

(b)日本の伝統的な食文化は和食として，2013年にユネスコ無形文化遺産に登録された。各地域の特産物を活用し，風土にあった食べ物を受け継いでいる郷土料理や，(c)年中行事で食される行事食は和食の特徴の一つである。

(1) 下線部(a)について，適正な栄養バランスが実現していた1980年の日本のPFC比率として適切なものを，次の(あ)～(え)の中から1つ選び記号で答えなさい。

(あ) P：13.0% F：25.5% C：61.5%

(い) P：25.5% F：61.5% C：13.0%

(う) P：61.5% F：13.0% C：25.5%

(え) P：25.5% F：13.0% C：61.5%

(2) 下線部(b)について，日本では，家族の人生の節目や地域の祭の際などに，日常とは違う「ごちそう」をつくり，家族や地域で祝う。このような食事を，日常の食事に対して何というか，答えなさい。

(3) 下線部(c)について，ユネスコ無形文化遺産へ登録された際，4点について評価された。そのうち2点は，「健康的な食生活を支える栄養バランス」，「正月など年中行事との密接なかかわり」であるが，残りの2点は何か，答えなさい。

(4) 外国の人と食事をともにする場合，生活習慣や食に対するルールの違いについて，留意しなければならない。イスラームで禁じられている飲食物を，次の(あ)～(え)の中からすべて選び記号で答えなさい。

(あ) 豚肉　(い) 卵　(う) 辛い香辛料　(え) アルコール

(☆☆☆☆◎◎◎◎◎)

【6】次の(1)，(2)の問いに答えなさい。

(1) 次の表は，織物の三原組織について，まとめたものである。以下の①～④の問いに答えなさい。

種　類	平織	（ A ）	朱子織
組織図	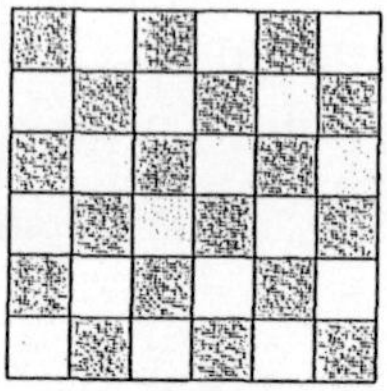	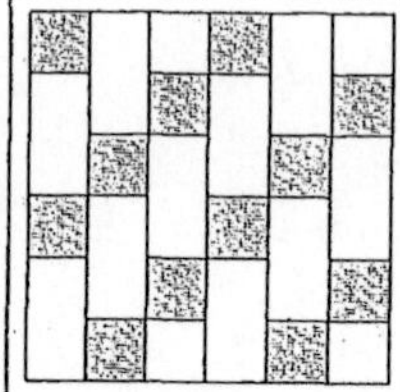	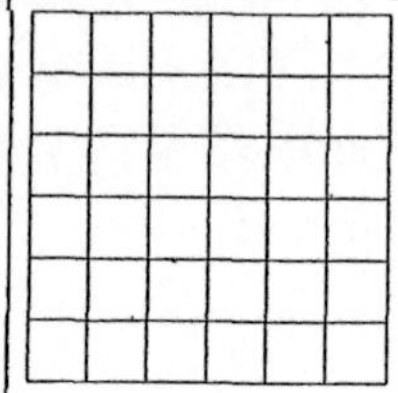
特　徴	（ ア ）	（ イ ）	（ ウ ）
例	（ エ ）	（ オ ）	（ カ ）

①　表の空欄(　A　)にあてはまる語句を答えなさい。

②　朱子織のよこ糸にあたる部分に色をつけ，組織図を完成させなさい。

③　表の空欄(　ア　)～(　ウ　)にあてはまるものを，次の(あ)～(お)の中からすべて選び，記号で答えなさい。

(あ)　右から左下に斜めに線が入っているように見える。

(い)　糸が浮いている部分が長く，光沢のある布になる。

(う)　ループ状に絡み合わせてつくるので，伸縮性がある。

(え)　交差している点が多く，丈夫な布になる。

(お)　たて糸とよこ糸の交差している点が少ない。

④　表の空欄(　エ　)～(　カ　)にあてはまる語句を次の語群よりすべて選び，答えなさい。

【語群】

ギンガム　　デニム　　サージ　　フェルト　　サテン
ブロード

(2)　次の文の(　①　)～(　④　)にあてはまる語句を答えなさい。

現代の日本の生活では，通常和服よりも洋服を着ることの方が多い。洋服は，(　①　)構成と呼ばれ，平面な布を人体の形状に合わせて(　①　)的になるように裁断し縫製したものである。一方，和服は，(　②　)構成と呼ばれ，布を直線的に裁断し縫製したものである。和服を制作する場合，反物を「そで」，「身ごろ」，「かけえり」，「(　③　)」，「(　④　)」の5種類に裁断する。

(☆☆☆◎◎◎◎◎)

【7】次の(1)～(10)の問いに答えなさい。

(1)　まちや建物のバリアフリー化を促進するため，ハートビル法と交通バリアフリー法を統合し，2006年に施行された法律は何か，答えなさい。

(2)「コーポラティブハウス」の説明として，最も適切な文を，次の①～③から1つ選び記号で答えなさい。

①　友人など血縁関係にない者どうしが同居する方式。

②　自分たち専用の独立した住空間の他に，団らん室，食事室など暮らしの一部を共同化した空間をもつ集合住宅。

③　自ら居住する住宅を建設しようとする者が組合を結成し，共同して事業計画を定め，土地の取得，建物の設計，工事の発注その他の業務をおこない，住宅を取得し管理していく方式。

(3)「減災」とは，どのようなことを重視する考え方か，答えなさい。

(4)　冬場の浴室やトイレ等における急激な温度変化で血圧の急激な上昇や下降が引き起こされることを何というか，答えなさい。

(5)　建築基準法では，住まいの居室について，採光に必要な窓などの開口部の最低限の面積は，居室の床面積に対してどれだけ必要と定められているか，答えなさい。

(6)　銀行，保険会社，証券会社などが提供・仲介する預金や保険，株式，公社債，投資信託などの商品のことを何というか，答えなさい。

(7)「これを買います」と申し込み，「わかりました」と承諾し，両者が合意すれば成立する法律上の約束のことを何というか，答えなさい。

(8)　クーリングオフ制度が適用されないのは，何円以下の現金取引の場合か，答えなさい。

(9)　貸金業法では，返済できなくなることを防ぐため，金利の上限を

15%から何%までと定めているか，答えなさい。

(10)　SDGsの2つの柱の1つは，「我々は地球を破壊から守る」である。もう1つの柱は何か，答えなさい。

(☆☆☆◎◎◎◎)

解答・解説

【中学校】

【1】1　①　体験的　②　自立　③　技能　④　問題　⑤　課題　2　①　3学年間　②　一　③　地域　④　小学校　⑤　持続可能

〈解説〉1　教科目標などは学習指導要領関連の問題の中でも最頻出の一つなので，十分に学習しておくこと。文言だけでなく，意味などについても問われることがあるので，学習指導要領解説でも学習しておきたい。　2　(2)は「(4)家族・家庭生活についての課題と実践の「ア家族，幼児の生活又は地域の生活の中から問題を見いだして課題を設定し，その解決に向けてよりよい生活を考え，計画を立てて実践できること」を受けたものであり，課題を解決する力と生活を工夫し創造しようとする実践的な態度を養うことをねらいとしている。

【2】1　(1)　①　たんぱく質　②　組織　③　調子　(2)　ア　ヘモグロビン　イ　貧血　(3)　ア　レチノール　イ　D　(4)　約9kcal　(5)　187g　2　(1)　豚ロース肉　(2)　8　(3)　脂質　(4)　卵・乳　(5)　消費期限…安全が保証されている期限であり，製造日を含めて5日以内の弁当やサンドイッチ，総菜などの食品に表示されている。　賞味期限…おいしさが保証されている期限であり，期限を超えても食べられないということではなく，牛乳・乳製品や即席めんなどの食品に表示されている。　3　①　イ

②　ア　③　カ　④　エ　⑤　キ

〈解説〉1　(1)　解答参照。　(2)　日本人の食事摂取基準(2020年版)では，13種類の無機質(カルシウム，鉄，ナトリウム，カリウム，リン，マグネシウム，銅，ヨウ素，マンガン，セレン，亜鉛，クロム，モリブデン)の推奨量や目安量を示している。これらについてははたらき，過剰症，欠乏症，多く含む食品についてまとめておきたい。特に，日本人の食生活で不足しがちなカルシウムと鉄，過剰摂取傾向のあるナトリウムとリンについては理解を深めておくとよい。　(3)　ビタミンは脂溶性ビタミン(A，D，E，K)と水溶性ビタミン(B群，C)に大別される。これらについては化学物質名，はたらき，過剰症，欠乏症，代表的な食品をまとめておきたい。イのビタミンDは，腸管からのカルシウムの吸収を促進し，血液に入ったカルシウムを骨まで運ぶはたらきがあり，骨や歯を丈夫にする。　(4)　なお，炭水化物，たんぱく質の1gあたりのエネルギー量は4kcalである。　(5)　可食部(g)＝重量(g)×(100－廃棄率)÷100である。よって，220×(100－15)÷100＝187〔g〕である。　2　(1)　加工食品に義務付けられた表示として，名称・原材料名・添加物・内容量又は固形量及び内容総量・消費期限又は賞味期限・保存方法・食品関連事業者の氏名又は名称及び住所・製造所又は加工所の所在地及び製造者又は加工者の氏名又は名称・栄養成分の量及び熱量，があげられる。原材料名は原材料に占める重量の割合の高いものから順に，その最も一般的な名称をもって表示するので豚ロース肉となる。　(2)　加工食品における添加物の表示方法は，原材料と添加物を別欄に表示する，原材料と添加物を記号「／」で区分する，原材料と添加物を改行で区分する，の3つがある。問題では「／」で区分して表示しており，「／」以降が添加物とわかる。　(3)　油脂類が酸化されると，色や風味が悪くなる，栄養価の低下の原因になる，酸化によって生じた過酸化物による消化器障害を引き起こすことがある，といったことがあげられる。　(4)　アレルゲン表示で義務付けられている7品目は卵・乳・小麦・落花生・えび・そば・かにであり，2025年4月より「くるみ」が加えられて8品目となる。　(5)　期限表示には，消費期限と賞味期限の2つがあり，いずれも容器包装を開封する前の状態で保存した場合の期限を示す。消費期限では年月日，必要に応じて時間まで表示することが望まれている。賞味期限は製造又は加工した日から3か月以内のものは年月日，3か月を超えるものは年月の表示が必要である。　3　①　なお，日本の食品ロスは523万トン(2021年)で，世界の食料支援量の1.2倍に相当する。食品ロスは事業活動を伴って発生する食品ロス(279万トン)と各家庭から発生する食品ロスの「家庭系食品ロス」(244万トン)の2つに大別される。　②　食料自給率は，食生活の欧米化により米の消費が減少し，畜産物や油脂類の消費が増大する等の食生活の変化により30％台まで低下したが，2000年代に入ってからは横ばい傾向で推移している。　③　フードマイレージの大きい食料は輸送や輸送までの保管などに石油などの多くのエネルギーが使われており，多くのCO_2(二酸化炭素)やNOx(窒素酸化物)が排出されていることになる。食料自給率が低ければフードマイレージは大きくなり，環境に負荷をかけることになる。　④　バーチャルウォーターはロンドン大学のアンソニー・アラン氏がはじめて紹介した概念で，1kg のトウモロコシを生産するには1,800 リットルの水が必要であり，牛はこうした穀物を大量に消費しながら育つため，牛肉1kg を生産するにはその約20,000 倍もの水が必要ということになる。⑤　地産地消の取り組みは，食の安全・安心，食育，食文化の継承，地域活性化などに大きな役割を果たしている。消費者としては，生産状況等を直接確認でき，安心感が得られ，生産者としては消費者ニーズを的確にとらえ，効率的な生産を行うことができ，さらに流通経費の節減により生産者の収益性の向上が期待できるなど国内生産の拡大や食料自給率の向上にもつながる。

【3】1　①　ア　②　エ　③　ウ　④　カ　2　(1)　界面活性剤　(2)　ア →ウ → エ → イ　(3)　洗剤は使用量の目安以上を使っても，汚れ落ちは変わらないので，使用量の目安を守る。洗浄温度が高いほうが，汚れが落ちやすい。　3　(1)　縫い方…まつり縫い

理由…縫い目が表から見えにくく，目立ちにくいから。

(2) ① リデュース ② リユース ③ リサイクル

〈解説〉1 ① 青海波は入れ子になった半円を連続して波を表した幾何学文様で，舞楽「青海波」の装束につけられていたことに由来している。古くから吉事に用いられている。 ② 色の正方形を交互に並べたデザインは，上下左右に途切れることがない模様が特徴で，終わりがないように見えるそのデザインから「永遠」や「発展」「繁栄」の意味を持つ縁起のよい柄として知られている。 ③ 麻の葉文様は，六角形を規則的に繰り返して配置した幾何学文様で植物の麻の葉に似ていることから，この名がついた。麻の葉は成長が早くまっすぐに伸びることから，健やかな成長を祈願し子供の産着などによく使われた。 ④ いくつもの円の円周を四分の一ずつ重ね，上下左右に連続させている模様で，四方どちらへも永遠に続き縁起のよいことから，「四方」→「しっぽう」→「七宝」と呼ぶようになった。 2 (1) 界面活性剤の構造は，1つの分子の中に水になじみやすい親水基と油になじみやすい親油基を持っている。この構造が，水と油のように混じり合わないものを，混ぜ合わせるのに役に立ち，汚れを落とす洗浄のはたらきをする。 (2) 界面活性剤には「浸透作用」「乳化作用」「分散作用」「再付着防止作用」があり，それらが総合的にはたらいて汚れを落とす。 (3) 洗剤の中の界面活性剤がある程度の濃度以上になるときに形成される集合体をミセルといい，汚れの量に応じて必要なミセル量も変わるので，適切なミセル濃度を保つため，洗剤は使用量が設定されている。使用量の目安に対し，洗剤を増やしても，ミセルの量は充分にあるので洗浄力は変わらない。洗剤量が多過ぎると，かえって洗剤やすすぎの水が無駄になる。なお，洗浄温度が60℃を超えると，洗剤中の酵素や非イオン系界面活性剤のはたらきを低下させたり，繊維によっては傷みの原因にもなるので，家庭での洗濯の洗浄温度は40℃までが適当といえる。 3 (1) なお，まつり縫いには斜めまつり，コの字まつり，たてまつり，奥まつりの4種類がある。 (2) なお，環境保護については5Rといわれることもあるが，これは3Rに，ごみの元になるものを買ったり貰ったりしないRefuse(リフューズ)，ものが壊れた時に修理してできるだけ長く使うRepair(リペア)が加わったものである。

【4】1　①イ　②ウ　③ア　④エ　2 (1) ①　自然換気　②　機械換気　(2)　シックハウス症候群　(3)　一酸化炭素

〈解説〉1　①　なお，伝統的な琉球家屋の特徴の一つに赤瓦がある。これは，台風の強風で瓦が飛ばないよう，漆喰でしっかりと固められたものである。また，台風の暴風をどの方向からでも受け流せるよう，頂上から4方向に屋根の面がある寄棟になっている家もある。
②　町家が特徴的な造りとなった理由は，京都が都であり人口密集地であったこと，京都が盆地であることからくる独特な夏の蒸し暑さがあげられる。　③　なお，スーパーマーケット等でも風除室が見受けられるが，これは商品に直接風が当たったり，店内にほこりや排気ガス，虫などが入ったりして商品の品質に影響することを防ぐ目的があるといわれている。④　茅ぶき屋根は雨漏りにも強く，通気性・断熱性を持つ非常に優れた構造である。この地域の全ての家が，風の抵抗を最小限にし，屋根に当たる太陽の光を季節によって調節し，夏は涼しく・冬は暖かくなるよう南北に面して建てられている。
2 (1)　①　窓を開けて換気する場合には，風上側が給気，風下側が排気となる。開ける窓は，1か所でなく対角線上に2か所開けることで空気の通り道ができて効率的な換気ができる。　②　住宅の高断熱・高気密化やシックハウス対策の流れを受け，2003(平成15)年に24時間機械換気が義務化された。給気と排気にそれぞれ機械を使うか使わないかの組み合わせで3種類あり，自然換気に比べ，必要な時に安定した大風量を得ることができる。　(2)　シックハウス症候群の対策としては2003年(平成15年)7月の建築基準法の改正により，ホルムアルデヒドを含有する建材，換気設備の規制，シロアリ駆除剤であるクロルピリホスの使用禁止など，室内空気中の化学物質の濃度の改善が図られている。　(3)　不完全燃焼は，酸素と温度の状態により，一酸化炭素

などの有害物質が発生し，中毒事故を引き起こす可能性がある。一酸化炭素は，無色・無味・無臭の気体で人体の血液中における酸素の運搬をするヘモグロビンとの結合力が酸素の約250倍といわれ，少量を吸引しても中毒を起こす。

【5】1　ア，イ，キ　2　ウ，エ　3　(1)　ア，エ，オ　(2)　ア，エ　4　製造物責任法(PL法)

〈解説〉1　おおまかにいって物資は形があるもの，サービスは形がないものを指す。よって，スマートフォン自体は物資だが，スマートフォンによるインターネット通信はサービスに該当する。　2　成年年齢が18歳になってもこれまでと変わらず20歳にならないとできないことは飲酒・喫煙，競馬・競輪・オートレース・競艇の投票券(馬券など)の購入，養子を迎える等があげられる。成年年齢が18歳になったことで，親の同意がなくてもできることとしてクレジットカードや10年有効のパスポートの取得，公認会計士や司法書士，医師免許，薬剤師免許などの国家資格を取る等があげられる。　3　(1)　クーリング・オフは店舗での物品販売や通信販売は対象外である。　(2)　2022年6月1日より書面によるほか，電磁的記録でもクーリング・オフの通知を行うことが可能になった。特定商取引法では電磁的方法に関して，特定の具体的な方法に制限することを規定していないため，電子メールの送付のほか，アプリ上のメッセージ機能やウェブサイトにおけるフォームを用いた通知，解除通知書のデータを記録したUSBメモリの送付など，電磁的記録によるといえるものであれば，この通知方法に含まれることになる。　4　製造物責任法は，被害者保護の観点から一般的に無過失責任といわれ，製造業者に故意・過失が無くとも欠陥があれば責任を負う必要があるというものである。一般消費者にとって企業を相手取り，製造上の過失を立証することは極めて困難なため制定された法律で，1995年7月1日施行された。

【6】1　基本的生活習慣　　2　共遊玩具のマーク　　3　伝承遊び
4　・目線の高さを合わせて，ゆっくりと分かりやすく話す。
・幼児の話は「まるほど」「おもしろいね」などと相づちを打ちながらていねいに聞く。　　5　認定こども園

〈解説〉1　子どもが身につける習慣は基本的生活習慣の他に，挨拶や言葉遣い，公共の場や用具を使うときの態度，安全のルールを守るなどの社会的生活習慣がある。　2　盲導犬マークは共遊玩具マークの一つで視覚障害に配慮したおもちゃにつけられている。うさぎマークは聴覚障害者に配慮したものである。共遊玩具は，障害の有無にかかわらず，楽しく遊べるよう配慮が施された玩具で，手で触ったり耳で音を聞いたりして，確かめて遊ぶことができるため，手触りや音等への工夫がされている。　3　伝承遊びは人間的な触れ合いがあり，集団で楽しむこともできるものも多い。手先を細かく使うものもあるため，脳の発達を促す，遊ぶ人数や場所などに応じて臨機応変にルールを変えやすいものが多く創造力を育む，練習を重ねれば上達していくものが多く，楽しみながら集中力を伸ばす，といった特徴がある。
4　他には，正しく，丁寧な言葉遣いをする。何かあったときは，すぐに近くの先生に連絡する。実習先のルールに従う。プライバシーに配慮する，といったことがあげられる。　5　なお，認定こども園では幼稚園教諭免許と保育士資格の両方を保有する保育教諭が必要となるが，経過措置として，幼稚園教諭も保育士も在籍できる状態が取られている。

【高等学校】

【1】(1)　①　生涯　　②　自立　　③　生活者　　④　科学
⑤　解決　　⑥　主体　　⑦　参画　　(2)　・協力・協働　　・健康・快適・安全　　・生活文化の継承・創造　　・持続可能な社会の構築　　(3)　①「c 持続可能な消費生活・環境」　　②　10分の5以上

〈解説〉(1)　解答参照。　(2)「生活の営みに係る見方・考え方」に示される視点は，小・中・高等学校の家庭科で扱うすべての内容に共通す

る視点であり，相互に関わり合うものである。取り上げる教科の題材により重視する視点が異なってくるので，具体例も含め，学習を深めておきたい。 (3) 指導計画作成上の配慮事項は(1)～(7)あり，①は(4)，②は(2)からの出題である。具体的に示されているため，一通り学習しておくこと。

【2】(1) ① 民法 ② 家 ③ 戸主(家長) ④ 父親 ⑤ 扶養 ⑥ 直系 ⑦ 姻 ⑧ 3 ⑨ 血 ⑩ 3 (2) 誤っている語句…裁判離婚 正しい語句…協議離婚 (3) 嫡出子，婚内子 (4) ① 3000万円 ② 1500万円 ③ 1500万円

〈解説〉(1) 家族に関する法律は日本国憲法第24条「個人の尊厳と両性の本質的平等」を基として民法，戸籍法などがある。旧民法と現行民法の理念，結婚，親子，相続などの違いをまとめておきたい。誰が何親等にあたるかは家系図を書き，数えてみるとわかりやすい。なお，「配偶者の妹の子ども」は姪，「自分の親の兄」は伯父を指す。

(2) 離婚には「協議離婚」「調停離婚」「審判離婚」「裁判離婚(和解離婚・認諾離婚・判決離婚)」の4つで「協議離婚」は88.3％と圧倒的に多く，「裁判離婚」は約1％である(『令和4年度「離婚に関する統計」の概況』)。 (3) 嫡出子・婚内子に対して，法律上の婚姻関係にない男女の間に生まれた子どものことを婚外子(非嫡出子)という。生計を共にしている事実婚であっても，両親が法律上の夫婦でない場合，生まれた子どもは婚外子と呼ばれる。 (4) この場合，遺産の$\frac{1}{2}$を配偶者，残り$\frac{1}{2}$を子が相続する。子が2人以上いる場合には，子の相続分を人数で等分することとなっている。かつては，非嫡出子の法定相続分は嫡出子の$\frac{1}{2}$であったが，2013(平成25)年の法改正により，嫡出子，非嫡出子による差は排除された。

【3】(1)　①　最終月経の初日　　②　母子健康手帳　　③　妊娠高血圧症候群　　④　分娩　　(2)　産褥期　　(3)　厚生労働省
(4)　待機児童問題

〈解説〉(1)　①　妊娠経過は7日を1週間，4週間(28日)を1か月として数え，妊娠以前にあった最後の月経の開始日を妊娠0週0日と考える。最終の月経開始日(0週0日)に280日を加えた日付が出産予定日と推定され，出産予定日までの妊娠期間は40週ほどである。　②　一般的に「母子手帳」と呼ばれることが多いが，正式には「母子健康手帳」という。妊娠届出書と必要書類を市区町村に提出すると母子保健法により交付される。妊娠や出産の経過，小学校入学前までの子どもの健康状態，発育，発達，予防接種などの記録は全国共通で，妊娠中の注意点など市区町村の任意で書かれる部分がある。　③　妊娠高血圧症候群では妊婦の子宮や胎盤で血流が滞りがちになるため，胎児への栄養や酸素が不足になる可能性がある。　④　分娩の所要時間は初産婦で平均12～15時間，経産婦は初産婦より短い傾向にある。　(2)　産褥期には，子宮が妊娠前の大きさに戻ろうと収縮する子宮復古や全身の臓器の回復などの身体的な症状や産褥早期(出産後2週間以内)に約30％の人に生じる軽いうつ症状のマタニティーブルーズといった心理的などがみられる。　(3)　なお，保育所の管轄は2023年(令和5年)4月のこども家庭庁発足に伴って，こども家庭庁に移管された。幼稚園については引き続き文部科学省の管轄である。　(4)　こども家庭庁の調査では，2023年(令和5年)4月の時点で待機児童は昨年と比べて264人減少し，全国で2680人，過去最少であった。都道府県別では沖縄県，埼玉県，東京都が多い。

【4】(1)　結晶性知能　　能力…蓄積した学習や経験を生かす能力
(2)　生活を，たんに物理的な面からとらえるのではなく，個人の生きがいや精神的な豊かさを重視して質的に把握すること。
(3)　①　40　　②　市区町村　　③　要支援　　④　地域包括
⑤　介護支援専門員(ケアマネジャー)　　⑥　5　　⑦　75　　⑧　認

知　(4)　育児・介護休業法

〈解説〉(1)　結晶性知能は，一般的知識や判断力，理解力などで，過去に習得した知識や経験をもとにして日常生活の状況に対処する能力で，60歳ごろまで上昇し，その後は緩やかに低下していくが，その能力は20歳代に近いとされている。一方，流動性知能は新しい情報を獲得し，それをスピーディーに処理・加工・操作する知能で，暗記力・計算力・直観力などが該当する。30歳代にピークに達したあと60歳ごろまでは維持されるが，それ以降は急速に低下する。　(2)　QOLはQuality Of Lifeの略で，近年では・福祉・企業活動などさまざまなシーンでいわれている。　(3)　介護保険制度は2000年度より開始され，原則として3年ごとに改正が行われる。保険料の支払い義務が発生するのは40歳からだが，介護保険サービスが利用可能となる年齢は原則65歳以上で，さまざまな介護サービスを1～3割の自己負担で受けられる。要介護度とは障害の重度等で要支援1～2，要介護1～5に分けられ，要支援では介護予防サービス，要介護では介護サービスを受けられる。(4)　育児・介護休業法には「育児休業」「子の看護休暇」「介護休業」「介護休暇」などがある。男性版産休制度や育児休業の分割取得が可能になるほか，育休取得が推進されるよう事業者への義務付けがなされる改正法が段階的に施行されている。

【5】(1)　(あ)　(2)　ハレ(晴れ)　(3)　・多様で新鮮な食材とその持ち味の尊重(各地で多様な山海の幸を使用，食材の持ち味を生かす調理技術と道具)　・自然の美しさや季節の移ろいの表現(食事に自然の美しさや四季の移ろいを表現，季節にあった食器の使用や部屋のしつらえ)　(4)　(あ)，(え)

〈解説〉(1)　PFC供給熱量比率とは，1日の摂取カロリーに対し，エネルギー産生栄養素であるタンパク質(protein)，脂質(fat)，炭水化物(carbohydrates)がどのくらいの割合を占めるか示したものである。年代や性別，目標摂取カロリーなどで比率は変わるが，厚生労働省によって定められている理想バランスは，P：15%(13～20%)，F：25%(20～

30%), C：60%(50～65%)である。　(2)「ハレ」は年中行事やお祭りなど，特別な行事などを行う非日常的な日の事をいい，「ハレ」と対照的な仕事や学校などに行く日常の事を「ケ」という。　(3) 日本は南北に長く，四季が明確で豊かな自然があり，そこで生まれた食文化もこれに寄り添うように育まれてきた。このような「自然を尊ぶ」という日本人の気質に基づいた「食」に関する「習わし」を「和食；日本人の伝統的な食文化」と題して，ユネスコ無形文化遺産に登録された。和食の4つの特徴は確認しておく事項である。　(4) イスラーム法において許されたものを「ハラール(ハラル)」，禁じられたものを「ハラーム」という。ハラールにあてはまる食品を「ハラールフード(ハラルフード)」という。禁じられている豚肉，アルコールそのものだけでなく，ハム，ソーセージ，ベーコンなどの加工食品や，豚のエキスや油，料理酒やみりんなど調味料にも注意が必要である。

【6】(1) ①　斜文織(綾織)

②

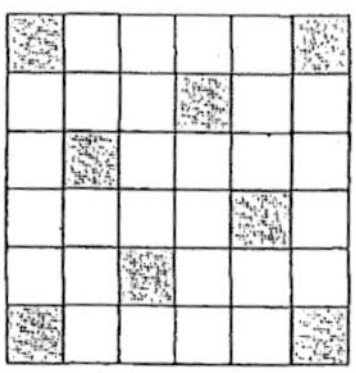

③　ア　(え)　　イ　(あ)　　ウ　(い), (お)　　④　エ　ギンガム，ブロード　　オ　デニム，サージ　　カ　サテン　　(2) ①　立体　②　平面　　③　おくみ　　④　えり(※③，④は順不同可)

〈解説〉(1) ①　織物は，基本的にはたて糸とよこ糸の組み合わせによって，3つに区分されている(三原組織)。平織はたて糸とよこ糸が交互に1本ずつ交差する単純な組織で，堅牢であるためシャツ，シーツなどに用いられる。斜文織(綾織)はたて糸やよこ糸が2本またはそれ以上連続して織られ，ジーンズ，コートなどに用いられる。そして朱子織は，たて・よこ5本以上の糸から構成され，ネクタイ，ドレス，スカーフなどに用いられる。 ③ なお，(う)はニットの特徴で，ニットは糸を編んで作られる布地を指す。織物が，たて糸とよこ糸を交差させながら作る組織に対して，ニットは結び目を作る要領で，連続のループ状を作り上げる。織物に比べて，ストレッチ性が高い。 ④ なお，フェルトは主に羊毛などの動物繊維を圧縮してシート状にしたもので，不織布と同様に織らない布である。繊維に熱・摩擦・アルカリなどを加えることによって繊維同志を絡ませて形成する。 (2) 平面構成は，直線で裁断した細長い布をほとんど直線で仕上げ，着装することによって人体の曲面を表現するもの。立体構成は人の体の複雑な曲面をダーツやいせ込み，曲線による裁断などで平面の布を立体的に構成するものである。おくみとは，和服の前身頃が重なり合う打ち合わせ部分についている半幅の布のこと。かけえりとは，着物の本えり(地えり)の上につける共布のえりのことをいい，布の補強のためやえりが汚れた際に取り外して洗うためのものである。

【7】(1) バリアフリー法 (2) ③ (3) 災害後の対応よりも事前の対応を重視する考え方のこと。 (4) ヒートショック (5) 7分の1以上 (6) 金融商品 (7) 契約 (8) 3,000円以下 (9) 20% (10) だれ一人取り残さない

〈解説〉(1) ホテルや病院など不特定多数の人が出入りする公共的な建築物について，高齢者や障害者などが安心・安全に利用できるよう法律で定められたものがハートビル法であり，鉄道やバスなどの公共交通機関を対象としたものが交通バリアフリー法であった。これを一体化したものがバリアフリー法(高齢者，障害者等の移動等の円滑化の促進に関する法律)で，新たに特定道路や特定公園のバリアフリー化についての規定が追加された。さらに，国民に向けた広報啓発の取組推進などを盛り込み，2021年(令和3年) 4月に全面改正された。 (2) ①はシェアハウス，②はコレクティブハウス等があげられる。

(3) 2009(平成21)年3月に内閣府から「減災のてびき」が公表されており，減災における「7つの備え」として，①自助・共助の意識を持つ，

②災害時の地域の危険を把握する，③地震に強い家を作る，④家具を固定する，⑤日ごろから非常用持ち出し袋や備蓄をする，⑥家族みんなで防災会議を行う，⑦地域のつながりを大切にするがあげられている。　(4)　ヒートショックを起こしやすいのは10℃以上の温度差がある場所で，特に冬場の冷え込んだトイレ・洗面室・浴室などがあげられる。11～2月がヒートショックを起こしやすく，暖房を使う等，生活環境を改善することで未然に防ぐことができるとしている。
(5)　建築基準法では，住宅の採光のための開口部の面積は，居室の床面積の7分の1以上でなければならないとされている。採光のため1つの居室には必ず1つの窓が必要とされているが，ふすま・障子などの常時開放できるもので仕切られた2つ以上の居室は，1つの居室とみなすとされているので2つの居室について1つの窓でもよいということになっている。窓のない部屋はこの採光の規定を満たしていないため，住宅の販売広告等で居室と表示することはできず納戸・サービスルームなどと表示されている。　(6)　金融商品には様々な種類があるが，債権，株式，投資信託は高い収益を上げる可能性は高いが，安全性は高くない。普通預金は自由に入出金ができるが利率は低い，定期預金は期間を指定しその間は引き出せないが普通預金より高い金利がつく，投資信託は預けた資金を専門家が株式や債権などに投資・運用しその成果が分配され収益性は高いが元本保証はない，国債は株式や債券に比べて金利は低いが，満期まで保有すれば投資した元本と利子が受け取れる。安全性，流動性，収益性は連動しており，収益性が高くなると他が低くなる。　(7)　民法では売買契約・贈与契約など財産権を譲渡する契約，賃貸借契約など貸し借りの契約，雇用契約・請負契約など労務を提供する契約など，13種類の典型契約が規定されている。一部の契約を除き，契約は口頭でも成立するが，内容の確認・証拠のために契約書を作成することが望ましい。　(8)　公開解答では「3,000円以下」となっているが，クーリングオフの適用除外は，現金取引の場合「代金又は対価の総額が3,000円未満の場合」であるため，「2,999円以下」が正しいと思われる。　(9)　2010年6月に貸金業法の改正に

より，上限金利が引下げられ，借入金額に応じて年15～20%となった。また，住宅ローンなど一般に低金利で返済期間が長く，定型的である一部の貸付けは除き，貸金業者からの個人借入残高が年収の3分の1を超える場合，新規の借入れをすることができなくなった。

(10) SDGsとはSustainable Development Goalsの略称で持続可能な開発目標と訳されている。2015年9月の国連サミットで加盟国の全会一致で採択された「持続可能な開発のための2030アジェンダ」に記載された，2030年までに持続可能でよりよい世界を目指す国際目標である。17のゴール・169のターゲットから構成され，「だれ一人取り残さない」ことを誓い，発展途上国，先進国共に取り組むものである。

2023年度　実施問題

【中学校】

【1】中学校学習指導要領(平成29年3月告示)「第2章　各教科　第8節　技術・家庭」に示されている内容について，次の1～3の問いに答えよ。

1　次の文は，「第2　各分野の目標及び内容[家庭分野]1　目標」の一部である。(　①　)～(　③　)にあてはまる語句を答えよ。

(3)　自分と家族，家庭生活と地域との関わりを考え，家族や地域の人々と(　①　)し，よりよい生活の実現に向けて，生活を工夫し(　②　)しようとする(　③　)的な態度を養う。

2　次の文は，「第3　指導計画の作成と内容の取扱い」で実習の指導について示された内容の一部である。(　①　)，(　②　)にあてはまる語句を答えよ。

家庭分野においては，幼児や(　①　)と関わるなど校外での学習について，事故の防止策及び事故発生時の対応策等を綿密に計画するとともに，相手に対する配慮にも十分留意するものとする。また，調理実習については，(　②　)にも配慮するものとする。

3　次の文は，改訂の要点をまとめたものである。(　①　)，(　②　)にあてはまる語句を答えよ。

今回の改訂では，小・中・高等学校の内容の系統性を明確にし，各内容の接続が見えるように，小・中学校においては，従前のA，B，C，Dの四つの内容を「A家族・家庭生活」，「B(　①　)の生活」「C(　②　)・環境」の三つの内容としている。

(☆☆◎◎◎◎◎)

【2】食生活について，次の1，2の問いに答えよ。

1　次の表は，文部科学省「日本食品標準成分表2015年版(七訂)」の一部である。

食品名	廃棄率 (%)	エネルギー (kcal)	水分 (g)	たんぱく質 (g)	脂質 (g)	炭水化物 (g)	食物繊維総量 (g)	カルシウム (mg)	鉄 (mg)	レチノール (μg)	ビタミンD (μg)	ビタミンB1 (mg)	ビタミンB2 (mg)	ビタミンC (mg)
きゅうり	2	14	95 4	1.0	0.1	3.0	1.1	26	0.3	(0)	(0)	0.03	0.03	14
カットわかめ	0	138	8.6	18.0	4.0	41.8	35.6	820	6.1	0	0	0.05	0.07	0
しらす干し	0	206	46.0	40.5	3.5	0.5	(0)	520	0.8	240	61.0	0.22	0.06	Tr

(1)　次の(　①　)～(　③　)にあてはまる数を答えよ。

・この表で示されている食品の成分値は，食品の可食部(　①　)gあたりの数値である。
・1kcalは，1Lの水の温度を(　②　)℃上げることができるエネルギーである。
・1mgは，(　③　)μgである。

(2)　しらす干しのビタミンC含有量はTrと示されているが，どのような意味であるか，次のア～エから選び，記号で答えよ。
ア　測定されていないことを示す。
イ　測定していないが，含まれていないと推定されるものを示す。
ウ　最小記載量10分の1以上10分の5未満であることを示す。
エ　微量に含まれていると推定されるものを示す。

(3)　次の材料を使って，きゅうりとわかめの酢の物を調理する。上の成分表を参照のうえ，1人分のカルシウム量の合計を単位も含め答えよ。ただし，調味料分は考えないものとする。

きゅうりとわかめの酢の物 〈材料〉 1人分 ○きゅうり　(50g) ○カットわかめ　(2.5g) ○しらす干し　(10g)

(4) 厚生労働省の「日本人の食事摂取基準(2015年版)」では，12～14歳の人で身体活動レベルがふつうの場合，必要なカルシウム量は1日あたり何mgと示しているか。次のア～エから選び，記号で答えよ。

ア　100mg～300mg　　イ　400mg～600mg

ウ　800mg～1,000mg　　エ　1,200mg～1,400mg

(5) また，(4)の基準において，12～14歳の人で身体活動レベルがふつうの場合，必要なエネルギー量は，1日あたり何kcalと示されているか，次のア～エから選び，記号で答えよ。

ア　2,000kcal～2,200kcal　　イ　2,400kcal～2,600kcal

ウ　2,800kcal～3,000kcal　　エ　3,200kcal～3,400kcal

(6) 中学生に必要な栄養の特徴について，成長期，活動量，栄養素の3つの語句を使って80字以内で答えよ。

2　滋賀県の伝統的な食文化について，(　①　)～(　⑥　)に適する語句をそれぞれ次のア～エから選び，記号で答えよ。

ふなずし等，湖魚の(　①　)は，滋賀県の代表的な郷土料理である。

ア　おしずし　　イ　めはりずし　　ウ　ばらずし

エ　なれずし

赤こんにゃくの赤い色は，(　②　)によるものである。

ア　酸化銅　　イ　酸化鉄　　ウ　硫化銅　　エ　硫化鉄

丁字麩の主な原料は，(　③　)のたんぱく質である。

ア　大豆　　イ　玄米　　ウ　小麦粉　　エ　とうもろこし

(　④　)は，滋賀県の無形民俗文化財(食文化財)のひとつである。

ア　湖魚の佃煮　　イ　しじみ御飯　　ウ　赤かぶの糠漬け

エ　ぼた餅(おはぎ)

丁稚羊羹は，小豆あんと(　⑤　)を練り混ぜて，竹の皮に包んで蒸し上げたものである。

ア　小麦粉　　イ　葛粉　　ウ　きな粉　　エ　そば粉

アメノイオ御飯に使われるアメノイオは，卵をかかえた(　⑥　)を使って作られる。

ア　ホンモロコ　　イ　イサザ　　ウ　ビワマス

エ　ニゴロブナ

(☆☆☆☆◎◎◎◎)

【3】住生活について，次の1，2の問いに答えよ。

1　次の図は，住まいにおける和式の空間と洋式の空間を示した図である。以下の問いに答えよ。

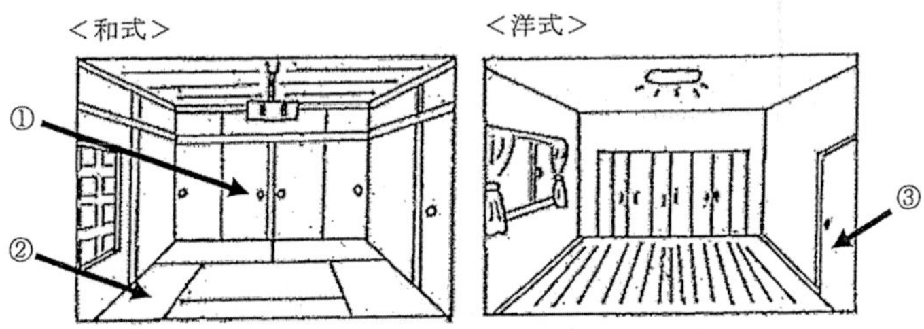

(1)　和式の空間等で用いられる①や②の名称を答えよ。ただし，①は木の骨組みに紙や布をはったもの，②はわらの板にい草でつくったござを張った床の材料である。

(2)　上の①などの「引き戸」と，③のドアなどの「開き戸」の特徴やその使い方として，それぞれ正しいものを次のア～エからすべて選び，記号で答えよ。

ア　開ける部分の面積を調整することで，取り入れる風の量を調節することができる。

イ　扉の大きさの分だけ室内や廊下に開閉スペースが必要である。

ウ　間仕切りを変えて，簡単に空間の広さを調整することができる。

エ　折りたたまる分，開口部が狭くなる。

2　家庭内の事故については，幼児や高齢者に起きることが多い。幼児と高齢者について，それぞれの特徴とその特徴をふまえた住まいの安全対策を1つずつ答えよ。

(☆☆☆◎◎◎◎)

【4】次の1，2の問いに答えよ。

1　以下の図Aと図Bは，それぞれ商品の売買契約を表したものである。

(1)　矢印①～⑧は何の動きを表しているか以下のア～クから選び，記号で答えよ。ただし，同じ記号を2回使ってもよい。

図A

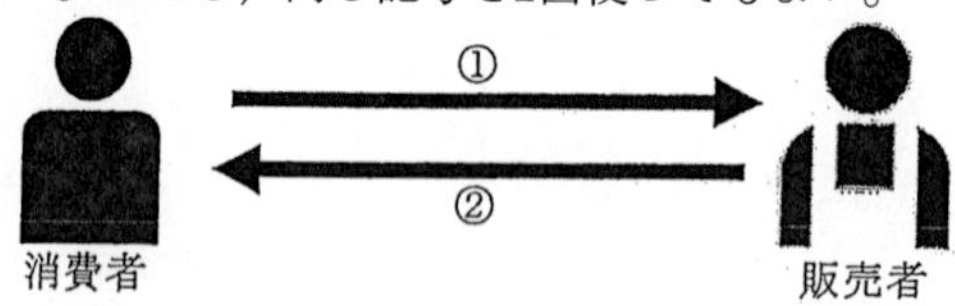

図B

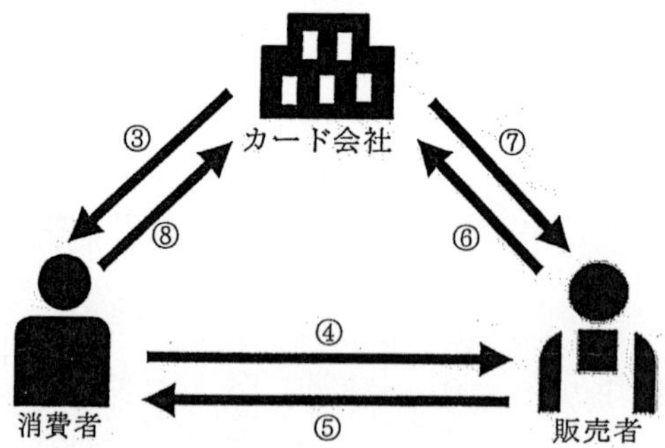

ア　売上票　　　イ　代金　　ウ　立替払い
エ　給料　　　　オ　労働　　カ　商品
キ　カード提示　ク　カード発行

(2)　図Bのような三者間の売買契約を行う際に，利用するカードの総称を答えよ。

(3)　図Bの売買契約で，消費者とカード会社との金銭のやり取りにおいて，一般的に間に入っている機関を答えよ。

(4)　図Bの売買契約は，消費者にとってどのようなメリットとデメリットがあるか1つずつ答えよ。

(5)　図Bの契約により10万円のパソコンを購入したとき，支払総額が最も高くなる返済方法を，次のア～オから選び，記号で答えよ。ただし，分割の際の手数料は同じとする。

ア　分割3回払い　　イ　分割6回払い　　ウ　分割12回払い

エ　一括払い　　オ　月々1万円ずつの定額払い

2　次の問いに答えよ。

(1)　次の文中の①，②にあてはまる語句を答えよ。

次の図aは，商品の一生(原料調達から廃棄・リサイクル)までに排出される(　①　)ガスをCO_2に換算し，商品に表示している(　②　)フットプリントのマークである。

図a

(2)　SDGs(持続可能な開発目標)の17の目標のうち，『生産者や販売者として環境，人，社会に配慮した商品を提供する責任と，消費者としてそのような商品を選ぶ責任』は，どのマークで示されているか，次のア～オから選び，記号で答えよ。ただし，マークのみの記載としている。

ア　イ　ウ　エ　オ

(☆☆☆◎◎◎)

【5】衣生活について，次の1～3の問いに答えよ。

1　次の(　①　)～(　④　)にあてはまる語句を答えよ。

> 衣服の働きには，おもに，(　①　)上の働き，生活活動上の働き，社会生活上の働きの3つがある。　社会生活上の1つ目の働きは，(　②　)や所属を表すはたらきである。仕事や活動内容に適した服装や制服，ユニフォームがこれに当たる。2つ目は，冠婚葬祭の礼服など(　③　)や道徳儀礼にそって気持ちを表すはたらきである。3つ目は，自分らしさや(　④　)を表すはたらきである。

2　和服と洋服には，構成の違いがある。和服の構成の特徴について答えよ。

3　次の表は，いくつかの繊維の特徴を表したものである。

(1)　表のA～Eにあてはまる繊維を，以下のア～オから選び，記号で答えよ。

繊維	吸湿性	ぬれたときの強度	防しわ性	アイロンの温度	その他の特徴
A	◎	○	◎	中	水の中でもむと縮む 虫の害を受ける
B	◎	△	△	中	しなやかさと光沢がある 虫の害を受ける
C	◎	◎	△	高	肌触りが優しい 縮みやすい
D	△	◎	◎	中	乾きやすい 静電気が起きやすい
E	△	◎	◎	低	保温性がある 静電気が起きやすい

ア　綿　　イ　絹　　ウ　毛　　エ　アクリル
オ　ポリエステル

(2)　次の組成表示の衣服には，どの取り扱い表示が示されると考えられるか，以下のア～オからすべて選び，記号で答えよ。ただし，衣服に特殊な加工や装飾などは施されていないものとする。

ポリエステル	65%
綿	35%

ア　イ　ウ　エ　オ

(☆☆☆◎◎◎)

【高等学校】

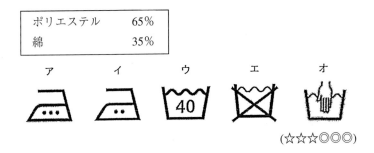

【1】次の文を読み，以下の問いに答えなさい。

人の一生には，いくつかの大きな節目がある。こんにちの複雑化する社会において，人生の選択は多様化し，だれもがみな，同じような人生の節目を通過するわけではない。しかし，年齢に伴って，多くの人が通過すると考えられる人生の段階のことをライフステージという。

ライフステージにおいて直面するその段階ならではの発達課題を乗りこえて，自分自身を一回り大きく成長させていく人生のありようのことを，(　①　)という。人は生まれてから年齢を重ねて老いて死を迎えるその日まで，(　①　)を重ねて進化し続けながら生きている存在なのである。

高校生は(　②　)のライフステージの段階にある。(　②　)の発達課題には，(　③　)の形成，<u>自立</u>に向けた様々な課題，社会を構成する一員としての(　④　)と責任などがあげられる。

一人ひとりによって発達課題に直面する時期やその内容には違いがあるけれど，その時々の課題と向き合い，自分を見つめ直すことで，人は(　⑤　)を確立していく。

(1)　文中の空欄(　①　)～(　⑤　)に当てはまる語句を答えなさい。

(2)　下線部__について，自立の4要素を答えなさい。

(3)　性の多様性を表す略称をアルファベットで答えなさい。

(☆☆☆◎◎◎◎)

【2】次の(1)～(8)の問いに答えなさい。

(1)　赤ちゃんの生まれて間もないころのほほえみを何というか，答えなさい。

(2)　7か月ころには親しみのある他者と見慣れない他者の見分けがつくようになる。見知らぬ人に対して警戒心から恐れを抱いたり，泣き出したりする反応とは何か，答えなさい。

(3)　1歳を過ぎるとだだこねが現れる。これはどのような発達が要因であると考えられるか，答えなさい。

(4)　3歳ころの幼児が描く，頭部と胴体が一つの円で構成される絵を何というか，答えなさい。

(5)　3～5歳ごろの幼児は，石ころなどの無生物にも自分と同じように心や生命があると考える。これを何というか，答えなさい。

(6)　子どもは，身近な大人との親密なかかわりを通して発達する。親や保育者が，泣いたりほほえんだりする子どもの気持ちを敏感に受けとめ応じると，子どもは安心し，満足や喜びを感じる。スキンシップを介して，子どもと養育者との間に愛情や信頼関係などのきずなが形成されることを何というか，答えなさい。

(7)　生理的体重減少とはどのような現象か。説明しなさい。

(8)　出生時，新生児の頭蓋骨には隙間がある。前方の隙間を何というか，答えなさい。また，隙間がある理由を2つあげなさい。

(☆☆☆◎◎◎◎)

【3】次の(1)～(4)の問いに答えなさい。

(1)　次の①～④は寒天またはゼラチンについて述べたものである。どちらに当てはまるか答えなさい。また④についてはその理由も説明しなさい。

①　動物の骨や皮を原料としたたんぱく質が成分である。

②　溶解温度は90～100℃なので，よく沸騰させて煮溶かす必要がある。

③　酸に弱いので，生のキウイやオレンジを使用すると固まらない。

④　二色のゲルとするときは，下の層を十分冷やしてから上の層のゾル溶液を入れる。

(2)　脂溶性ビタミンを4つ答えなさい。

(3)　日本人に不足しがちなミネラルはカルシウムの他に何があるか答えなさい。

(4)　細菌性食中毒は，その発症のメカニズムにより，3種類の型に分類される。次の①～③の型名を答えなさい。

①　細菌が腸管組織に侵入して発症するもの。

②　細菌が産生した食品中の毒素を食べることにより発症するもの。

③　腸管内で細菌が増殖する時に産生する毒素により発症するもの。

(☆☆☆☆◎◎◎◎)

【4】衣生活について，次の(1)～(4)の問いに答えなさい。

(1)　次の表は，防虫剤の種類と特徴をまとめたものである。(　①　)～(　⑤　)の空欄にあてはまる語句を答えなさい。

防虫剤の種類	におい	特徴	併用
(①) 系	無	においがつかないので、普段着るものに使える	可
しょうのう	(②)	すべての衣服に使用できる。 和服に使われる。 (③) の心配が少ない。	否
(④)	有	効果は弱いが長く続くため、出し入れの少ない衣服に用いる。	否
パラジクロロベンゼン	有	効果が強く早くきくが、長く続かない。 虫のつきやすい衣服にこまめに取り替えて使用する。	(⑤)

(2)　次の文は，糸と布の種類について説明したものである。(　①　)～(　⑤　)の空欄にあてはまる語句を答えなさい。

糸は繊維を束ねてつくられる。短繊維で糸をつくる際には，(　①　)をかける必要があるが，長繊維は(　①　)をかける糸とかけない糸がある。天然のものの唯一の長繊維は(　②　)である。布には糸を織ってつくる(　③　)，糸を編んでつくる(　④　)また，繊維から直接つくる(　⑤　)がある。(　④　)は(　③　)に比べて伸縮性が高く，からだの動きに合わせて伸びるため，活動しやすいが，型崩れしやすい。

(3)　和服のTPOについて，次の和服をフォーマルなものから順に並べ替えなさい。

①　小紋　　②　本振袖　　③　浴衣　　④　訪問着

(4)　洗濯用洗剤における汚れが落ちるしくみについて①～④にあてはまる語句を答えなさい。

【①作用】界面活性剤が汚れと洗濯ものの間に入る。

【②・③作用】汚れは少しずつ水中に取り出され，細分化される。

【④作用】汚れが再び洗濯物に付着するのを防ぐ。

(☆☆☆☆◎◎◎◎)

【5】次の(1)～(3)の問いに答えなさい。

(1)　各地域における地震などに関する危険性を，建物倒壊危険度，火災危険度，災害時活動困難度などから総合危険度を表示しているものは何か，答えなさい。

(2)　災害時の家具の転倒防止策として考えられる方法を3つ答えなさい。

(3)　住空間は，生活の機能との対応で構成されている。寝室や子ども部屋などの「個人の空間」以外の空間を3つ答えなさい。

(☆☆☆◎◎◎◎)

【6】次の(1)～(3)の問いに答えなさい。

(1)　販売信用や消費者金融は，いずれも，個人の信用を担保にお金を借りることから何と呼ばれているか，答えなさい。

(2)　販売信用の返済方法の一つ，リボルビング払いについて，メリット・デメリットが分かるように説明しなさい。

(3) 次の文の(①)～(③)にあてはまる語句を答えなさい。

資産形成には，(①)や民間保険，株式，債券，(②)などがあり，これらは金融商品という。金融商品は支払ったお金以上の見返り(利益)がある場合もあるが，(③)や景気などにより，損をしてしまう，あるいは価値を失うという可能性もある。

(☆☆☆◎◎◎◎)

解答・解説

【中学校】

【1】1 ① 協働　② 創造　③ 実践　2 ① 高齢者　② 食物アレルギー　3 ① 衣食住　② 消費生活

〈解説〉1 家庭分野の目標から語句の穴埋め記述式の問題である。目標については，3つの項目の文言は必ず覚えること。 2 指導計画の作成と内容の取扱いでは，指導計画の作成に関する配慮事項が6項目，内容の取扱いについての配慮事項が5項目，実習の指導に当たっての配慮事項が1項目示されている。どれも具体的で重要な内容なので，文言を覚えるだけでなく，理解を深めておくこと。 3 中学校学習指導要領解説の第1章総説 2技術・家庭科改訂の趣旨及び要点 (2)改訂の要点 家庭分野(ア)内容構成の改善の文言である。同資料には改訂の趣旨や相違点などがまとめられているので学習しておくこと。

【2】1 (1) ① 100　② 1　③ 1000　(2) ウ　(3) 85.5〔mg〕　(4) ウ　(5) イ　(6) 中学生は成長期にあり，身長や体重が増加し，活動量も多い。そのため，エネルギーやたんぱく質，カルシウムなどの十分な栄養素を食事から摂取する必要がある。(74字)　2 ① エ　② イ　③ ウ　④ ア　⑤ ア　⑥ ウ

〈解説〉1　(1)　日本食品標準成分表の第1章説明の中に，エネルギーについての説明項目があり，「食品のエネルギー値は，原則として，FAO/INFOODSの推奨する方法に準じて，可食部100g当たりのアミノ酸組成によるたんぱく質，脂肪酸のトリアシルグリセロール当量，利用可能炭水化物(単糖当量)，糖アルコール，食物繊維総量，有機酸及びアルコールの量(g)に各成分のエネルギー換算係数を乗じて，100gあたりのkJ(キロジュール)及びkcalを算出し，収載値とした。食品成分表2015年版までは，kcal単位のエネルギーに換算係数4.184を乗じてkJ単位のエネルギーを算出していた。しかし，FAO/INFOODSでは，kJ単位あるいはkcal単位のエネルギーの算出は，それぞれに適用されるエネルギー換算係数を用いて行うことを推奨していることから，その方法を採用した。」とある。　(2)　Tr以外の記号について，−は未測定を意味し，0という意味ではないが，一般的には0として計算される。0は最小記載量の10分の1未満または検出されなかった場合に記載される。(数値)は推計値である。(0)は文献等により含まれていないと推計される。[数値]は原材料の収載値等と配合割合から栄養計算の手法を用いて計算され，かつ原材料の成分値に−(未測定)がある成分値である。　(3)　きゅうり…26×0.5＝13mg，カットわかめ…820×0.025＝20.5mg，しらす干し…520×0.1＝52mgになるので，13＋20.5＋52＝85.5mgである。　(4)　摂取すべきカルシウム量は，男女とも12～14歳が一生のうちで一番高い。　(5)　12～14歳女子のエネルギー量は一生のうちで一番多い。この年代の各栄養素の摂取基準量は覚えておくこと。(6)　解答の他にも，女子については，「鉄」も不足しないように十分に摂取することに気をつける。食品成分表と食事摂取基準は問題としても頻出であるが，授業や実習で使用するので十分に理解しておく必要がある。　2　①　なれずしは鮓ずしの一種で塩漬けした魚と米を漬け込み発酵させたものである。　②　近江八幡市の名物。特に仏事，祭り，正月などに食べられることが多い。赤色を出すために，明治以降は紅穀(べんがら)を用いていたが，現在は紅穀の赤色成分である三二酸化鉄を使う。　③　丁字麩は小麦から取り出したタンパク質のグルテンと小麦粉と水でつくる。 ④ 滋賀県は，「湖魚のなれずし」，「湖魚の佃煮」，「アメノイオ御飯」，「丁稚羊羹」，「日野菜漬け」の5つを無形民俗文化財として選んだ。 ⑤ 練り羊羹より砂糖の使用量が少なく，小麦粉を加えているのであっさりした素朴な味である。日持ちしないので冬に作る。 ⑥ 産卵期のマスは卵を持っていて，脂も落ちている。このビワマスを炊き込みご飯にする。郷土料理について問われることは多いので確認しておくこと。

【3】1 (1) ① ふすま ② 畳(たたみ) (2) ① 引き戸…ア，ウ ③ 開き戸…イ 2 幼児：特徴…・好奇心が強い ・身長が低いため，視野が狭く低い。 から1つ。 住まいの安全対策…・手の届くところに危険なものを置かない。 ・家具や柱などに，クッションをつける。 から1つ。 高齢者：特徴…・脚力，平衡感覚が低下する。 ・トイレに行く回数が増える。 から1つ。 住まいの安全対策…・段差をなくし，手すりを設置する。 ・照明を明るくして周囲や足もとを見分けやすくする。 から1つ。

〈解説〉1 (1) 日本の家屋の各部の名称は覚えておくこと。他にも欄間，床の間，敷居，鴨居など頻出である。 (2) 引き戸と開き戸の特徴の他にも，椅子座と床座のメリットとデメリットについても確認しておきたい。 2 子どもの視力は6歳頃に完成する。例えば6歳頃の子どもの視野は，上下は大人の120度に対し，子どもは70度で自分の足元は見えない。左右は大人の150度に対し，90度で，視力は0.6くらいである。大人に比べて視力が弱く視野が狭いこと，何かに夢中になると周りが見えなくなる特性があること，衝動的に行動することなどを念頭に置いて，事故防止につなげたい。高齢者については足の筋力低下により，敷居やカーペットの端など，室内の僅かな段差に躓きやすい。事故を未然に防ぐための方法をいくつかあげられるよう学習しておくこと。

【4】1　(1)　①　イ　②　カ　③　ク　④　キ　⑤　カ　⑥　ア　⑦　ウ　⑧　イ　(2)　クレジットカード　(3)　金融機関　(4)　メリット…・現金を持ち歩かなくても買い物ができる。・ポイントがついたり，支払いもスムーズにできたりする。　から1つ。　デメリット…・紛失や盗難で，他人に使われてしまう可能性がある。　・後払いのため，お金の管理がしにくくなり，使い過ぎてしまう可能性がある。　から1つ。　(5)　ウ　2　(1)　①　温室効果　②　カーボン　(2)　ウ

〈解説〉1　(1)　図Aは二者間契約，図Bは三者間契約である。三者間契約に関する図に語句を当てはめる問題は頻出なので完答できるよう対策しておきたい。　(2)　キャシュレスカードには，デビットカードやプリペイドカードなどもあるが，クレジットカードは，後払いできるカードである。プリペイトカードは事前にチャージした金額のみを使える前払式のカード。デビットカードは支払いと同時に指定の口座から現金が引落される，即時払いで，引き落とし口座の金額が利用限度額となる。それぞれのカードの特徴は理解しておくこと。　(3)　後日引き落としされる口座がないと，取り引きできない。　(4)　三者間契約のメリットとデメリットに関する問題は頻出である。支払い方法についても学習しておくこと。分割払いやリボ払いのメリットとデメリットもいくつかあげられるようにしておくこと。　(5)　支払に係る日数が長くなるほど支払総額は高くなるので，分割回数が1番多いウが当てはまる。　2　(1)　カーボンフットプリントのマークは必ず覚えておくこと。他にも環境に関するマークは学習しておきたい。

(2)　正答以外の選択肢について，アは「すべての人に健康と福祉を」，イは「産業と技術革新の基盤を作ろう」，エは「気候変動に具体的な対策を」，オは「パートナーシップで目標を達成しよう」である。すべての目標とマークを確認しておくこと。

【5】1 ① 保健衛生 ② 職業 ③ (社会・社会的)慣習
④ 個性 2 和服は，基本的に直線に裁った布を縫い合わせて，平面的につくられており，着るときにひもや帯を使って人体に合わせる平面構成である。 3 (1) A ウ B イ C ア D オ E エ (2) イ，ウ

〈解説〉1 衣類の働きの「保健衛生上の働き」は小学校で学ぶ。中学校ではこれに加えて，生活活動上の働き，社会生活上の働きについて学ぶ。社会生活上の働きについて，整理して覚えておきたい。 2 平面構成と立体構成の衣服のそれぞれの特徴と，世界の民族衣装がそれぞれどちらにあてはまるのかも確認しておくこと。和服は平面構成なので，修理や調整がしやすく長く使える。 3 (1) 繊維の種類と特徴は整理して覚えること。天然繊維は，植物繊維と動物繊維，化学繊維は，再生繊維，半合成繊維，合成繊維に分類して覚えよう。
(2) 2種類の繊維の混紡生地のアイロン温度は，低い方に合わせる。綿のアイロン温度は高温，ポリエステルは中温である。そのため「中温」が妥当。綿とポリエステルの混紡生地は，手洗いでなく，洗濯機での洗濯が可能である。取扱い表示について，洗濯，漂白，乾燥，アイロン，クリーニングの5つの基本記号で整理して覚えること。

【高等学校】

【1】(1) ① 生涯発達 ② 青年期 ③ 自我 ④ 自覚
⑤ 自己 (2) 生活的自立，精神的自立，経済的自立，性的自立
(3) LGBT(LGBTQ＋)

〈解説〉(1) 生涯発達については，バルテスが生涯発達心理学について「人の誕生から死にいたるまでの生涯過程の中でに個人内の変化と安定性・連続性がどのように存在し，そこにどのような異質性と類同性があるかを明らかにすることである」と定義づけている。ライフステージの区分の仕方は様々なものがあるが，エリクソンが13～18歳という期間を青年期と定義した。大人になる前の準備期間でアイデンティティの確立が発達の重要な課題である。厚生労働省の年齢区分では15

～25歳頃としている。　(2)　解答の他に「社会的自立」もある。5つの自立の内容を確認しておくこと。　(3)　同性が好きな人や，自分の性に違和感を覚える人，または性同一性障害などの人々のことを指し，「セクシュアルマイノリティ」，「性的少数者」ともいう。

【2】(1)　生理的微笑　(2)　人見知り　(3)　自我の芽ばえ
(4)　頭足人画　(5)　アニミズム　(6)　アタッチメント(愛着)
(7)　生後2～4日は，摂取水分量より排泄する水分量の方が多いため，出生時の5～10％程度体重が減少する。　(8)　大泉門　理由…
・出産時，狭い産道を通れるようにするため。　・脳の発達に対応するため。

〈解説〉(1)　生理的微笑は，反射行動の一種で，生後～2か月ほど見られる。その後，3か月頃から現れるのが社会的微笑である。人の顔や声に反応して口角が上がったり目の周りの筋肉が動いて頬も上がり，微笑んだ顔になる。　(2)　生後4か月くらいまでは視力が悪く，まわりがぼんやりとしか見えていない。生後5か月くらいから母親と他人の違いを見分けられるようになる。知らない人に対する警戒や不安は当たり前のことで，自然なことである。　(3)　だだこねは，自我が芽生え，ママやパパと自分は違うんだという表現でもある。成長において大切な過程である。　(4)「頭足人」は，幼児の初期の描画に現れる特徴で，日本の幼児だけでなく世界各国の幼児共通の描き方である。
(5)　物を擬人化して考える「アニミズム」は，ピアジェによって提唱された考え方。　(6)「自分に何かあったら，きっとこの人が守ってくれる」といった信頼感が形成され，この信頼感を基礎にした愛着行動は，子供が外の世界を探索する際に，安全基地の役割を果たし，発達の基盤となる。　(7)　排泄水分量の他に，不感蒸発量，糞便排出量などにより，体重減少が起きる。出生後7日目ぐらいになると，出産時の体重に戻る。　(8)　大泉門は1歳半ぐらいまでに，頭の後ろ部分にある小泉門は生後2～3か月頃までに閉じる。

【3】(1) ① ゼラチン　② 寒天　③ ゼラチン　④ ゼラチン　理由…凝固温度が低いので，冷やし固まっていないうちに上の層のゾル溶液を加えると二色が混ざり合ってしまうため。
(2) ・ビタミンA　・ビタミンD　・ビタミンE　・ビタミンK
(3) 鉄　(4) ① 感染侵入型　② 食品内毒素型　③ 感染毒素型

〈解説〉(1) ゼラチンと寒天，アガーについて，原材料・食感・色や透明度・溶解温度・凝固温度・注意点など整理して表にするなどして覚えること。頻出問題である。　(2) 脂溶性ビタミンは，摂取過剰になると体に悪影響が出るため注意する。一方，水溶性ビタミンは過剰摂取しても尿中に放出されるため，影響は出ない。　(3) 鉄については特に女性は不足しがちである。　(4) 感染侵入型には，サルモネラ菌など，感染毒素型には，腸炎ビブリオ菌，カンピロバクター，病原性大腸菌O－157など，食品内毒素型には黄色ブドウ球菌，ボツリヌス菌などがある。

【4】(1) ① ピレスロイド　② 有　③ 環境汚染　④ ナフタリン　⑤ 否　(2) ① 撚り　② 絹　③ 織物
④ 編物　⑤ 不織布　(3) ②→④→①→③　(4) ① 浸透
② 乳化　③ 分散　④ 再付着防止

〈解説〉(1) ① 4つの防虫剤の種類と特徴は整理して覚えること。併用が可能なのはピレスロイド系のみである。　(2) 短い繊維をステープル，長い繊維をフィラメントという。繊維の種類と特徴についての問題は頻出なので，整理して覚えること。　(3) 和服には格があるので，確認しておきたい。　(4) ①は，界面活性剤の親油基が汚れの表面に向けて集まり，生地に界面活性剤が浸み込んでいく。②・③は界面活性剤の働きで少しづつ繊維と汚れの付着力も弱くなり，汚れが繊維から分散していく。④は界面活性剤の親油基が汚れや繊維を覆うので，布に再付着しない。界面活性剤の汚れを落とす仕組みについて，図もあわせて学習しておくこと。

【5】(1)　ハザードマップ　　(2)　・タンス・クローゼットはL型金具や突っ張り棒で壁や天井に固定する　　・重いものは棚の下方に収納する　　・ストッパーを敷く　　(3)　・共同生活の空間　　・家事の空間　　・生理衛生の空間

〈解説〉(1)　ハザードマップには避難場所も表示されている。水害被害や土砂災害，津波災害などのハザードマップがある。　(2)　転倒防止以外の対策についても記述できるようにしておきたい。家具の中身が飛び出さないように，地震の際に扉そのものがロックされるような家具を選ぶ。避難経路を確保するために，ドア付近に大きな家具を置かない。ガラスを使った家具については，ガラス部分に飛散防止のフィルムを張るなど。　(3)　空間を「ゾーン」という。共同生活の空間は居間，応接室，食事室，家事空間には台所，家事室，生理衛生空間はトイレ，洗面所，ふろ場など。動線についてもよく問われるので説明できるようにしておくこと。

【6】(1)　消費者信用　　(2)　毎月の支払額は一定だが，借入額が増えると返済期間が長くなり，手数料の負担が大きくなる。　　(3)　①　預貯金(投資信託)　　②　投資信託(預貯金)　(※①②順不動)　　③　社会情勢

〈解説〉(1)　消費者信用は，支払能力や返済意思などを理由に消費者の信用力に基づいて締結される契約である。平成18(2006)年に「貸金業法」の改正により，借りる場合の上限金利が引き下げられた。(2)　月々の返済額が同じなので，返済残高がどれだかあるか意識できず買い物を重ねてしまうことも考えられる。　(3)　金融商品には「安全性・流動性・収益性」の要素があるが，この3つがすべて満たされる金融商品はない。例えば，普通預金は安全性・流動性は高いが，収益性は低い。さまざまな金融商品について，この要素をあてはめて覚えておきたい。

2022年度　実施問題

【中学校】

【1】中学校学習指導要領(平成29年3月告示)「第8節　技術・家庭」に示されている内容について，次の1～3の問いに答えよ。

1　次の文は，「第2　各分野の目標及び内容[家庭分野]　1　目標」の一部である。

下線部①～③の語句について，正しければ○を，間違っていれば正しい語句を答えよ。

> (2)　家族・家庭や①社会における生活の中から問題を見いだして②課題を設定し，解決策を構想し，実践を評価・③継続し，考察したことを論理的に表現するなど，これからの生活を展望して課題を解決する力を養う。

2　次の文は，「第2　各分野の目標及び内容[家庭分野]2　内容」の「B　衣食住の生活」について示されている部分の一部である。(　①　)～(　③　)にあてはまる語句を答えよ。

> (2)　中学生に必要な栄養を満たす食事
> ア　次のような知識を身に付けること。
> (ア)　栄養素の(　①　)と働きが分かり，食品の栄養的な特質について理解すること。
> (イ)　中学生の(　②　)に必要な食品の種類と概量が分かり，(　②　)分の献立作成の方法について理解すること。
> イ　中学生の(　②　)分の献立について考え，工夫すること。

(5)　生活を豊かにするための(　③　)を用いた製作 ア　製作する物に適した材料や縫い方について理解し，用具を安全に取り扱い，製作が適切にできること。 イ　資源や環境に配慮し，生活を豊かにするために(　③　)を用いた物の製作計画を考え，製作を工夫すること。

3 「生活の課題と実践」については，各内容に位置付け，生徒の興味・関心や学校，地域の実態に応じて，「A家族・家庭生活」の(4)，「B衣食住の生活」の(7)及び「C消費生活・環境」の(3)の三項目の中から選択して履修させるが，3年間でいくつ履修させると示されているか，次のア～エから選び，記号で答えよ。

ア　1　　イ　1以上　　ウ　2　　エ　2以上

(☆☆◎◎◎◎◎)

【2】食生活について，次の1，2の問いに答えよ。

1　次の問いに答えよ。

(1)　米飯とみそ汁を組み合わせて摂取すると，米と大豆それぞれに欠けているアミノ酸を補い合うことができる。この補足効果の説明として，次のア～エから正しいものを選び，記号で答えよ。

ア　米に少ないメチオニンが大豆に多く，大豆に少ないリジンが米に多い。

イ　米に少ないリジンが大豆に多く，大豆に少ないメチオニンが米に多い。

ウ　米に少ないバリンが大豆に多く，大豆に少ないロイシンが米に多い。

エ　米に少ないロイシンが大豆に多く，大豆に少ないバリンが米に多い。

(2)　大豆は，ゆでただけでは特有のにおいが残り，たんぱく質の消化を阻害する酵素を含んでいるので消化が良くない。その欠点を克服する技術で，日本に古くから伝わる加工方法を答えよ。

(3)　次は，「だし」について書かれた文章である。(　①　)～(　④　)に適する語句を以下のア～クから選び，記号で答えよ。

「だし」は，みそ汁など汁物だけでなく，日本料理全般に使われる。和風だしの主なものは，かつおだしのイノシン酸，昆布だしの(　①　)酸，しいたけだしの(　②　)酸などがある。

異なる成分のだしを合わせると，うま味が(　③　)される。また，適度な(　④　)がうま味を強める作用もある。

ア　グアニル　　イ　コハク　　ウ　グルタミン
エ　アラキドン　オ　糖分　　カ　増強
キ　減少　　ク　塩分

(4)　日本の伝統的な食文化「和食」の献立として，「一汁三菜」と呼ばれるものがあるが，どのような組合せであるか，60字以内で答えよ。

(5)「和食」は，2013年にユネスコ無形文化遺産に登録されたが，どのような点が世界から注目されたのか，注目された点を踏まえて「和食」の特徴を60字以内で答えよ。

2　食品の選択と取り扱いについて，次の問いに答えよ。

(1)　消費期限と賞味期限についてまとめた表の空欄には，以下のア～エがあてはまる。①，②に適するものを選び，記号で答えよ。

	意味	食品の例
消費期限	①	
賞味期限		②

ア　安全が保証されている期限
イ　おいしさが保証されている期限(期限を過ぎてもすぐに食べられなくなるわけではない)
ウ　スナック菓子・冷凍食品・即席めんなど
エ　弁当・サンドイッチ・惣菜・食肉など

(2)　食中毒の原因物質のうち，次の①，②にあてはまるものを以下のア～カから選び，記号で答えよ。

①　細菌　　②　寄生虫

ア　ノロ　　　　イ　カンピロバクター　　ウ　アニサキス
エ　ソラニン　　オ　テトロドトキシン　　カ　ロタ

(3)　食中毒を起こさないためには，どのようなことに注意して調理を行う必要があるか，60字以内で答えよ。

(4)　食物アレルギーは，摂取した食物が原因で，湿疹，下痢，嘔吐，咳などの症状が引き起こされる現象をいうが，その中でも，呼吸困難や意識障害などを引き起こし，急激に悪化し，命に危険を及ぼすこともある重症なアレルギー反応を何というか，答えよ。

(5)　アレルギーを引き起こす原因物質を含む食品として，小麦やえび，卵など，加工食品に表示が義務づけられている「特定原材料」は何品目あるか，答えよ。

(☆☆◎◎◎◎)

【3】住生活について，次の1～4の問いに答えよ。

1　次の図は，住まいの間取りを示した図である。以下の問いに答えよ。

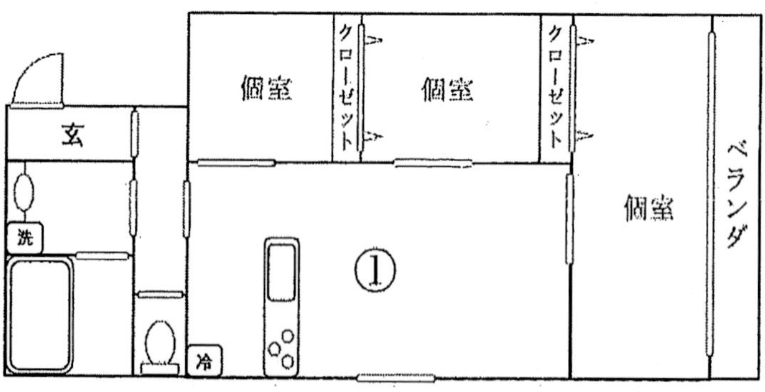

(1)　①の空間は，家族がくつろいだり，食事をしたり，調理をしたりできる広い部屋である。このような部屋を何というかアルファベットで答えよ。

(2)　①のような部屋やその他の個室が設置されたことで，戦後の家庭において，かつては同じ部屋で行われていたふたつの生活行為が分離され，より衛生的で機能的な住生活となった。分離された生活行為を答えよ。

2　浴室などで，急激な温度変化によって血管が収縮したり，拡張したりすることで血圧が変動し，心筋梗塞や脳梗塞などを引き起こすことがあるが，このことを何というか答えよ。また，その防止策を答えよ。

3　持続可能な住生活について，文中の(　①　)～(　④　)に適する語句を，以下のア～ケから選び，記号で答えよ。

高温多湿で森林が多いことから，日本では(　①　)の住まいが主である。伝統的な住まいは(　②　)軒や庇(ひさし)で夏の日差しや雨をよけ，大きな開口部を設けて，風を通し，家の中の熱，湿気，汚染物質を外へ出すなど自然をいかすことができる。

近年，高気密・高断熱でエネルギー消費量が少なく，太陽や風などの(　③　)可能エネルギーを活用した環境共生住宅やネット(　④　)エネルギーハウスが建てられている。

ア　削減　　イ　浅い　　ウ　深い　　エ　コンクリート
オ　木造　　カ　鉄骨　　キ　再生　　ク　ゼロ
ケ　SDGs

4　災害に備えた暮らしについて，文中の(　①　)，(　②　)に適する語句を答えよ。

災害によって住まいが破壊されると，衣食住の日常生活に支障をきたすことになる。日頃から衣食住の生活のための備蓄をし，家族で(　①　)や連絡手段の確認をしておく。地域の自然災害の被害を予測し，その被害範囲を地図上に表した(　②　)マップを参考に，より安全に避難できるように備えておくことが必要である。

(☆☆☆◎◎◎◎)

【4】消費生活・環境について，次の1～3の問いに答えよ。

1　家庭の「支出」には，消費支出と非消費支出がある。以下のア～クを分類し，表の(　①　)，(　②　)に全てあてはめて，記号で答えよ。

消費支出	(　①　)
非消費支出	(　②　)

ア　通信費　　イ　光熱費　　ウ　娯楽費　　エ　医療費
オ　税金　　　カ　食料費　　キ　教育費　　ク　社会保険料

2　次は，契約について書かれた文である。(　①　)～(　⑤　)にあてはまる語句または数字を答えよ。

契約とは，(　①　)により拘束力が生じる約束のことである。たとえば，商品の売買契約では，客側が「買います」，店側が「売ります」という意志を示し，互いに(　②　)すると，契約が成立する。(　②　)は口頭でも構わないが，重要な契約では，内容を明らかにし，またあとで証拠になるように文書(契約書)を取り交わすことが多い。

未成年者が契約を結ぶ場合は，原則として(　③　)の同意が必要になり，(　③　)の同意なく契約した場合には，後から取り消すことができる。これを(　④　)権という。成年になれば，自分だけで契約できるが，後から取り消すことができない。令和(　⑤　)年4月から，成年年齢が引き下げられるので，より注意が必要である。

3　これからの消費者に必要とされる「エシカル消費」とは，どのようなことに配慮した消費行動であるか，60字以内で答えよ。

(☆☆☆◎◎◎◎)

【5】衣生活について，次の1～5の問いに答えよ。

1　次の浴衣の図を見て，①～④にあてはまる名称を，以下のア～サから選び，記号で答えよ。

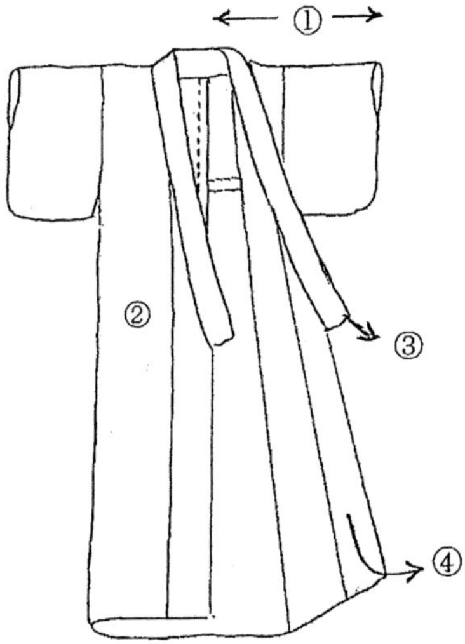

ア　たけ　　　イ　ゆき　　　ウ　おくみ
エ　いしきあて　　　オ　身八つ口　　　カ　つま先
キ　衿先　　　ク　そで口　　　ケ　前身ごろ(上前)
コ　前身ごろ(下前)　　　サ　後ろ身ごろ

2　浴衣は，ひもや帯を使って体に合わせて着装する。帯の結び方の例として，次の①，②の結び方の名称を以下のア～エから選び，記号で答えよ。

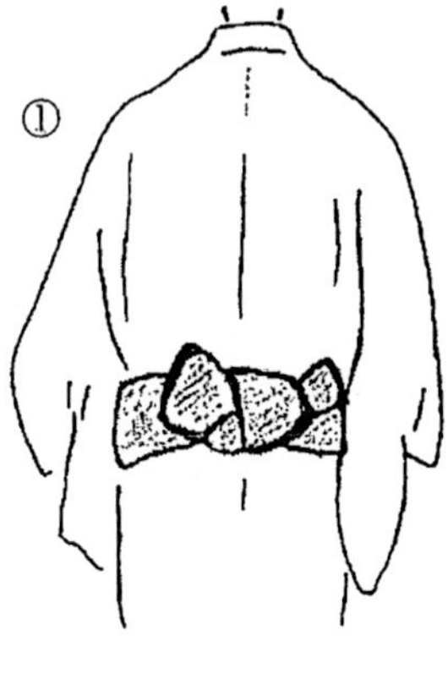

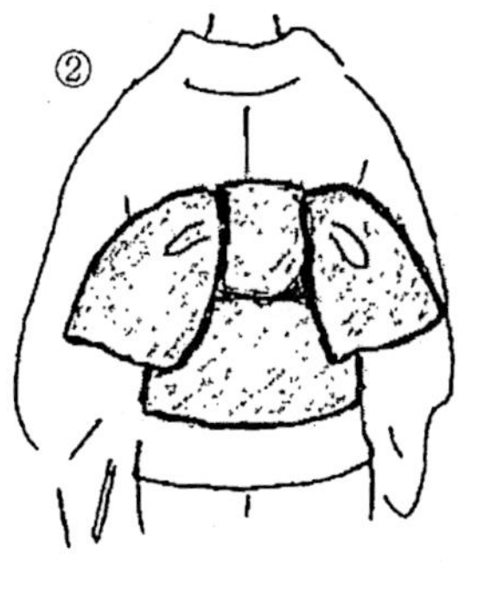

ア　お太鼓結び　　イ　文庫結び　　ウ　角出し　　エ　貝の口

3　次の図は，布と布を合わせて縫うときに，5本の待ち針をとめた図である。どのような順番でとめていくとよいか。図の，ア・イの待ち針を止める順番を数字で答えよ。

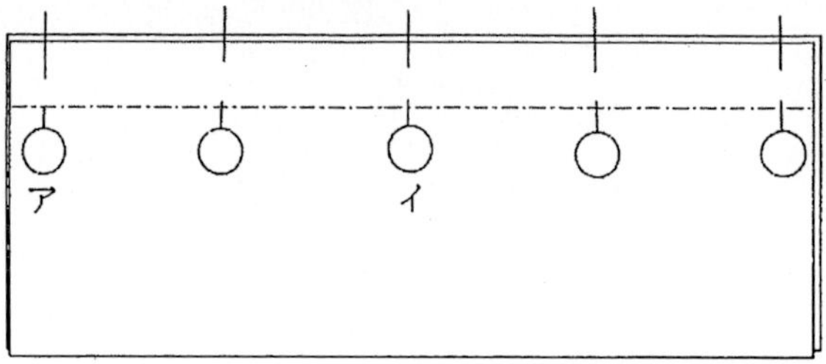

4　次の図①～③のようなボタンやスナップ，かぎホックをつけるとき，どのようにつけるか。適切につけたときに見える糸を図に書き込んで答えよ。

①
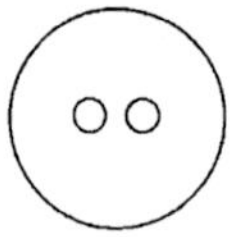
②
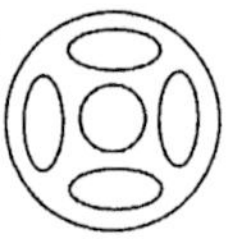
③
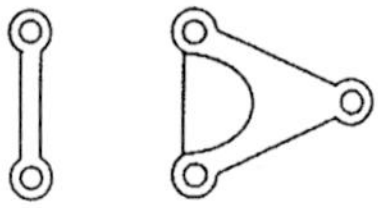

5　次は，布のはしを三つ折りにしたところである。図の折り山の部分を縫いとめるためにまつり縫いをしたとき，見える糸を図に書き込んで答えよ。

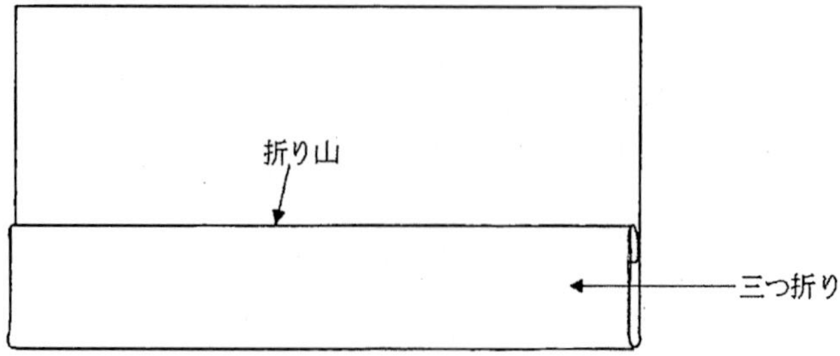

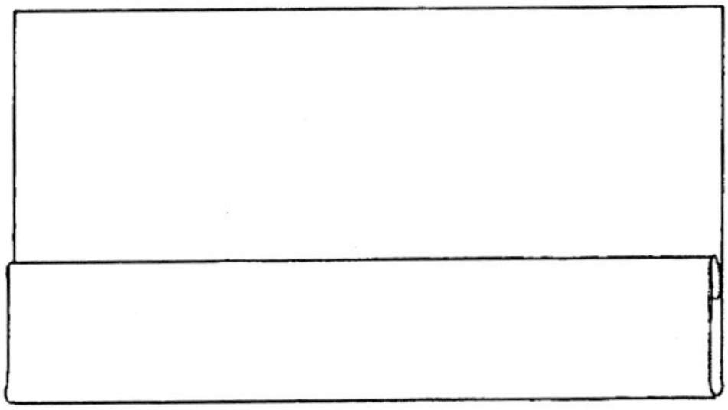

(☆☆☆◎◎◎)

【高等学校】

【1】次の文章は高等学校学習指導要領(平成30年告示)解説家庭編からの一部抜粋である。これを読んで(1)～(3)の問いに答えなさい。

高齢期の心身の特徴については，生涯を見通して高齢期を捉えるとともに，高齢者の(　①　)的特徴と(　②　)的特徴の概要について理解できるようにする。その際，加齢に伴って全ての機能が衰えるわけではなく，(　③　)期として捉えられる面もあることや，(　④　)が大きいことを理解できるようにする。また，介護予防や生活の工夫などについても理解できるようにする。その際，［　A　］体験や視聴覚教材などを通して体験的に理解を深めることができるように指導することなどが考えられる。また，認知症などについては，物忘れと認知症の違いや認知症への対応方法についても触れる。

高齢者を取り巻く社会環境については，近年の高齢者福祉の基本的な理念や高齢者福祉サービスなど代表的なものについて触れた上で，社会の現状と今後の解決すべき課題について理解できるようにする。その際，(　⑤　)の視点から高齢期になっても，誰もが安心して自立的な生活を送ることができる社会について理解できるようにする。例えば，高齢者の就労問題，高齢者の暮らし方などの生活実態調査資料などを基に，高齢期の状況を把握したり，祖父母や身近な高齢者から生きがい，社会参加，健康問題と介護，生計の維持などについて聞き取ったりするなどの活動や，［　B　］介護，高齢者虐待などの現代の高齢者介護に関する事例を取り上げて，理解できるようにすることなどが考えられる。

高齢者の尊厳と自立生活の支援や介護については，自己の尊厳について触れ，自立した生活ができなくなっても，人間として尊ばれることや，それを支えるために自立生活の支援や介護が必要であることが理解できるようにする。自己決定や主体的に(　⑥　)生きる視点が高齢期でも大切であるという考え方を示しながら，生活を観察・分析し，その人の有する(　⑦　)に着目し，その人に合った衣食住生活など環境を整えることで［　C　］が向上することを理解できるようにする。

生活支援に関する基礎的な技能については，高齢期の心身の特徴と生活への影響を踏まえた上で，(　⑧　)に配慮することや高齢者の自己決定，主体的参加の尊重など介護の視点を土台として，例えば，［　D　］の操作や移動・移乗の介助，食事・着脱衣の介助などの基礎的な技能を身に付けることができるよう，高校生同士が体験的に学習することを想定している。その際，(　⑨　)の原則や高齢者の心身の状態に応じて介助の方法が異なることにも触れる。

(1)　文中の空欄(　①　)～(　⑨　)に当てはまる語句を次の語群より選び，答えなさい。

【語群】

成長	成熟	衰退
個人差	性格	ノーマライゼーション
ボディメカニクス	力	安全
自分らしく	社会	公共
身体	心理	経済

(2)　文中の空欄［　A　］～［　D　］について，当てはまる語句を答えなさい。

(3)　上の学習指導要領解説家庭編において，子どもの生活と保育や高齢者の生活と福祉の内容を取扱うに当たって，どのような配慮事項が示されているか答えなさい。

(☆☆☆◎◎◎◎◎)

【2】次のⅠ～Ⅲの文章を読んで，(1)～(5)の問いに答えなさい。

Ⅰ　本膳料理とは，武士の正式な［　A　］食として(　①　)時代に成立し，江戸後期には，農村地域にも広がり，昭和に至るまで冠婚葬祭に用いられた。足つきの膳が銘々に用意され，儀式の程度により，膳が増加し最も多いもので(　②　)膳までである。中心となる膳を本膳と呼び，飯，汁に菜三種，(　③　)がつく。二の膳以上にも(　④　)がつくのが特徴で，献立の各名称は料理名ではなく，a坪，b猪口など器の名称で示されることが多い。

Ⅱ　味覚は，食べ物に含まれる味物質が，舌などに存在する(　⑤　)により知覚される感覚である。特に(　⑥　)の摂取量が不足すると，味覚がにぶったり，味を感じないなどの味覚障害がおきるので，偏った食事にならないようにしたい。

Ⅲ　中性脂肪は，脂肪酸と(　⑦　)とが結合したものである。脂肪酸はその構造によって，飽和脂肪酸，二重結合が1つある一価不飽和脂肪酸と，2つ以上ある多価不飽和脂肪酸に分類される。飽和脂肪酸は血液中のコレステロールを上昇させる作用がある。逆に，c多価不飽和脂肪酸のn－6系は，コレステロールを低下させる作用があり，n－3系の脂肪酸は，血液を(　⑧　)する働きがある。しかし，多価不飽和脂肪酸は(　⑨　)されやすく，動脈硬化などの原因になるので，新鮮な食品を選ぶと同時に，d抗酸化作用のあるものと共に摂取することが望ましい。

(1)　文中の［　A　］に当てはまる語句を漢字2文字で答えなさい。

(2)　文中の空欄(　①　)～(　⑨　)に当てはまる語句を答えなさい。

(3)　文中の下線部a，bについて読み方を答えなさい。

(4)　文中の下線部cのn－6系，n－3系を多く含む食品として最も適切なものを，次の(あ)～(え)からそれぞれ1つずつ選び，記号で答えなさい。

(あ)　バター　　(い)　魚油　　(う)　ごま油　　(え)　やし油

(5)　文中の下線部dにあてはまる栄養素として適切なものを，次の(あ)～(お)から2つ選び，記号で答えなさい。

(あ)　ビタミンC　　(い)　ビタミンD　　(う)　ビタミンE
(え)　カルシウム　　(お)　DHA

(☆☆☆◎◎◎◎)

【3】次の(1)，(2)の問いに答えなさい。

(1)　通信販売は，特定商取引法において，クーリング・オフ制度の対象とされていないのはなぜか。答えなさい。

(2)　消費者契約法は，どのようなことが定められている法律か。簡単に説明しなさい。

(☆☆☆◎◎◎◎)

【4】次の(1)，(2)の問いに答えなさい。

(1)　カーボン・オフセットとは何か，説明しなさい。

(2)　次の内容は何について説明したものか，漢字2文字とカタカナ2文字で答えなさい。

食べ残しや期限切れ等で本来は食べられるのに廃棄されているもの。その量は日本全体で年間500～800万トンになると推計される。

(☆☆◎◎◎◎)

【5】保育について，次の(1)～(5)の問いに答えなさい。

子どもの生活の中心は遊びであり，遊びによって子どもは様々なことを学び，成長していく。

身体の能力が増し，集中力や創意工夫する力を身に付け，人とかかわる際のルールや配慮を学び，言葉で表すことや色々な方法で表現する力を獲得していく。しかし，子どもにとっての遊びは，成果や効果を得ることが目的ではなく，あくまで「楽しいから遊ぶ」ものであることに留意する。

(1)　遊びの3つの条件は「仲間」，「時間」とあと一つは何か，答えなさい。

(2) にらめっこ，童歌，かくれんぼ，ままごと，指影絵，絵描き歌などを総称して何遊びというか。漢字で答えなさい。

(3) ドイツに世界で最初の幼稚園を開き，積み木の原型を考案した教育者は誰か。答えなさい。

(4) 次の①～③の子どもの遊びを，子どもの成長に従って発達する順に並べ替え，記号で答えなさい。

① 平行遊び　② 集団遊び　③ ひとり遊び

(5) 下線部に関して，遊びを通して身につける社会的生活習慣を2つあげなさい。

(☆☆◎◎◎)

【6】住居について，次の(1)～(4)の問いに答えなさい。

(1) 高気密，高断熱の住居や建物が増加し，建材や家具の接着剤などに含まれる揮発性の有機化合物などにより，めまいや吐き気，頭痛などの体調不良や症状がみられることを何症候群というか。答えなさい。

(2) 建築基準法では日照や通風を確保するために建ぺい率や容積率，部屋の有効採光面積などを定めている。室内の湿気除去や家族の健康のために不可欠な太陽光には，明るさや熱を与えるだけでなく，他にどのような作用があるか。答えなさい。

(3) 換気には，窓を開けて風を通す換気と，換気扇を回して空気の流れをつくる換気がある。後者の換気を何換気というか。答えなさい。

(4) 集合住宅は，壁や天井，床が互いに接しているためにどのような問題が起こりやすいか。答えなさい。

(☆☆◎◎◎)

【7】家族・家庭について，次の(1)，(2)の問いに答えなさい。

世帯構成と規模については近年の傾向として単独世帯の増加が著しい。離婚の増加を反映して，ひとり親と子どもの世帯もやや増加している。一方，夫婦と子どもの世帯は，産業構造が大きく変化した高度経済成長期には増加したが，近年は減少している。また，3世代家族を含むその他の親族世帯も減少している。また，a家庭の機能の多くが社会化している。

家庭の機能は変化しているが，食事，洗面，入浴，睡眠，休息など，人間の生命を維持するための基本的な活動が家庭の中で営まれていることに変わりはない。

(1)　一生のライフサイクルの中にある出生家族と創設家族について，違いが分かるように説明しなさい。

(2)　下線部aについて，家族だけが受け持つ，社会に移行できない機能で，家庭に最後まで残るとされている機能は何か，答えなさい。

(☆☆☆◎◎◎◎)

【8】次の(1)～(4)の問いに答えなさい。

(1)　食べ物の特性であるテクスチャーとは何か，説明しなさい。

(2)　焼き魚の調理のこつを2つあげなさい。

(3)　全がゆを作るときは米の容積の5倍の水が必要である。60gの米で全がゆを作るときに準備する適切な水の量を，次の①～④から1つ選び記号で答えなさい。

①　850mL　　②　475mL　　③　375mL　　④　300mL

(4)　大豆を加工して豆腐をつくる過程を答えなさい。

(☆☆☆◎◎◎)

【9】被服について，次の(1)～(5)の問いに答えなさい。

人間の体は，体温や水分などを一定に調整するが，その生理作用には限度がある。そのため，私たちは皮膚面を被服で覆って，皮膚と被服の間や，さらに重ねた被服との間に(　①　)層をつくることで，外気とは異なる(　②　)・(　③　)を持つ(　④　)をつくる。

(1)　文中の(　①　)～(　④　)にあてはまる語句を答えなさい。

(2)　夏と冬それぞれの快適な被服の工夫を2つずつ書きなさい。

(3) ISOの記号とほぼ同じになった新たなJIS規格の繊維製品の取り扱い表示について，次の記号を図示しなさい。

(a) 水温は40℃を限度とし，手洗いによる洗濯可。

(b) 漂白は酸素系漂白剤だけ使用可。

(c) 底面温度200℃を限度としてアイロン仕上げ可。

(d) つり干し乾燥がよい。

(4) スカート丈の一つであるマキシ丈とはどのくらいの長さのことか。次の①～④から1つ選び記号で答えなさい。

① 膝より20cm以上短い　② ひざ下　③ ふくらはぎの中間

④ くるぶし程度

(5) 3歳児の日常着としてふさわしい衣服のデザイン画を描き，配慮した点が分かるようにデザイン画に説明を書き込みなさい。

(☆☆☆◎◎◎◎)

解答・解説

【中学校】

【1】1 ① 地域　② ○　③ 改善　2 ① 種類　② 1日　③ 布　3 イ

〈解説〉1 家庭分野の目標は(1)～(3)まで3項目ある。今回は(2)から出題されたが，全ての項目の文言を必ず覚えること。 2 衣食住に関しては(1)～(7)の項目があげられているので，他の項目についても理解を深めておくこと。 3 指導計画の作成と内容の取扱いの項目の，指導計画の作成の配慮事項の(2)に「家庭分野の内容の『A家族・家庭生活』の(4)，『B衣食住の生活』の(7)及び『C消費生活・環境』の(3)については，これら三項目のうち，一以上を選択し履修させること。その際，他の内容と関連を図り，実践的な活動を家庭や地域などで行うことができるよう配慮すること。」と示されている。

【2】1　(1)　イ　(2)　発酵　(3)　①　ウ　②　ア　③　カ　④　ク　(4)　主食である米飯に，汁物をひとつと，魚などの主菜を1品，野菜や豆などの副菜を2品組み合わせた献立のこと。(51字)　(5)　地域の多様な食材をバランスよく組み合わせており，健康的。旬の食材や行事食等で，季節感や日本の文化を感じることができる。(59字)　2　(1)　①　ア　②　ウ　2　①　イ　②　ウ　(3)　手や調理器具をよく洗い，布巾などは清潔なものを使う。生鮮食品などは低温保存する。食品の中心部分までしっかり加熱する。(58字)　(4)　アナフィラキシー(アナフィラキシーショック)　(5)　7品目

〈解説〉1　(1)　必須アミノ酸は，20種類あるアミノ酸のうち，体内で作り出せない9種類のアミノ酸(イソロイシン，ロイシン，リジン，メチオニン，フェニルアラニン，スレオニン，トリプトファン，バリン，ヒスチジン)である。たんぱく質に含まれる必須アミノ酸がバランスよく含まれていると，アミノ酸スコアも高くなる。アミノ酸スコアは，一番低い必須アミノ酸にあわせているので，他のアミノ酸がどれだけ多く含まれていても無駄になってしまう。　(2)　発酵食品には，納豆，豆腐，味噌，醬油，酒粕，チーズ，ヨーグルトなどがある。発酵食品の効果は，栄養をスムーズに吸収させる，免疫細胞を活性化させる，栄養価アップ，旨味成分アップ，生活習慣病を予防するなどがある。(3)　かつおだしと昆布だしの旨味の相乗効果についての問題は頻出である。味の相互作用には他にも，対比効果(甘味＋塩味)：2種類以上の違った味を混ぜ合わせた時に，どちらか一つあるいは両方の味が強く感じられる現象のこと。一般にはどちらか一つの味が強く，それに対して他方の味が弱いときに起こりやすい。抑制効果(苦味＋甘味)(酸味＋甘味)(酸味＋塩味)：2種類以上の違った味を混ぜ合わせた時に，一つ又は両方の味が弱められる現象をいう。甘味・塩味・酸味・苦味・うま味の5味を基本味という。　(4)　一汁三菜の配膳の仕方も確認しておきたい。向かって左手前にご飯，右手前に汁物，右奥に焼き魚などの主菜，左奥に煮物などの副菜，真ん中に和え物や酢の物など

の副々菜を配置する。 (5) 和食の4つの特徴として，多様で新鮮な食材とその持ち味の尊重，健康的な食生活を支える栄養バランス，自然の美しさや季節の移ろいの表現，正月などの年中行事との密接な関わりがあげられる。 2 (1) 消費期限の食品の例はエ，賞味期限の意味はイである。 (2) 食中毒の原因物質は，細菌，ウイルス，動物性自然毒，植物性自然毒，化学物質，寄生虫などがある。 (3) 食中毒予防の三原則「食中毒菌を付けない・増やさない・やっつける」は問題として頻出なので覚えておきたい。また，家庭でできる食中毒予防の6つのポイントについても確認しておくこと。 (4) アナフィラキシーの原因には食物だけでなく，蜂毒，薬物などによるものもある。食物アレルギーによるアナフィラキシーショックは学校でも起こる可能性がある。エピペンの使用方法など，理解しておきたい。 (5) 特定原材料は，卵，乳，小麦，えび，かに，落花生，そばの7品目である。表示推奨品目は，アーモンド，あわび，いか，いくら，オレンジ，カシューナッツ，キウイフルーツ，牛肉，くるみ，ごま，さけ，さば，大豆，鶏肉，バナナ，豚肉，まつたけ，もも，やまいも，りんご，ゼラチンの21品目である。

【3】1 (1) LDK (2) 食事と睡眠が分離された 2 何というか…ヒートショック 防止策…浴室や脱衣室を温めて，室温の差を小さくする。 3 ① オ ② ウ ③ キ ④ ク
4 ① 避難場所(避難所) ② ハザード(防災)

〈解説〉1 (1) LDKはリビング＋ダイニング＋キッチンで，DKはダイニング＋キッチンである。また，Sはサービスルーム，Nは納戸を表す。これらの部屋は建築基準法では居室としての基準を満たしていない部屋である。 (2) 食寝分離は第二次世界大戦後に，西山夘三により住宅計画の原理として位置づけられた。 2 冬場のヒートショックによる浴槽での溺死事故が増加している。消費者庁から発表された注意喚起によると「厚生労働省の『人口動態調査』によると，高齢者の『不慮の溺死及び溺水』による死亡者数及び家や居住施設の浴槽にお

ける溺水による死亡者数は高い水準で推移しており，平成23年以降，『交通事故』による死亡者数より多くなっています。令和元年の家及び居住施設の浴槽における死亡者数は4900人で，平成20年の3384人と比較すると約10年間で約1.5倍に増加しています。」とある。　3　ネットゼロエネルギーハウスはZEH(ゼッチ)ともいい，外皮の断熱性能等を大幅に向上させるとともに，高効率な設備システムの導入により，室内環境の質を維持しつつ大幅な省エネルギーを実現した上で，再生可能エネルギーを導入することにより，年間の一次エネルギー消費量の収支をゼロとすることを目指した住宅である。経済産業省では，「2020年までにハウスメーカー等が新築する注文戸建住宅の半数以上で，2030年までに新築住宅の平均でZEHの実現を目指す」という政府目標の達成に向け，課題と対応策を整理した「ZEHロードマップ」を関係省庁等と共に策定し，普及に向けた取り組みを行っている。
4　ハザードマップには8つの種類があり，大雨，台風，地震など災害の種類によって起こり得る被害の状態が異なることから，災害の種類別にそれぞれの危険区域や避難場所などを確認できる。洪水，内水，高潮，津波，土砂災害，火山，宅地，地震危険度の8つである。

【4】1　①　ア，イ，ウ，エ，カ，キ　②　オ，ク　2　①　法律　②　合意　③　保護者　④　未成年者取消　⑤　4　3　人や社会，環境，地域などに配慮した消費行動で，フェアトレードの商品や，被災地支援・障がい者支援につながる商品の購入など。(60字)
〈解説〉1　消費支出は，いわゆる生活費のことであり，日常の生活を営むに当たり必要な商品やサービスを購入して実際に支払った金額である。非消費支出は税金や社会保険料など原則として世帯の自由にならない支出である。収入には，実収入，実収入以外の受取(繰入金を除く)，繰入金，受取がある。支出には，実支出(消費支出と非消費支出を合計した支出)，実支出以外の支払(繰越金を除く)，繰越金，支払がある。可処分所得とは，実収入から税金，社会保険料などの非消費支出を差し引いた額で，いわゆる手取り収入のことである。　2　スー

パーで食料品などを買う(物品の売買契約)，学習塾やエステサロンに通う(継続的役務提供契約)，お金を借りる(金銭消費賃借契約)，電車やバスに乗る(旅客運送契約)など様々な契約がある。契約の未成年取消についての問題は頻出である。　3　消費者それぞれが各自にとっての社会的課題の解決を考慮したり，そうした課題に取り組む事業者を応援したりしながら消費活動を行うこと。SDGsの17のゴールのうち，特にゴール12「つくる責任・つかう責任」に関連する取組である。

【5】1　①　イ　　②　コ　　③　キ　　④　ウ　　2　①　エ　②　イ　　3　ア　1(2)　　イ　3

4　①　　　　②　　　　③

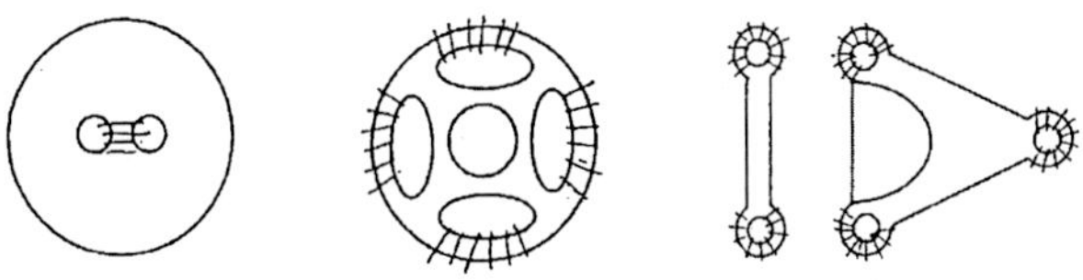

5

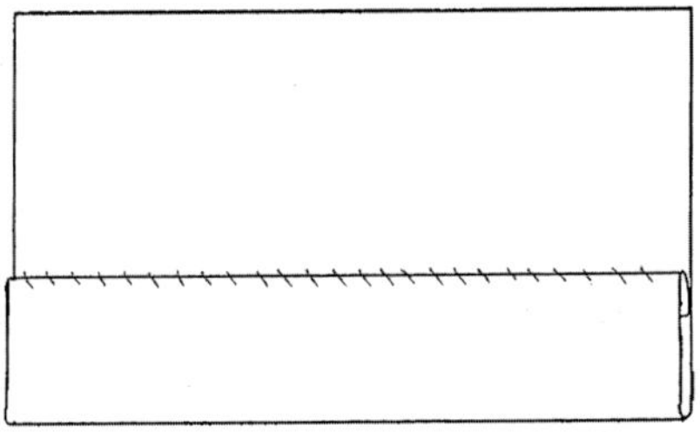

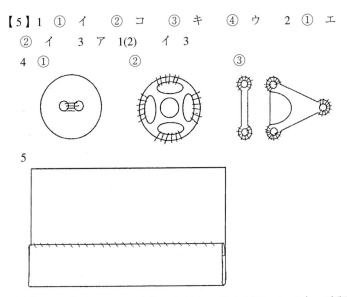

〈解説〉1　身八つ口，つま先，おはしょりなどについても，確認しておくこと。　2　浴衣だけでなく，着物の着装は実際行い，練習しておくこと。名古屋帯，半幅帯，袋帯に合わせる着物の種類と結び方も理解しておくこと。　3　両端にうち，その真ん中，そして間をうめていく。　4　ボタンのつけ方だけでなく，ボタンホールの大きさ，つける位置などについても確認しておきたい。　5　まつり縫い，千鳥がけなどは実際練習しておくこと。

【高等学校】

【1】(1)　①　身体　②　心理　(※①，②は順不問)　③　成熟　④　個人差　⑤　ノーマライゼーション　⑥　自分らしく　⑦　力　⑧　安全　⑨　ボディメカニクス　(2)　A　高齢者疑似　B　老老　C　生活の質　D　車椅子　(3)　学校や地域の実態等に応じて，学校家庭クラブ活動などとの関連を図り，乳幼児や高齢者との触れ合いや交流などの実践的な活動を取り入れるよう努めること。

〈解説〉(1)，(2)　設問の資料において，家庭科改訂の要点の項目の中に「高齢化の進展に対応して，いずれの科目においても高齢者の尊厳と介護(認知症を含む)に関する内容を充実するとともに，『家庭基礎』では，高齢者の生活支援に関する基礎的な技能，『家庭総合』では，高齢者の心身の状況に応じた生活支援に関する技能などの内容の充実を図った。」とある。　(3)　内容を取扱うに当たっての配慮事項として，学校や地域の実態等に応じて，学校家庭クラブ活動などとの関連を図り，乳幼児や高齢者との触れ合いや交流などの実践的な活動を取り入れるよう努めることと示されている。

【2】(1)　供応(饗応)　(2)　①　室町　②　七　③　香の物　④　汁　⑤　味蕾　⑥　亜鉛　⑦　グリセリン　⑧　固まりにくく　⑨　酸化　(3)　a　つぼ　b　ちょく(ちょこ)

(4)　n−6系…(う)　n−3系…(い)　(5)　(あ)，(う)

〈解説〉(1)　供応食とは，もてなしの料理のことである。本膳，二の膳，三の膳と，多くは七膳まで，一人ずつ全ての膳が並べられる。

(2)　和食については，精進料理，会席料理，懐石料理などについて，味については基本味と相互作用，栄養については炭水化物，ビタミンについても対策しておきたい。　(3)　他にも平，台引，椀などがある。それぞれの膳の配置と料理の内容を確認しておくこと。　(4)　一価不飽和脂肪酸にはオレイン酸があり，オリーブ油に多く含まれ，血液中のLDLコレステロールを下げる効果がある。多価不飽和脂肪酸のn−3

系には，α－リノレン酸，DHA(ドコサヘキサエン酸)，IPA(イコサペンタエン酸)があり，α－リノレン酸は体内でIPA，さらにDHAと変化する。n－6系のリノール酸は体内でアラキドン酸を作り出し，イコサノイドという生理活性物質になる。α－リノレン酸，リノール酸，アラキドン酸は体内で合成できないため，必須脂肪酸と呼ばれている。

(5) 活性酸素の働きを抑える抗酸化作用をもつ抗酸化ビタミンは，ビタミンA，ビタミンC，ビタミンEなどがある。

【3】(1) 通信販売は自らの意思で申しこみ，考慮する時間もあるとみなされるため。　(2) 契約全般について，適正な環境のもとで行われなかった契約は一定条件のもとで消費者が契約を取り消せること，消費者に不当な契約内容は無効とすることを定めている。

〈解説〉(1) クーリング・オフが適用される取引と適用されない取引，またその期間についての問いは頻出である。適用されるものは，訪問販売(8日間)，電話勧誘販売(8日間)，連鎖販売取引(20日間)，特定継続的役務提供(8日間)，業務提供誘引販売取引(20日間)，訪問購入(8日間)などである。　(2) 消費者契約法は平成12年に成立した。平成28年，30年の改正で取消し・無効の範囲が拡大した。取消しのできる場合，無効にできる契約条項について，整理して覚えておきたい。

【4】(1) 企業の努力で削減できない二酸化炭素の排出量を，それに見合う二酸化炭素の削減活動への投資などで埋め合わせること。

(2) 食品ロス

〈解説〉(1) カーボン・ニュートラル，カーボンフットプリントについても確認しておきたい。　(2) 令和元年度推定値で，年間約571万トンの食品ロスがでている。そのうち事業活動を伴って発生する事業系食品ロスは307万トン，各家庭から発生する家庭系食品ロスは261万トンになっている。

【5】(1)　遊ぶ場所　　(2)　伝承遊び　　(3)　フレードリッヒ・フレーベル(フレーベル)　　(4)　③→①→②　　(5)　・挨拶をする。
・友達と協力する。　　・順番やルールを守る。　から2つ

〈解説〉(1)　空間・仲間・時間が，遊びに必要な3つの「間」である。
(2)　お手玉，あやとり，折り紙，かごめかごめ，ハンカチ落としなどもある。年齢に応じた様々な種類の遊びがあり，世代間でも楽しめ，遊びに展開を持たせることもできる。　(3)　幼稚園(Kindergarten)という言葉をつくった。フレーベルが考案したおもちゃSpiel Gabeは「神様の贈り物」を意味し，日本では「恩物」と呼ばれている。発達にあわせて第1～20恩物まである。　(4)　遊びの分類については，ビューラー，カイヨワ，ピアジェ，バーテンのものについて学習しておくこと。
(5)　基本的生活習慣は，食事，睡眠，排泄，清潔，衣服の着脱などで，生きていくために必要なことである。また社会で生きるために身につけたいのが社会的生活習慣で，約束を守る，自分のことは自分でする，人に迷惑をかけないなどもある。集団遊びでは，ルールがないと成立しないので，遊びの中でトラブルも経験しながら，これを学んでいく。

【6】(1)　シックハウス症候群　　(2)　殺菌作用　　(3)　機械換気
(4)　騒音(生活騒音)

〈解説〉(1)　建築基準法による対策として，居室内において化学物質(ホルムアルデヒド及びクロルピリホス)の発散による衛生上の支障がないよう建築材料及び換気設備の規制が導入された(平成15年7月)。①ホルムアルデヒドに関する建材，換気設備の規制として，内装仕上げの制限，換気設備の義務付け，天井裏などの制限が定められた。例えば住宅の場合，換気回数0.5回/h以上の機械換気設備(いわゆる24時間換気システムなど)の設置が必要となった。②クロルピリホス対策として，しろあり駆除剤等に用いられていたクロルピリホスの使用を禁止した。
(2)　建築基準法において，採光に関する規定により，窓やドアは，部屋の面積に対して7分の1以上としている。　(3)　換気には自然換気と機械換気がある。自然換気の効率的な方法について確認しておきたい。

(4)　騒音は種類により様々な法律で規制が設けられている。生活騒音については，各自治体の条例があり，区域の違い，時間帯によってそれぞれ音量(db)基準が定められている。

【7】(1)　出生家族とは，生まれ，育つ家族。自分の意志では選択できない。基本的な生活習慣を身につけ，人間としての基礎が築かれる。創設家族とは，自らつくっていく家族。自らの意志で決定する。パートナーと共に築いていく。　(2)　人間の生命を産み育てる機能

〈解説〉(1)　現代の家族のかたちは多様化している。単親(母子・父子)家族の増加とともに，シングル世帯の増加，DINKS(共働きで子どもなし)という形態もでてきた。　(2)　生産機能，消費機能，子育ての機能，福祉機能，教育的・文化的機能，情緒面の機能などがある。外部化した具体例としては，外食，クリーニング，塾，学校，保育園，ブライダル産業，葬儀会社，ホームヘルパー，老人ホームなどがあげられる。

【8】(1)　食べ物を口に入れてから飲み込むまでに，口のなかで感じられる口ざわり・舌ざわり・歯ごたえ・のどごしなどの食感。

(2)　・強火の遠火　・表六分に裏四分　・たびたび返さず，ゆっくりと焼く　から2つ　(3)　③　(4)　大豆を浸水させる。呉にする。加熱する。絞って豆乳を取り出す。豆乳に凝固剤(にがり)を加えて凝固させる。

〈解答〉(1)　おいしさの因子は，食品の化学的性質であるフレーバー(味や香り)だけでなく，物理的性質であるテクスチャー(食感)もあわせて感じるものである。　(2)　両面焼きグリルの場合は盛り付けの表側を上にして焼く。片面焼きグリルの場合は熱源が上からなので，魚の裏から焼きはじめ，焦げ目がついたら，裏返して焼く。オーブンの場合は，薄くサラダ油をぬるか，油をぬったアルミ箔を敷く。焼き網などで焼く場合は熱源が下からなので，盛り付けの表面から焼きはじめ，表が焼けたら裏返し焼き上げる。　(3)　重量が60gの米の容量は，米

の重量と容量の比率が0.83なので約72mLとなる。その5倍なので③が近い。　(4)　水を含み大きく柔らかくなった大豆を磨砕したものを「呉」という。呉を豆乳とおからに分離する。

【9】(1)　①　空気　　②　温度　　③　湿度　　④　被服(内)気候

(2)　夏…・被服で外部の熱を遮る。　　・体表から熱を逃がすよう工夫する。　・襟・袖・裾など開口部が大きくゆとりのあるものにする。から2つ　　冬…・体を覆う面積を増やす。　　・空気を上手に保持する着方を工夫する。　　・厚みが半分でも2枚の布を使って空気層をつくる。　から2つ

(3)

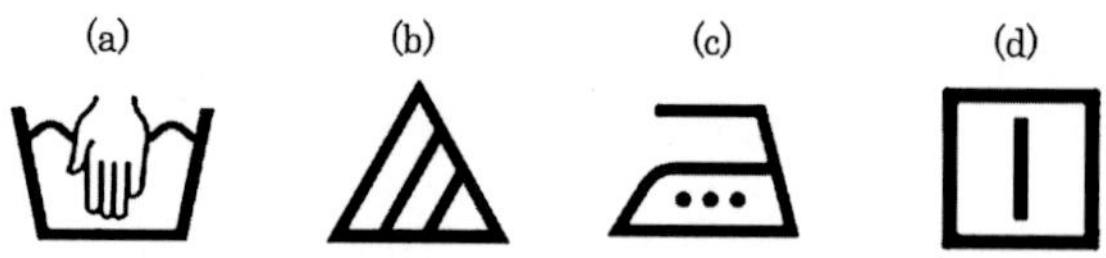

(4)　④　　(5)　解答略

〈解説〉(1)　快適な被服気候とされている，気温32±1度，湿度50±10%も覚えておくこと。　(2)　被服の機能の他の項目についても，保健衛生的機能，社会的機能に分けられたそれぞれの働きを整理して覚えておきたい。　(3)　洗濯，漂白，乾燥(タンブル，自然)，アイロン，クリーニングのそれぞれの表示を整理して覚えておくこと。　(4)　①はマイクロミニ，②はミディ，③はミモレである。　(5)　着脱がしやすいこと，洗濯が簡単にでき清潔を保てること，安全面では首回り，腰回り，ズボンのすそに紐を使用しないこと，フードを付けないことなどに配慮する。

2021年度　実施問題

【中学校】

【1】中学校学習指導要領(平成29年3月告示)「第8節　技術・家庭」に示されている内容について，次の1～3の問いに答えよ。

1　次の文は，「第2　各分野の目標及び内容　[家庭分野]　1　目標」の抜粋である。

下線部①～③の語句について，正しければ○を，間違っていれば正しい語句を答えよ。

> 生活の営みに係る見方・①考え方を働かせ，衣食住などに関する実践的・②問題解決的な活動を通して，よりよい生活の実現に向けて，生活を工夫し創造する資質・③技能を次のとおり育成することを目指す。

2　次の文は，「第2　各分野の目標及び内容　[家庭分野]　2　内容」の「A　家族・家庭生活」について示されている部分から抜粋したものである。(　①　)，(　②　)にあてはまる語句を答えよ。

> (3)　家族・家庭や地域との関わり
> 　ア　次のような知識を身に付けること。
> 　　(ア)　家族の互いの立場や役割が分かり，協力することによって家族関係をよりよくできることについて理解すること。
> 　　(イ)　家庭生活は地域との相互の関わりで成り立っていることが分かり，高齢者など地域の人々と(　①　)する必要があることや(　②　)など高齢者との関わり方について理解すること。

3「第3　指導計画の作成と内容の取扱い」において，「A家族・家庭生活」の(1)「自分の成長と家族・家庭生活」については，第何学年で履修させると示されているか，その学年を答えよ。

(☆☆☆◎◎◎)

【2】衣生活について，次の1～4の問いに答えよ。

1　次は，衣服の材料の特性や衣服の材料に発生する現象について説明したものである。(1)～(4)は，何について説明しているのか。下のア～クから選び，記号で答えよ。

(1)　布を構成する糸や繊維が何かに引っ掛かり，布表面に突出してできる引きつれ現象で，主としてフィラメント糸を用いた織編物に発生しやすい。

(2)　織編物の使用中，布が摩擦されることにより，その表面が毛羽立ってきて，やがて毛羽立った繊維どうしがからみ合い，布表面に付着する現象で，布の外観を損なうものである。

(3)　布が自重で垂れ下がるときに示す布の変形状態のことである。

(4)　摩擦や圧力などの外力を受け，繊維が軸方向に裂けて細分化し，白化する現象である。絹が濡れた状態で摩擦されると起こりやすい。

ア　パジング　　イ　フィブリル化　　ウ　ドレープ
エ　ボイド　　オ　ピリング　　カ　テクスチュア
キ　スナッグ　　ク　クリープ

2　次の文章は，様々な織物についての特徴を説明したものである。(1)～(4)の名称を，あとのア～クから選び，記号で答えよ。

(1)　柔軟で光沢のある平織物。シャツ地の定番素材。よこ糸に比べたて糸に2倍ほどの本数を使用するため，その密度の差によって布面に細いよこ畝が表れる。もともとは，起毛したフェルト状の毛織物を指したが，現在は綿が中心。

(2)　強く撚り合わせた糸を使用し，布地の表面に縮みのような独特のしわが表れる織物の総称。汗の吸収性に優れ，さらには放散して，さらりとした快適な状態を保ち続ける。また，風をよく通すため蒸れない，洗濯してもしわが気にならない，ノー・アイロンでよいなど，夏の服地にふさわしい条件を満たしている。

(3) 高級絹織物である「ベルベット」を綿で表した織物。肉厚で暖かく，ソフトな手触り。パイル織りの一種で，よこ糸のパイルを切って毛羽を出す。最近ではストレッチ性を持たせた機能的なものも重宝されている。

(4) 紡毛織物の一種で，本来はスコットランド産の羊毛を太く紡いだ糸で手織りした綾織物のことを指す。地厚で，ざっくりとした素朴な印象。機械織りも多く，綾織りのほかに平織りもある。

ア　ギャバジン　　イ　別珍　　ウ　クレープ　　エ　リネン
オ　ツイード　　カ　ネル　　キ　ブロード　　ク　サテン

3　被服の保健衛生的機能の1つとして体温調節の補助があるが，被服を着用した際に，皮膚と被服の間や，更に重ねた被服との間に空気層ができて，外気とは異なる温度・湿度を持つ局所的な気候をつくるが，これを何というか。

4　洗濯用洗剤の主成分であり，分子内に水になじみやすい部分と，油になじみやすい部分をもつ物質を何というか。

(☆☆☆☆◎◎◎)

【3】住生活について，次の1～3の問いに答えよ。

1　住まいにおけるシックハウス症候群について，その原因と症状，防止策を答えよ。

2　健康な住生活を送るため，日照や通風を確保するために建築基準法で定めている建ぺい率とは何か。次のア～エから選び，記号で答えよ。

ア　敷地面積÷建築面積×100　(%)
イ　敷地面積÷延べ面積×100　(%)
ウ　建築面積÷敷地面積×100　(%)
エ　延べ面積÷敷地面積×100　(%)

3　次の文章は，日本の歴史的な住まいについての説明である。(1)～(3)の住まいの名称を，あとのア～カから選び，記号で答えよ。

(1) 戦国時代が終わり，天下が統一に向かった安土桃山時代に確立した。権威者のために「上段の間」ができ，床の間，違い棚，帳台構などの座敷飾りは，その部屋の格を高めるために定型化した。壁や襖には豪華な障屏画が描かれ，欄間には彫刻が施された。二条城二の丸御殿などが遺構である。

(2)　貴族の住まいとして，平安時代末期に確立した。中央に主人の住まいが池に向かって南面し，家族の住まいである対屋が東・西・北に囲む形式で建つ。また，東西の対屋から南へ延びる廊が，池に接する泉殿や釣殿へとつながる。建物の屋根は入母屋造りの檜皮葺きで，軒先は途切れず連続する優美な外観であった。

(3)　千利休が完成させた草庵風の茶室の要素を取り入れて作られた。民家に使われていた素朴な材料を使い，壁に開けられた窓から採光することに特徴がある。軽快で瀟洒な意匠は，上流階級の別荘建築に好んで用いられた。

ア　本棟造り　　イ　主殿造り　　ウ　書院造り
エ　寝殿造り　　オ　数寄屋造り　　カ　合掌造り

(☆☆☆☆◎◎◎)

【4】消費生活・環境について，次の1～3の問いに答えよ。

1　次は，消費者の8つの権利と5つの責任についてまとめたものである。(　①　)～(　④　)にあてはまる語句を答えよ。

消費者の8つの権利	・生活の基本的ニーズが満たされる権利 ・(　①　)を求める権利 ・知らされる権利 ・(　②　)する権利 ・意見が反映される権利 ・補償を受ける権利 ・消費者教育を受ける権利 ・健全な環境の中で働き生活する権利	消費者の5つの責任	・(　③　)的な意識をもつ責任 ・自己主張し行動する責任 ・社会的関心への責任 ・(　④　)に与える影響を自覚する責任 ・連帯する責任

2　持続可能な社会に向けて，3Rや5Rに心がけることが大切である。(　①　)~(　④　)にあてはまる語句を下のア～クから選び，記号で答えよ。

5R（リデュース～リフューズ）　3R（リデュース～リサイクル）

リデュース	リユース	リサイクル	リペア	リフューズ
(　①　)	(　②　)	再生利用	(　③　)	(　④　)

ア　借用　　イ　分別排出　　ウ　修理　　エ　再使用
オ　拒否　　カ　再商品化　　ク　発生抑制

3「倫理的」という意味の言葉であり，環境保全や社会貢献に配慮した消費行動のことを何というか。答えよ。

(☆☆☆◎◎◎)

【5】食生活について，次の1～6の問いに答えよ。

1　次の文は，中学校学習指導要領(平成29年3月告示)「第2章　各教科　第8節　技術・家庭　2　内容」の「B　衣食住の生活」で示されている一部である。

> (3)　日常食の調理と地域の食文化
> 　ア　次のような知識及び技能を身に付けること。
> 　　(ウ)　材料に適した加熱調理の仕方について理解し，基礎的な日常食の調理が適切にできること。

(1)　中学校で身に付けることとして，具体的に3つの加熱調理の仕方が示されているが，「煮る・焼く」と，あと1つは何か答えよ。

(2)　中学校で，中心として取り扱うことが示されている3つの食材について，次のア～クの中から選び，記号で答えよ。

ア　米　　イ　卵　　ウ　魚　　エ　小麦粉　　オ　肉

カ　いも　　キ　野菜　　ク　乳製品

2　次の文章は，米の炊飯に関する説明である。(　①　)～(　③　)に適する数字を答えよ。

米1合は約150gであり，約(　①　)mLである。

米重量の2.2～2.4倍の白飯として炊き上げるため，加水量は蒸発量も含めて決める。米の重量に対して(　②　)倍，米の容積に対して(　③　)倍が基準であるが，米の新古，品種，とう精度や貯蔵条件による水分含量，炊飯機器の種類，気温によっても異なるので，好みや目的に合わせて加水量を決める。

3　厚生労働省・農林水産省が共同で策定した「食事バランスガイド」は，1日に「何を」「どれだけ」食べたらよいかを，理解しやすいように「コマ」のイラストを使って示している。主食，副菜，主菜，牛乳・乳製品，果物の摂取量の目安はどのような単位で示されているか。アルファベット2文字で答えよ。

4　次は，油脂の乳化性についての分類である。(　①　)，(　②　)と，A・Bに適する語句として正しい組合せを下のア～エから選び，記号で答えよ。

乳化の型	食品の例
水中油滴型（　①　）	A
油中水滴型（　②　）	B

ア　①　O／W型　　②　W／O型　　A　マヨネーズ　　B　牛乳
イ　①　O／W型　　②　W／O型　　A　生クリーム　　B　マーガリン
ウ　①　W／O型　　②　O／W型　　A　マヨネーズ　　B　マーガリン
エ　①　W／O型　　②　O／W型　　A　生クリーム　　B　牛乳

5　次の①～③の重量として正しいものはどれか，下のア～ソから選び，記号で答えよ。

①　酢料理用計量カップ1杯　　②　上白糖大さじ1杯
③　食塩小さじ1杯

ア　220g　　イ　200g　　ウ　180g　　エ　160g　　オ　140g
カ　20g　　キ　18g　　ク　15g　　ケ　12g　　コ　9g

サ　8g　　シ　6g　　ス　4g　　セ　3g　　ソ　2g

6　次は，ゲル化剤について書かれた文章である。(　①　)～(　④　)にあてはまる語句を答えよ。

寒天は，紅藻類のてんぐさ，おごのりなどから熱水抽出された多糖類であり，豊富な(　①　)を含んでいる。

ゼラチンは，動物の骨，皮などの結合組織の主体である(　②　)から熱水抽出された誘導タンパク質である。必須アミノ酸である(　③　)を含まないのでタンパク質としての栄養価は非常に低い。パイナップル，キウイなどのタンパク質分解酵素を含む食品を生のまま加えると，ゼラチン分子が加水分解してゲルは形成されないので，あらかじめ果汁を(　④　)しておくか，缶詰を用いる。

(☆☆☆◎◎◎)

【6】家族・家庭生活の学習について，次の1～3の問いに答えよ。

1　人間は家族や社会の中で生活するために必要な，いろいろな生活習慣を持っている。幼児期に身に付ける，日常生活の基本として，健康に生きていくために欠かせない「基本的生活習慣」にはどのようなものがあるか。5つ答えよ。

2　次は，子どもが健やかに成長するために定められた条約や法律などについて説明した文章である。(1)～(3)は，何について説明しているか。あとのア～オから選び，記号で答えよ。

(1)　1989年に国際連合総会で採択された。児童(18歳未満のすべての人)が幸せに生活できることを目的とし，54条で構成されている。日本は1994年に批准した。子どもの「生きる権利」「育つ権利」「守られる権利」「参加する権利」を守ることが述べられている。

(2)　1951年5月5日，日本国憲法の精神に基づき制定された。前文では「児童は，人として尊ばれる。児童は，社会の一員として重んぜられる。児童は，よい環境の中で育てられる。」と示されている。

(3)　1947年に公布された。「全ての児童が心身ともに健やかに生まれ，かつ，育成されなければならない。また，児童は等しくその生活を保障され，愛護されなければならない」という理念が示されている。

ア　児童憲章　　　　　　　　イ　子どもの権利条約

ウ　子ども・子育て支援法　　エ　児童福祉法

オ　児童虐待の防止等に関する法律

3　全ての国民に人間として最低限度の生活が保障されるための総合的な制度として社会保障がある。日本の社会保障の1つである社会保険には5つの制度があるが，そのうち2つを答えよ。

(☆☆☆◎◎◎)

【高等学校】

【1】次の日本の伝統的な衣食住に関わる生活文化やその継承・創造についての文章を読んで，各問いに答えよ。

日本には四季があるため，夏の高温多湿に対応するために，各部屋を開け放ち，風が通るようにし，逆に，冬の寒さに備えて各部屋を閉めきることができるように，(　ア　)が発明され用いられた。また，床を高くし，縁の下を設けることで，風通しをよくし，湿気が部屋に入り込まないようにしている。日本の伝統的な住まいには，a縁側や(　イ　)屋根，風のやぐらなど，b日本独特の住まいの工夫が多く取り入れられている。

日本では，海に囲まれた南北に長い地形が各地の特産品をうみだし，特色あるc郷土料理を作りだしてきた。また，冠婚葬祭や年中行事の日を「ハレ」の日とし，日常の(　ウ　)の日とは違った料理を用意する。これが行事食であり，家族の健康や，自然の恵みへの感謝を表すことが多い。

2013年12月，「和食；日本人の伝統的な食文化」と題した「自然を尊ぶ」という日本人の気質にもとづいた「食」に関する「習わし」が，ユネスコの(　エ　)に登録された。

「和食」の特徴は，①多様で新鮮な食材とその持ち味の尊重，d②栄養バランスに優れた健康的な食生活，③自然の美しさや季節の移ろいの表現，④正月などの年中行事との密接なかかわり，などがある。

和服は洋服に比べ(　オ　)の変化はほとんどないが，用いる和服地の種類と組み合わせる帯や小物によって，礼装にもなるし日常着にもなる。女物では，礼装がら日常着までの(　カ　)に独特の名前がついている。(　キ　)は若い女性の慶事の第一礼装であり，そでたけの寸法により大(　キ　)，中(　キ　)，小(　キ　)があり，(　ク　)ほどはなやかになる。生地はe縮緬，f綸子などを用い，総模様や絵羽模様の上にg刺繍や箔や(　ケ　)で豪華に彩られる。未婚・既婚にこだわらなくてもよい(　コ　)は女性の慶事の第一礼装であり，上半身とそでは無地で，すそに江戸褄模様をほどこした(　カ　)をいう。生地は縮緬やf羽二重を用い，h五つ紋をつける。また，男性の礼装は，黒紋付袴が慶事・弔事共通の礼装で，黒羽二重(夏はf絽)を用いたh五つ紋つき(　カ　)と羽織に縦縞の袴を合わせる。

i和服の素材の織りと染めの技術は，日本の各地で，その土地の風土に根ざして育まれ受け継がれてきている。

(1)　文中の(　ア　)～(　コ　)にあてはまる語句を答えよ。

(2)　日本独自の空間であるa縁側の特徴について説明せよ。

(3)　b日本独特の住まいの工夫とあるが，寒い地域と暖かい地域の住まいの工夫について説明せよ。

(4)　c郷土料理について，湖魚とご飯でつくる滋賀県の伝統食品を一つ答えよ。

(5)　d②栄養バランスに優れた健康的な食生活とあるが，日本料理の献立の基本である主食・汁物・主菜・副菜・副々菜を配膳するとき，それぞれの場所は図の1～5のどこか，数字で答えよ。
また，このことを何というか答えよ。

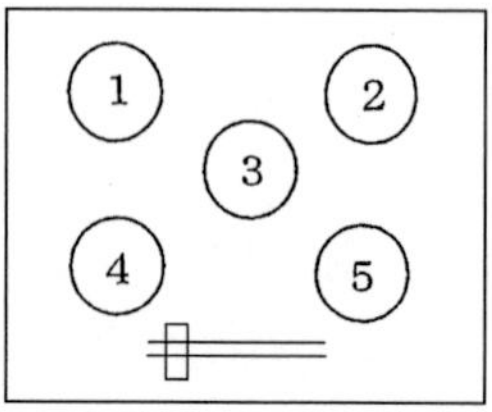

(6)　e縮緬のよみがなを答えよ。

(7)　すき間とすき間の間に一定の平織が入り，薄地で軽量，通気性がある織物は，f綸子，f羽二重，f絽の3つのうちどれか語句で答えよ。

(8)　g刺繍について，着物や帯，釜糸と呼ばれるよりのかかっていない絹の糸で絹の布に刺繍するのが特徴で，相撲の化粧まわしなどに施される華麗な刺繍のことを何というか答えよ。

(9)　h五つ紋はどこに付けるか，答えよ。

(10)　i和服の素材の織りと染めの技術は，日本の各地で，その土地の風土に根ざして育まれ受け継がれとあるが，生平と絣柄がある琵琶湖東岸で生産される麻織物を答えよ。

(☆☆☆◎◎◎)

【2】次の高齢社会や共生社会に関する文章を読んで，各問いに答えよ。

(　ア　)の社会化を目指す(　ア　)保険が2000年から導入され，日本に住所を持つ(　イ　)歳以上の者は全て加入し，月々保険料を支払うようになった。また，2005年の改正では要(　ア　)認定で(　ウ　)と判定された人に対する(　エ　)給付が追加され，(　オ　)センターが創設された。

我が国の高齢者は，寝たきりや認知症にならず，自立して健康な日常生活を送ることができる(　カ　)寿命でも世界一である。高齢者が元気であり続けるよう，(　エ　)などで高齢者の自立を支えることが重要である。

自分らしく自立して生きたいという思いは，全ての人に共通する。

移乗・移動の(　ア　)は，利用者の(　キ　)に直結する生活支援技術である。a車いすに移乗することができれば，ベッド上や家庭のなかでの暮らしから，地域・社会へと生活範囲が広がる。

車いすは使用しない時や車に積んで運ぶ時などは，折りたためるようになっている。車いすの使用前の点検では，①ブレーキが甘くないか。②タイヤの空気が抜けていないか。③部品がしっかりと固定されているか。④フットサポートの高さが足の長さと合っているかなどに留意する。

高齢者の(　ア　)で大切なことは,「自分の気持ちをわかってくれる」という安心感をもってもらうことである。bコミュニケーションを通して，相手の緊張をほぐし，心から認め合える対等な関係と信頼関係を築くことは，尊厳ある生活を支える(　ア　)の基本である。

cノーマライゼーションという用語は,「ノーマライゼーションによる街づくり」のように，行政の政策目標として掲げられるなど普及している。さらに，この理念の実現に関連するものとして，アクセシビリティや(　ク　)，ユニバーサルデザインがある。

(1)　文中の(　ア　)～(　ク　)にあてはまる語句や数字を答えよ。

(2)　下線部aについて，車いすへの移乗の時，必ず確認すべきことは何か答えよ。

(3)　車いすの介助について，急な坂道を下るときに気を付けることは何か答えよ。

(4)　高齢者の(　ア　)におけるbコミュニケーションで配慮することは何か答えよ。

(5)　cノーマライゼーションとはどのような理念か説明せよ。

(6)　飲料水などの自動販売機にみられるユニバーサルデザインについて，具体例を一つ答えよ。

(7)　ノーマライゼーションの実現のために最近ではピクトグラムが普及してきた。その長所を説明せよ。

(☆☆☆☆◎◎◎)

【3】次の食生活に関する文章を読んで，各問いに答えよ。

近年の経済成長や国際化の進展に伴って，食事内容や料理法が多様になるとともに，食品産業や流通業の発展により，さまざまな加工食品や調理済み食品が利用されるようになった。家庭内で調理して食べる(　ア　)の比率が減り，調理済み食品，持ち帰り弁当などの(　イ　)や(　ウ　)の利用が増加して，食の外部化が進んでいる。食の外部化は，調理する時間や労力などの点からも簡便化につながっている。食の外部化・簡便化に伴い，一人で食べる「こ食」や家族が異なったものを食べる「こ食」も増えてきた。また，家庭での調理体験が減少することにより，食品や料理など食に関する知識や技能が親から子どもに伝承されにくくなっていることや，親自身の食に対する意識の低下などが問題となっている。

食品は，表示内容をよく見て理解し，見かけや宣伝，価格などにまどわされないように注意して選択するとよい。食物アレルギーを起こしやすい原料を用いた物には，アレルギー表示が，原則として全ての消費者向けの加工食品などには，栄養成分表示が義務付けられている。

(1)　文中の(　ア　)～(　ウ　)にあてはまる語句を答えよ。

(2)　食の外部化において，留意することを説明せよ。

(3)　下線部のように近年の食生活では多くの「こ食」が心配されている。下線部の「こ食」の他にどのようなものがあるか，漢字で答え，その意味を説明せよ。

(4)　アレルギー表示が義務付けられている食品(原料)を7品目全て答えよ。

(5)　吉野鶏の吸い物について，次の(エ)～(ク)の各問いに答えよ。

(エ)　手軽に料理したいときや急いでいるときなど，インスタントのだしを用いるが，使用する際に気を付けることについて説明せよ。

(オ)　次のうまみ成分と関係の深いだしの食材を答えよ。

【イノシン酸　グルタミン酸　コハク酸　グアニル酸】

(カ)　混合だしが吸い物に適する理由を説明せよ。

(キ)　鶏肉の切り方は何切りが適しているか答えよ。

(ク)　鶏肉にでんぷんをまぶす理由について説明せよ。

(☆☆☆◎◎◎)

【4】次の各問いに答えよ。

(1)　「子どもの発達と保育」で指導する子どもを生み育てる意義について述べよ。

(2)　言葉の発達の経過について説明せよ。

(3)　保育実習を行う目的を答えよ。

(4)　子どもの病気の特徴を3つ答えよ。

(5)　洗濯用合成洗剤の成分には，界面活性剤，アルカリ剤，分散剤，蛍光増白剤，酵素などがある。蛍光増白剤と酵素の役割をそれぞれ説明せよ。

(6)　家計を「計画的に管理する」とはどのようなことか。指導する際の配慮点を答えよ。

(☆☆☆☆◎◎◎)

【5】次の各問いに答えよ。

(1)　<u>平成30年6月の民法改正</u>を受けて，平成31年3月28日文部科学省告示第55号をもって，「平成31年3月に刊行された高等学校学習指導要領(平成30年告示)解説　第2章　各学科に共通する各教科　第9節　家庭　第3款　各科目にわたる指導計画の作成と内容の取扱い」も改正された。

(ア)　「家庭基礎」,「家庭総合」において「持続可能な消費生活・環境」の内容については，それぞれどのように取り扱うことになったか答えよ。

(イ)　下線部の改正点について，家族・家庭の分野における婚姻に関する点を2つ答えよ。

(2)　次の文は，消費者の権利を守る法律や制度に関する文章である。文中の(　ア　)～(　ウ　)にあてはまる語句を答えよ。

1968年に(　ア　)基本法が制定され，2004年には，消費者は保護されるだけでなく(　イ　)した主体であるとして，消費者基本法へと改正され，それまでの(　ア　)の観点から消費者の(　イ　)支援へと転換したことや，2012年施行の(　ウ　)の推進に関する法律((　ウ　)推進法)にも触れるなどして，消費者には，権利だけでなく責任もあることを自覚して，環境や社会へ与える影響をも考慮して適切な意思決定できる能力を身に付けることができるようにする。

(☆☆☆◎◎◎)

解答・解説

【中学校】

【1】1　①　○　　②　体験的　　③　能力　　2　①　協働　　②　介護　　3　第1学年

〈解説〉1　家庭分野の目標の前半部分からの問題。後半では家庭分野で育成を目指す資質・能力を(1)「知識及び技能」，(2)「思考力，判断力，表現力等」，(3)「学びに向かう力，人間性等」の3つの柱に沿って示している。教科・分野目標は学習指導要領の中でも特に頻出なので，十分に学習しておくこと。　2　改訂箇所からの出題。学習指導要領関連の問題では改訂箇所が頻出なので，学習指導要領解説などで，確認しておくとよい。　3　学習指導要領解説によると，(1)「自分の成長と家族・家庭生活」は家庭分野のガイダンス，および(2)「幼児の生活と家族」，(3)「家族・家庭や地域との関わり」のイントロダクション的な役割がある。よって，これまでの生活や小学校家庭科で学習した内容を振り返るといった学習が示されている。

【2】1 (1) キ (2) オ (3) ウ (4) イ 2 (1) キ (2) ウ (3) イ (4) オ 3 被服気候(衣服気候) 4 界面活性剤(界面活性分子)

〈解説〉1 (1) スナッグは，例えばスーツの生地表面から糸がループ状に飛び出したりする。一般的にすべりやすい素材，表面が平らでない素材で発生する。 (2) ピリングは毛玉(ピル)が生じることを指す。 (3) ドレープは布を垂らした時にできるゆったりとしたひだのこと。 (4) フィブリルとは繊維の中の小繊維を指し，ささくれる現象をいう。主にシルエット加工や樹脂加工等をしていない綿，レーヨン等を繰り返し洗うと起きる。布が硬くなり，こわばった手触りになることが多い。 2 ギャバジンは丈夫に作られた綾織りの布で，外套やスーツ，ズボンなどに用いられる。素材は木綿や羊毛が多い。リネンは亜麻科の植物を原料とする織物で，衣服や寝具などに使われる。ネルは，木綿を起毛加工したもので柔らかな風合いが特徴としてあげられる。サテンは朱子織りのことで，生地面がなめらかなのが特徴である。 3 一般的に体温と外気温の差が10℃以上あると被服による調節が必要であり，被服気候で快適と感じるのは温度32±1℃，湿度50±10℃である。 4 界面活性剤の油に親しみやすい方を親油基といい，被服の汚れの方に付着し，逆に水に親しみやすい方を親水基という。

【3】1 原因…建築物の機密性の向上，換気量の減少，多様な化学物質の利用 症状…めまい，吐き気，頭痛，眼・鼻・のどの痛み等 防止策…十分な室内換気を行う 2 ウ 3 (1) ウ (2) エ (3) オ

〈解説〉1 なお，シックハウス症候群の原因となる化学物質として，ホルムアルデヒド(接着剤など)，クロルピリホス(シロアリ駆除剤)，トルエン(塗料，接着剤)等があげられる。 2 建築面積とは建築物を真上から見たときの面積で，一般的には1階の床面積を指す。敷地面積は建築物がある土地の面積，延べ面積は各階の床面積の合計である。なお，延べ面積の敷地面積に対する割合を容積率という。 3 (1) 身

分・格式を明確に示し，接客・対面を行う場が重視された。その場を書院(広間)と呼んだ。　(2)　道路で区画された一町の敷地を基準にし，寝殿とよばれる主屋を中心に，東西・北側に対屋を設け，それらを吹き放しの透渡殿や二棟廊が結んでいた。　(3)　数寄屋造りでは角に自然の丸みを残した柱が使われた。また壁には水墨画が描かれ，土壁にすることもあった。

【4】1　①　安全　②　選択　③　批判　④　環境　2　①　ク　②　エ　③　ウ　④　オ　3　エシカル(消費)

〈解説〉1　消費者の権利は，1962年にアメリカのケネディ大統領が「消費者の4つの権利」を提唱，その後1975年にジェラルド・フォードが「消費者教育を受ける権利」を加えて5つにし，さらに1982年国際消費者機構(CI)が「消費者の8つの権利と5つの責任」として提唱した。
2　具体的な行動例として，リデュースは買物時にマイバッグを持参する，リユースは不要なものを人に譲る，リサイクルは地域の分別回収に出す，リペアは壊れたものを修理して使う，リフューズは使わないサンプルを受け取らない，があげられる。　3「エシカル」を使った言葉として「エシカルファッション」がある。具体的には素材の選定，生産，販売までのプロセスで人と地球環境に配慮して作られたファッションを指す。

【5】1　(1)　蒸す　(2)　ウ，オ，キ　2　①　180　②　1.5　③　1.2　3　SV　4　イ　5　①　イ　②　コ　③　シ　6　①　食物繊維　②　コラーゲン　③　トリプトファン　④　(短時間)加熱

〈解説〉1　小学校では「ゆでる，いためる」調理であったが，中学校では「煮る・焼く・蒸す」を扱う。学習指導要領解説によると，煮る・焼く・蒸す調理について「いずれの調理も火加減の調節が大切であることを理解し，加熱器具を適切に操作して魚，肉，野菜などを用いた基礎的な日常食の調理ができるようにする」としている。　2　米1合

を炊飯する場合，加水量を重量計算する場合は150〔g〕×1.5，容積であれば180〔mL〕×1.2で計算する。　3　SVはserving(サービング)の略で，日本語の「1つ，2つ…」の「つ」に該当する。　4　生クリームや牛乳は水中油滴型の天然のエマルジョン(分散系溶液)で，舌触りがやさしくなめらかである。油中水滴型にはバターやショートニングがある。　5　酢や酒の重量・容量は水と同じである。なお，上白糖は小さじ1杯が3g，1カップ130g，食塩大さじ1杯は6〔g〕×3で18gである。他の調味料も確認しておくこと。　6　寒天の原料となるてんぐさ・おごのりは，エネルギー源とならない，またはなりにくい多糖類で，エネルギー源となる多糖類とは別物である。誘導たんぱく質は，天然のたんぱく質が熱・酵素などによって変質した変性タンパク質である。

【6】1　食事，睡眠，排泄，清潔，着脱衣(脱ぎ着)　　2　(1)　イ　(2)　ア　　(3)　エ　　3　医療保険，雇用保険，公的年金制度，介護保険，労働者災害補償保険(労災保険)から2つ

〈解説〉1　5つの基本的生活習慣については，具体的に理解しておくこと。なお，生活習慣には他に社会的生活習慣もあり，これには安全教育，友人関係，金銭感覚がある。　2　(1)「子どもの権利条約」は，1959年の「児童の権利宣言」の30周年，国際児童年の10周年に採択された。「児童の権利に関する条約」ともいう。　(2)　児童憲章は，子どもを一人の独立した人格を持った人間として位置づけ，子どもの権利を明確にしている。　(3)　児童福祉法は，社会福祉六法の一つである。　3　社会保障制度は大きく，社会保険，社会福祉，公的扶助，保健医療・公衆衛生に分けられる。その中で，社会福祉は高齢者や障害者を，公的扶助は生活困窮者を対象としている。

【高等学校】

【1】(1)　ア　ふすま　　イ　茅葺き　　ウ　ケ　　エ　無形文化遺産　オ　デザイン　　カ　長着　　キ　振袖　　ク　長い　　ケ　絞り　コ　留袖　　(2)　・縁側の障子と雨戸を閉めると，閉鎖性が確保できる。　・雨露や厳しい寒さや暑さを和らげ，光を断つことができる。　・開け放てば風が通り，光が溢れる空間になる。　から1つ　　(3)　寒い地域…・雪が屋根に積もらないように急勾配にする。　・雪にうもれたときのために二階に居住部分や出入り口をつくる。　から1つ　暖かい地域…・台風や強風に飛ばされないように屋根を低くする。　・重い瓦を使う。　・敷地の周りに防風林や生け垣をつくる。　から1つ　　(4)　ふなずし・びわますのこけらずし(びわますの馴れずし)・はすずし・うぐいずし・もろこずし・わたかずし・大あゆずし・小あゆずし・おいかわずし・こいずし・どじょうずし　から1つ

(5)　主食…4　汁物…5　主菜…2　副菜…1　副々菜…3　　一汁三菜

(6)　ちりめん　　(7)　絽　　(8)　日本刺繍　　(9)　背・後ろそで・胸　　(10)　近江上布

〈解説〉(1)　ア　ふすまは部屋と部屋を仕切る間仕切り建具で，木を組んだ格子状の骨格に和紙を数枚下張りして，表紙を貼って仕上げる。類似したものに障子があるが，大きな違いは採光にある。　イ　茅とは屋根を葺く草の総称で主にすすき，ヨシ，かりやす等があげられる。ウ　ハレとケは民俗学者の柳田国男が見いだした概念である。　エ　無形文化遺産には口承による伝統及び表現，芸能，社会的慣習，儀式及び祭礼行事，自然及び万物に関する知識及び慣習，伝統工芸技術などがあり，これらを保護するため，無形文化遺産保護条約が2003年に採択され，我が国は2004年に本条約を締結した。　カ～コ　長着は，我々が普段「きもの」と呼んでいるものであり，女物としては黒留袖，色留袖，振袖，訪問着，付け下げ等，普段着として小紋，紬，浴衣等がある。振袖は袖の長さが長いほど格が高い。　(2)　外部と部屋の間に縁側を設けることで，部屋に直射日光が入るのを防ぐ，外部からの冷気や雨が部屋に直接入り込むのを防ぐといった効果があり，その結

果，省エネ効果が高くなり，光熱費の節約になるといったメリットが考えられる。　(3)　寒い地域の住まいとしては，雪対策が考えられるので，白川郷などの合掌造りをイメージするとよい。ほかに，雪が積もっても歩けるように雁木と呼ばれる庇等もあげられる。暖かい地域は沖縄が典型的で，特に台風が多く屋根を低くして1階建てにしたり，生け垣などをつくったりしている。　(4)　湖魚とは琵琶湖で獲れる魚のことで，コアユやフナ，ビワマス等があげられる。滋賀県では平成10年に滋賀県選択無形民俗文化財「滋賀県の食文化財」として，湖魚のなれずし・湖魚の佃煮・アメノイオご飯・日野菜漬け・丁稚羊羹の5つを指定しており，公式解答では湖魚のなれずしを各種あげている。ただし，アメノイオご飯も湖魚(ビワマス)とご飯を使った食品なので，これも正答になるだろう。　(5)　一汁三菜等の形式は，室町時代に形成された本膳料理が基になっている。一汁三菜は栄養バランスが優れており，和食が世界から注目されるきっかけになったといえる。
(6)　縮緬は撚りの強い生糸を横糸に使い，ソーダを入れた石鹸液で煮沸して縮ませたものである織り目が極めて粗く軽くて薄い。なお，綸子は厚くてつやのある織物で，羽二重は経糸と緯糸を交互に交差させる織り方である。経糸を細い2本にして織るためやわらかく軽く光沢がある。　(8)　日本刺繍は，5世紀ごろ仏教と共に大陸から伝わってきたといわれる。現在使われている技法のほとんどは桃山時代から江戸時代に職人の手によって完成されたものである。　(9)　紋は各家に伝わる家紋のことで，家紋を背中の中央部，両袖の後側，両胸につけたものが「五つ紋」であり，和服における正式な紋の入れ方とされる。略式としては両袖を省略した「三つ紋」，背中のみに入れた「一つ紋」がある。　(10)　近江上布は，鎌倉時代から近江商人によって発展したもので，生平と呼ばれる生地には大麻の手績糸が使われている。

【2】(1)　ア　介護　　イ　40　　ウ　要介護(1・2)　　エ　介護予防　オ　地域包括支援　　カ　健康　　キ　生活の質(QOL)　　ク　バリアフリー　　(2)　ブレーキをかける　　(3)　後ろ向きにしてゆっくりお

りる　(4)　穏やかな表情，ゆったりとした口調，相手と同じ目の高さ，聞き入りうなずく姿勢，「そうですね」「○○さんはこのことが心配なのですね」といった相手の気持ちの反復確認　から1つ　(5)　障がい者や高齢者など社会的に不利を受けやすい人々が，ふつうの生活や活動ができるような社会を目指す理念　(6)　大きなボタン，お金の挿入口が大きい，取り出し口がお金の挿入口近くにある，ボタンが一か所にまとまっている，音声の説明　から1つ　(7)　(絵表示で，)子どもや日本語が読めない人にも分かる。

〈解説〉(1)　ア～エ　介護保険は65歳以上(第1号保険者)，および40歳以上65歳未満の人(第2号保険者)がそれぞれの収入状況に応じて保険料を支払う。要介護認定では，要支援1～2と要介護1～5があり，数字が大きいほど介護度が高い。　カ　日本における健康寿命は男72.14歳，女74.79歳である(2016年)。健康寿命と平均寿命の差ができるだけ小さいことが大切である。　(2)　車いすの移乗でブレーキをかけないと，車いすが動き出しけがをすることがある。　(3)　急な下り坂で前向きにおりると，乗っている人が前のめりになり落ちる可能性がある。また，ゆっくりおりないとスピードが増し，介助者等が支えきれなくなる場合がある。　(4)　コミュニケーションのポイントとして相手の人格尊重，素直に聴く，相手を評価せずありのままを受け入れる，相手の話に反論しない，等があげられる。　(5)～(7)　ノーマライゼーションには「ノーマル」(普通，あたりまえ)という意味が含まれており，1950年代にデンマークのバンク・ミケルセンが提唱した。ピクトグラムは「絵文字」「絵単語」等と呼ばれる。何らかの情報や注意を示すために表示される視覚記号の一つで，車椅子マーク，非常口マーク，禁煙サイン等はよく見かける例であろう。一方，ユニバーサルデザインとは，初めからだれでも使いやすものを作ることがあげられる。具体例としてほかに，さわることで識別できる道具類，目が見えない人のシャンプーボトルがある。

【3】(1) ア 内食　イ 中食　ウ 外食　(2) (外食や中食の利用にあたっては，)一般に野菜が少なく，たんぱく質や脂質が多いので，野菜を組み合わせることや，食品添加物などの食の安全・衛生にも留意する必要がある。　(3) ・子食…子どもだけで食べる。　・固食…親が食事を用意しても食べずに，自分の好きなものばかりを食べること。また，食事のメニューが固定していること。偏食の一種。
・小食…いつもあまり食欲がなくて食べる量が少ないこと。一人で食べるときは食が進まないが，大勢だとたくさん食べることもある。
・粉食…パンやうどんなど小麦などの粉を使った食事。食べやすいので，食事がそれ一品になりやすい。また，米などの粒食に比べて加工の程度が高く，食品添加物が多い場合もある。　・濃食…しょうゆ，塩などで濃い味付けをした食事をとることで，塩分過多になる。
(4) 小麦，そば，卵，乳，らっかせい，えび，かに　(5) (エ) 塩分やうまみを濃くしすぎないように使用量に注意する。　(オ) ・イノシン酸…かつお節・煮干し　・グルタミン酸…こんぶ　・コハク酸…貝類　・グアニル酸…干ししいたけ　(カ) 味の相乗効果…昆布のうまみ成分であるグルタミン酸とかつおぶしのうまみ成分イノシン酸を別々に単独で用いるより，両者を混ぜ合わせた方がうまみが強くなる。
(キ) そぎ切り　(ク) ・鶏肉の持ち味を保つ。　・なめらかな舌ざわり

〈解説〉(1) 食の外部化率が進む理由として，女性の社会進出や単身世帯の増加，高齢化の進行などがあげられる。なお，平成30年における食の外部化率は43.5%で，平成2年以降40%を超える数値が続いている。
(2) 食の外部化においての留意点は栄養面だけでなく，一人で食べる孤食が増える，食品や食に関する知識，技術の低下，子どもへの伝承等の問題もある。　(3) 下線部にある「こ食」について，1つめは「孤食」，2つめは「個食」が該当する。　(4) 食物アレルギーとは，ある特定の食品を食べることにより，皮膚のかゆみやじんましん等の反応が出る症状をいう。表示については食品表示法などで定められており，義務である7品目の他にいか，いくら等，可能な限り表示する

こととされているものもある。　(5)　(エ)　インスタントのだしは塩分が天然だしの約10倍あるので，あとの味付けなどに留意すること。(オ)~(カ)　かつおぶし，煮干し，昆布などは，だしとしてよく使われる。混合だしもあわせて，だしの取り方を学習しておくこと。
(キ)　そぎ切りは指先をそろえ肉の端を押さえ包丁を寝かせて指下の肉をそぐように切る。切り口が広くなり火の通りが良い。また味がからみやすい。　(ク)　でんぷんをまぶすことでうま味の流出を防ぐ，汁が濁らないといった利点もある。

【4】(1)　子どもを生み育てることは，自らの遺伝子を子孫に残していくといった個人的な意味がある。それと同時に，これまで築いてきた文化を継承・発展させ，より進歩した豊かな社会を築くという社会的な意味を持つ。さらに，親としては子どもを生み育てることによって親自身の人生を豊かにし，親も人間として成長することができる。
(2)　知的な認知能力の発達に伴って，日常的に養育者からの言語的な刺激やはたらきかけを受けながら，乳児はしだいに言葉を獲得していく。通常は，1歳～1歳6か月ころまでに「ママ」「マンマ」といった意味のある言葉(始語)をしゃべるようになり，2歳前には，「ママ・遊ぼう」といった二語文を話すようになる。また，「これなあに」といった質問も出てくるようになる。(第一質問期)。その後，急速に語い数や語文構成も増加し，3歳ころには「なぜ，どうして」といった，より複雑な質問が見られ始め(第二質問期)，しだいに大人と同じように話すことができるようになる。　(3)　・子どもの心身の発育や発達を理解する。　・保育や保育者の役割について考え学ぶ。　・子どもとのふれあいを通して，新しい自分と出会ったり，自分の将来について考える。　から1つ　(4)　・脱水症になりやすい…子どものからだは水分の占める割合が多く，発熱・下痢・嘔吐の際には脱水症に陥りやすい。　・症状を自分で訴えることができない…子どもは言語表現が未熟なため，病気の症状を訴えることが十分にできない。そのため，大人がよく観察して症状を把握することが重要となる。　・重症

化しやすい…心臓や肺などの身体機能が未熟で免疫力も弱いため，重症化しやすい。　(5)　・蛍光増白剤…市販の白物衣料の多くは，製造段階で蛍光剤が使われている。着用や洗濯をくり返すうちに落ちてしまう効果を復活させるために，家庭用洗剤に蛍光増白剤が用いられている。蛍光増白剤は紫外線を吸収して，蛍光白色に変えることで見た目の白さを増すもの。　・酵素…酵素には，界面活性剤の作用を助けて，洗浄力を高める働きがある。洗剤の主成分では落ちにくい，えりやそで口の目立つ汚れも，酵素が汚れを分解して落としやすくしてくれる。酵素が働くには30～40℃が適温で，時間をかけるほど分解が進むため，ぬるま湯でつけおき洗いをするのが効果的である。

(6)　①長期の生活設計と経済計画…・ライフステージの中のライフイベントと資金の準備について考えさせる。　・予測できない事態に備える。　②貯蓄・負債・保険・金融商品とは何か。どのような特徴があるか。　③実際に家計を管理してみる。…・何にいくら使ったのか，家計簿などを活用し管理させる。　・キャッシュレス化をどう管理するか。　から1つ

〈解説〉(1)「子どもの発達と保育」は平成21年改訂の学習指導要領における高校家庭の項目の一つである。本学習内容は，平成30年度改訂学習指導要領では「子供の生活と保育」などに移行されていると思われるので，その内容を中心に考えるとよいだろう。　(2)　言葉の発達は生後2，3か月頃意味を持たない「アーアー」等の喃語を，その後「始語」を発する。1歳～1歳6か月頃には，「ブーブー」等の一語で自分の要求や感情などを表現する。その後2語文，多語文へと変化する。質問期について，心理学の分野では第一質問期を2～3歳頃，第二質問期を4～6歳頃としている。　(3)　子供との関わりについて，学習指導要領では「学校や地域の実態等に応じて，学校家庭クラブ活動などとの関連を図り，幼稚園，保育所及び認定こども園などの乳幼児，近隣の小学校の低学年の児童との触れ合いや交流の機会をもつように努めること」としている。　(4)　子どもは身体が未成熟である，感染症に対する抵抗力が弱い，といった特徴があるため，成人では重症化しない

疾病でも重症化することがある。成人と異なり症状が急速に進行することもあるため，早めに医師に診察してもらう必要がある。なお，体内に占める水分量について，乳児が70%，幼児が65%であり，成人は60%といわれている。　(5)　蛍光増白剤で注意しなければならないのは，これを用いて生成りや淡い色の衣服を洗濯すると，色合いを変色させてしまうことがある。また漂白剤と混同しやすいが，漂白剤は衣服に付着している汚れの色素を化学的に分解して白さを回復させるものである。また，酵素の種類としてリパーゼ，アミラーゼ，プロテアーゼ，セルラーゼ等がある。　(6)　家計の学習で注意すべき点として，学習指導要領解説では「現代の家計は，クレジットカードや電子マネーの普及などキャッシュレス化によって大きく変化しており，情報が氾濫する中で慎重な意思決定が求められている」とある。

【5】(1)　ア　「家庭基礎」…原則として入学年次及び，その次の年次の2か年のうちに履修させること。「家庭総合」…原則として入学年次及び，その次の年次の2か年のうちに取り上げること。　　イ　・婚姻適齢が，現行では，男は18歳に，女は16歳にならなければ，婚姻をすることができないということが，男女とも18歳となる。　　・未成年者の婚姻について父母の同意が削除になる。　・婚姻による成年擬制(未成年者が婚姻をしたときは，これによって成年に達したものとみなす)が削除になる。　から2つ　　(2)　ア　消費者保護　　イ　自立　ウ　消費者教育

〈解説〉(1)　ア　家庭基礎では科目そのものを「入学年次及び，その次の年次の2か年のうちに履修させる」としていること，家庭総合では学習内容を「入学年次及び，その次の年次の2か年のうちに取り上げる」としていることに注意したい。　イ　平成30年の民法改正で成年年齢が18歳に引き下げられたが，婚姻に関しては婚姻適齢が男女とも18歳以上になった。これによって民法第737条の父母の同意，および第753条の青年擬制が削除される。　(2)　消費者基本法制定により，消費者行政の一元化をねらい消費者庁が平成21年に設置された。消費

者教育推進法は，消費行動は購入だけでなく，使用，廃棄，再生等において社会，経済，環境に影響を与える営みであることを自覚し，公正かつ持続可能な消費者市民社会の形成に主体的に参画することを求めている。

2020年度　実施問題

【中学校】

【1】中学校学習指導要領解説　技術・家庭編(平成29年7月)に示されている内容について，次の1～2の問いに答えよ。

1　次の表は「第2章　技術・家庭科の目標及び内容　第3節　家庭分野の目標及び内容」の「小学校家庭，中学校技術・家庭　家庭分野の内容一覧」から「中学校　B　衣食住の生活」について示されている部分を抜粋したものである。(　①　)～(　⑤　)にあてはまる語句を答えよ。

B　衣食住の生活
(1)　食事の役割と中学生の栄養の特徴 ア　(ア)　食事が果たす役割 (イ)　中学生の栄養の特徴，健康によい食習慣 イ　健康によい食習慣の工夫 (2)　中学生に必要な栄養を満たす食事 ア　(ア)　栄養素の種類と働き，食品の栄養的特質 (イ)　中学生の(　①　)に必要な食品の種類と概量，献立作成の方法 イ　中学生の(　①　)分の献立の工夫 (3)　日常食の調理と(　②　)の食文化 ア　(ア)　用途に応じた食品の選択 (イ)　食品や調理用具等の安全と衛生に留意した管理 (ウ)　材料に適した加熱調理の仕方，基礎的な日常食の調理 (エ)　地域の食文化，地域の食材を用いた和食の調理 イ　日常の1食分のための食品の選択と調理計画及び調理の工夫

(4)　衣服の選択と手入れ
ア　(ア)　衣服と(　③　)との関わり，目的に応じた着用や個性を生かす着用，衣服の選択
(イ)　衣服の計画的な活用，衣服の材料や状態に応じた日常着の手入れ
イ　日常着の選択や手入れの工夫
(5)　生活を豊かにするための(　④　)を用いた製作
ア　製作する物に適した材料や縫い方，用具の安全な取扱い
イ　生活を豊かにするための資源や環境に配慮した(　④　)を用いた物の製作計画及び製作の工夫
(6)　住居の機能と安全な住まい方
ア　(ア)　家族の生活と住空間との関わり，住居の基本的な機能
(イ)　家族の安全を考えた住空間の整え方
イ　家族の安全を考えた住空間の整え方の工夫
(7)　衣食住の生活についての課題と実践
ア　食生活，衣生活，住生活についての課題と計画，実践，(　⑤　)

2　次のア～エは，中学校学習指導要領解説　技術・家庭編(平成29年7月)の「第2章　技術・家庭科の目標及び内容　第3節　家庭分野の目標及び内容」に示されている「生活の営みに係る見方・考え方」の視点である。「衣食住の生活」で重視する視点はどれか。すべて選んで記号で答えよ。

ア　協力・協働　　イ　健康・快適・安全
ウ　生活文化の継承・創造　　エ　持続可能な社会の構築

(☆☆☆◎◎◎)

【2】衣生活について，1～4の問いに答えよ。

1　次の<図>は，和裁の基礎的な縫い方である。(1)～(5)の縫い方の

名称を，下のア～クから選び記号で答えよ。

＜図＞

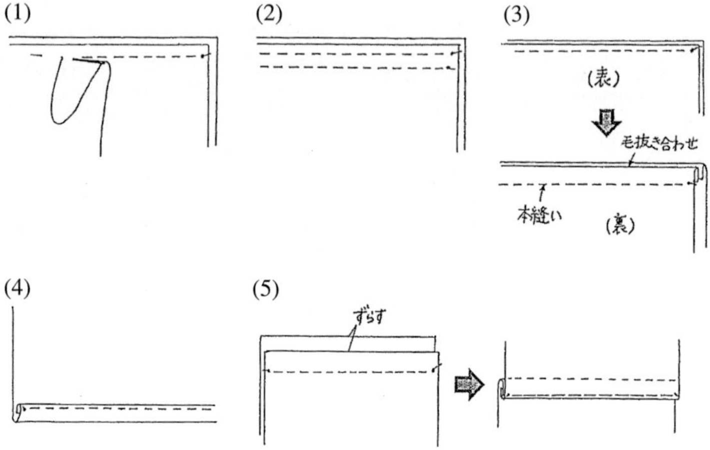

ア　すくい縫い　　イ　袋縫い　　ウ　三つ折り縫い
エ　重ね縫い　　オ　本返し縫い　　カ　半返し縫い
キ　折り伏せ縫い　　ク　二度縫い

2　次は，既製服に表示されているISO(国際標準化機構)の国際規格による衣服の取扱い絵表示の一つである。この絵表示が意味する衣服の取扱い方を答えよ。

①

②

③

3　衣服の手入れについて，「綿65％・ポリエステル35％」の制服のシャツで，繊維とアイロンの温度の関係を下のとおりとする。アイロンの温度設定として正しいものはどれか。あとのア～エから選び，記号で答えよ。

※繊維とアイロンの温度の関係 綿に適したアイロンの温度は，「高」程度である。 ポリエステルに適したアイロンの温度は，「中」程度である。

ア 「高」に設定する。

イ 「中」に設定する。

ウ 「中」と「高」の間に設定する。

エ 「中」と「高」のどちらでもよい。

4 次の文章は様々な民族服について，その特徴を説明したものである。それぞれの名称を，下のア～クから選び，記号で答えよ。

(1) 全く縫製されない衣服として用いられてきた。木綿のほかに，絹に金糸の刺繍が施された豪華なものも見られる。インドの代表的な民族服である。

(2) 中央アンデス山中など，昼夜の寒暖差が大きい地域で着用された民族服である。木綿や羊・アルパカなどの毛で織られた厚地の布で，中央に縦に首を通すスリットがあり，裾にフリンジがついているものもある。

(3) 韓国で古くから用いられた民族服の上衣で，筒袖の幅がゆったりした丈の短い衣服である。前を打ち合わせてひもで結んで着用する。

(4) 中国服に似た立衿で，脇にスリットの入った丈の長い民族服である。ベトナムでクァンというパンタロンと組合わせて着用されてきた。

ア チマ　イ ゴ　ウ アオザイ　エ チョゴリ
オ サリー　カ ポンチョ　キ チュニック　ク ベール

(☆☆◎◎◎)

【3】住生活について，1～3の問いに答えよ。

1 地震に備えるための食器棚の工夫として，適切でないものはどれか。次のア～エから選び，記号で答えよ。

ア　安定しやすいように重い食器を上の方にすき間なく入れる。

イ　食器棚と床の間に耐震マット等をはさむ。

ウ　扉が開かないように，両開きの扉は金具等の留め具でとめる。

エ　ガラスが割れて飛び散らないように，ガラス扉にはフィルムをはる。

2　小学校学習指導要領解説　家庭編(平成29年7月)の「第2章　家庭科の目標及び内容　第3節　家庭科の内容」に示されている住生活の内容について，今回の改訂において小学校家庭科で扱うとされた内容はどれか。次のア～オからすべて選び，記号で答えよ。

ア　音と生活との関わり

イ　心身の安らぎと健康を維持する働き

ウ　風雨，寒暑などの自然から保護する働き

エ　子どもが育つ基盤としての働き

オ　自然災害に備えるための住空間の整え方

3　次の文章は，人工照明についての説明である。それぞれの照明器具の名を，下のア～カから選び，記号で答えよ。

(1)　高温に熱せられたフィラメントからの熱放射により，暖かみのあるオレンジ色の光を発する。ろうそくや直火にも近い光であり，初期コストが低く扱いやすいことから，インテリア空間などにおいて一般に好まれる光源であるが，熱を発することが最大の弱点である。

(2)　電気を流すと発光する半導体の一種である。省エネルギー，長寿命，小型，調光のしやすさ，熱線や紫外線の少なさなどから，次世代の照明として期待されている光源である。

(3)　水銀蒸気中の放電を利用したランプである。緑がかった青白色の光を出し，一般に演色性は悪い。日本では，体育館や街灯などでよく使われる。

ア　水銀灯　　イ　ハロゲン電球　　ウ　高圧ナトリウムランプ

エ　蛍光灯　　オ　白熱電球　　カ　LED

(☆☆☆◎◎◎)

【4】消費生活と環境について，1～3の問いに答えよ。

1　次は，消費者基本法についての説明である。(　①　)～(　④　)にあてはまる語句を下のア～クから選び，記号で答えよ。

1968年に制定された「消費者保護基本法」が2004年に改正され，ここで消費者の立場は，(　①　)の対象から(　②　)をもつ存在へと変化した。消費者が(　③　)して自主的に行動できるように(　④　)することが定められている。

ア　補助　　イ　権利　　ウ　保護　　エ　自立　　オ　契約
カ　支援　　キ　自律　　ク　クーリング・オフ

2　次のマークは，国や自治体，業界団体等が，規格や基準を定めて示しているマークである。それぞれどのようなマークであるか。下のア～カから選び，記号で答えよ。

①　　　　②　　　　③

ア　衣料品から文房具まで，日本工業規格に適合した生活用品に付けられるマーク

イ　安全基準に合格した乳母車やローラースケートなどの製品に付けられるマーク

ウ　日本農林規格基準を満たしている有機農産物と加工食品などに付けられるマーク

エ　おもちゃの安全基準に適合した製品に付けられるマーク

オ　返品や交換に応じるなど公正な販売につとめている事業者で組織される日本通信販売協会のマーク

カ　特定の保健の効果が証明された商品(消費者庁が許可)に付けられるマーク

3　開発途上国の原料や製品を適正な価格で継続的に購入することにより，開発途上国の生産者や労働者の生活改善と自立を目指す貿易の仕組みのことを何というか，答えよ。

(☆☆☆◎◎◎)

【5】食生活について，次の1～6の問いに答えよ。

1　小学校学習指導要領(平成29年3月告示)「第2章　各教科　第8節　家庭　第2　各学年の内容　〔第5学年及び第6学年〕 1　内容」の「B　衣食住の生活　(2)調理の基礎」において示されている，小学校家庭科で学ぶ内容はどれか。次のア～クの中からすべて選び，記号で答えよ。

ア　煮る　　イ　ゆでる　　ウ　蒸す　　エ　いためる
オ　焼く　　カ　揚げる　　キ　燻製　　ク　蒸し焼き

2　次の(1)～(2)の問いに答えよ。

(1)　次は，大豆の化学成分と栄養についての文章である。文中の(　①　)～(　③　)にあてはまる成分名を答えよ。

大豆の成分(国産・乾物)は，タンパク質が約33%，(　①　)が約19%，炭水化物が約29%である。炭水化物の多くは(　②　)として含み，デンプンとしてはほとんど含まない。また，ポリフェノール化合物としての(　③　)は，乾物重量として0.2～0.3%含まれている。

(2)　大豆はタンパク質を多く含む食品であるが，大豆の必須アミノ酸には量が少ないものもある。そこで，米などの食品と組み合わせることでアミノ酸価を高めることができる。このように一緒に摂取することで栄養価を総合的に高める効果を何というか。

3　次は，和食の調理で使うかつお節を使った一番だしの取り方の説明である。次のア～エから正しいものを選び，記号で答えよ。

ア　かつお節を水から入れてしばらくおき，火にかけて，沸騰直前にこして使う。

イ　かつお節を水から入れて火にかけ，沸騰したら火を消し，こして使う。

ウ　沸騰した湯にかつお節を入れ，再び沸騰したら火を消し，かつお節がしずんだらこして使う。

エ　沸騰した湯にかつお節を入れ，5分間沸騰させたら火を消し，かつお節がしずんだらこして使う。

4　次の分量は，下のア～コのどれか，選んで記号で答えよ。

①　料理用計量カップ3杯　　②　大さじ2杯　　③　小さじ1杯

ア　1200ml　　イ　900ml　　ウ　600ml　　エ　450ml

オ　300ml　　カ　50ml　　キ　40ml　　ク　30ml

ケ　10ml　　コ　5ml

5　次は，食料の供給について書かれた文章である。(　①　)，(　②　)にあてはまる語句を答えよ。

わが国における近年の食料の供給状況は必ずしも好ましいものではない。わが国の供給熱量自給率は，先進国の中でも最も低く，世界最大の食料輸入国になっている。わが国の食料消費が多様化する中で，穀類において，(　①　)は自給を達成しているが，飼料穀物，小麦などはほとんど輸入に頼っている。また，牛肉などの各種食品の輸入が(　②　)化する中で，供給熱量自給率は低下傾向が今後とも続くことが予測される。

6　近年食料の需要について，地球環境保全の視点から考えられるようになった指標で，輸入食料の量に輸送距離を乗じたものを何というか，答えよ。

(☆☆◎◎◎)

【6】家族・家庭生活の学習について，次の1，2の問いに答えよ。

1　次の文章は，地域にある子育て支援のための施設や機関について説明したものである。何について説明したものか，施設の名称をあとのア～カから選び，記号で答えよ。

(1)　各市町村などに設置されている。子育てに関わる様々な相談に応じたり，子育て中の親が集う場を提供したりしている。地域の人が誰でも気軽に利用することができる。

(2)　小学校入学以降の子どもで，放課後，家に誰もいない場合，ここで過ごすことができる。

(3)　保育所と幼稚園の機能を合わせ持つ施設である。0歳から就学前までのすべての乳幼児が対象となり，親が働いている・いないにかかわらず子どもを受け入れ教育・保育を一体的に提供する。地域の子育て支援も担う。

(4)　都道府県，指定都市に設置が義務付けられている児童の専門機関であり，18歳未満のあらゆる相談に応じている。近年，深刻化している児童虐待や非行少年の問題などに，迅速かつ的確な対応ができるよう，取り組みの強化が求められてきた。

ア　認定こども園　　　イ　ファミリーサポートセンター
ウ　児童相談所　　　　エ　子育て支援センター
オ　地域保健センター　カ　放課後児童クラブ

2　高齢者を疑似的に体験する学習の進め方について，専用の体験セットが市販されているが，専用のセットがない場合にも，身近なものを代用して体験することができる。専用のセットを使わずに，次の①・②の体験をする場合，具体的にどのような方法で体験を実施するとよいか，説明せよ。

①　視覚・聴覚について体験する方法
②　手や指先の動きについて体験する方法

(☆☆☆◎◎◎)

解答・解説

【中学校】

【1】1　①　1日　　②　地域　　③　社会生活　　④　布　　⑤　評価
2　イ・ウ

〈解説〉1　問題文の(1)～(3)は食生活，(4)(5)は衣生活，(6)は住生活に係わる項目である。(1)～(6)は，指導事項ア，イで構成されている。指導事項アは，衣食住の生活に関する「知識及び技能」を示している。指導事項イは「思考力，判断力，表現力等」について示したものであり，アで身に付けた「知識及び技能」を生活で活用できるようにすることを意図している。問題文の学習指導要領の抜粋箇所を熟読しておきたい。　2　新学習指導要領では，小・中・高等学校の各内容の接続が見えるように，「家族・家庭生活」，「衣食住の生活」，「消費生活と環境」に関する三つの枠組に整理されている。「衣食住の生活」では，「食育を一層推進するために，献立，調理に関する内容を充実するとともに，グローバル化に対応して，和食，和服など日本の生活文化の継承に関わる内容を扱うこと」と明記されている。ちなみに，「家族・家庭生活」は，アの「協力・協働」が，「消費生活と環境」は，エの「持続可能な社会の構築」が重視する視点とされている。

【2】1　(1)　カ　(2)　ク　(3)　イ　(4)　ウ　(5)　キ
2　①　日陰のつり干し　②　漂白剤が使用できる　③　ドライクリーニング禁止　3　イ　4　(1)　オ　(2)　カ　(3)　エ　(4)　ウ

〈解説〉1　(1)　ひと針縫って，ひと針の半分戻るという縫い方のため，半返し縫いである。　(2)　水平に二度縫う方法のため，二度縫いである。　(3)　出来上がり線よりも外側で一度縫い，縫った部分を袋状に隠して本縫いをしているため，袋縫いである。　(4)　布の端を三つ折りにしてから縫う方法のため，三つ折り縫いである。　(5)　片方の縫い代を短くして，短い方の縫い代を長い方の縫い代でくるむようにして縫う方法であるため，折り伏せ縫いである。　2　ISOの国際規格による取扱い絵表示は，5つの基本記号である洗濯処理記号，漂白処理記号△，乾燥処理記号□，アイロン仕上げ処理記号，商業クリーニング処理記号○がある。この基本記号に付加記号や数字を組合せて使用する。　3　混紡の素材にアイロンをかける際の設定温度は，適した温度が一番低い繊維に温度を合わせる必要がある。よって綿に適した温度が「高」であり，ポリエステルに適した温度が「中」であるため，低い方の「中」に設定するのが正しい。　4　アの「チマ」は，韓国の民族服のスカートのこと。イの「ゴ」はブータンの男性の民族服である。前に打ち合わせる筒袖の服で，和服に似た形状である。

キの「チュニック」は，古代ローマ人が着用した膝の下まであるゆるやかな衣服である。クの「ベール」は，女性の顔や頭を覆う薄い布やネットのことである。

【3】1　ア　　2　ア・ウ　　3　(1)　オ　　(2)　カ　　(3)　ア

〈解説〉1　アは，「安定しやすいように重い食器を下の方にすき間なく入れる」が適切である。　2　アの「音と生活との関わり」は，これまで中学校で扱っていたが，小学校での内容となった。それを受けて騒音については，「家族や地域の人々との関わりと関連させて扱う」とされている。ウについては，「中学校で扱う『住居の基本的な機能』のうち，「風雨，寒暑などの自然から保護する働き」を小学校の『住まいの主な働き』として扱う」としている。　3　イの「ハロゲン電球」は，白熱電球の一種でハロゲンガスを利用して明かりを生み出す。店舗で使用されるライトや自動車のライトなどに利用されている。ウの「高圧ナトリウムランプ」は，ナトリウム蒸気中の放電による発光を利用したランプ。ランプ効率は水銀ランプの約2倍。

【4】1　①　ウ　　②　イ　　③　エ　　④　カ　　2　①　オ
②　ウ　　③　エ　　3　フェアトレード

〈解説〉1　1968年制定の「消費者保護基本法」が，2004年に「消費者基本法」に改正されたが，改正された大きな点は，消費者保護から消費者自立支援に変わったことである。　2　①はジャドママーク(Japan Direct Marketing Association)，②は有機JASマーク(Japanese Agricultural Standard)，③はSTマーク(Safety Toy)である。アはJISマーク(Japanese Industrial Standards)，イはSGマーク(Safety Goods)，カは特定保健用食品マークの説明である。　3　開発途上国でつくられた作物や製品は，立場の弱さから正当な価格とはなりにくく，低い賃金しか受け取ることのできない労働者は劣悪な生活環境から抜け出すことが難しい状態となっている。

【5】1　イ・エ　2 (1) ①　脂質　②　食物繊維　③　イソフラボン　2 (2)　補足効果　3　ウ　4 ①　ウ　②　ク　③　コ　5 ①　米　②　自由　6　フード・マイレージ

〈解説〉1「B　衣食住の生活」,「(2)調理の基礎」に「(エ)材料に適したゆで方，いため方」と明記されている。　2 (1)　①の大豆の「脂質」には，不飽和脂肪酸のリノール酸が多い。③の大豆に多く含まれる「イソフラボン」には，体内で女性ホルモンと同じような働きをし，コレステロール値の上昇を抑えたり，骨からカルシウムが溶け出すのを防ぎ，動脈硬化や骨粗鬆症の予防や改善をするという働きがある。(2)　アミノ酸価は，たんぱく質の栄養価を示す値で，大豆のアミノ酸価は86である。1つの食品だけでは量が少ない必須アミノ酸があっても，その必須アミノ酸を多く含む食品を一緒に食べることで補うことができる。なお，大豆のたんぱく質のアミノ酸組成は，リジンが多く，栄養価が高い。　3　こんぶは水から入れてしばらくおくが，かつお節は沸騰した湯に入れる。また，こんぶは沸騰直前に取り出すが，かつお節は煮出しすぎると渋みが出てしまうため，沸騰したら火を消す必要がある。　4　計量カップ1杯は200ml，大さじ1杯は15ml，小さじ1杯は5mlであるため，①は200×3＝600〔ml〕，②は15×2＝30〔ml〕，③は5×1＝5〔ml〕である。　5　食料自給率とは，国内の食料消費が，国産でどの程度賄えているかを示す指標である。2018年度の食料自給率(カロリーベース)は37％。　6　フードマイレージは，数値が低いほど環境への負荷が少ないと評価される。日本は食料自給率が低く，フードマイレージの数値が高い。そのため，地元で採れた食材を地元で消費する「地産地消」を心がけ，フードマイレージの数値を低くし，食料自給率を向上させることが求められている。

【6】1 (1)　エ　(2)　カ　(3)　ア　(4)　ウ　2 ①　ゴーグルを使って見えにくさを，耳栓をつけて聞こえにくさを体験する。②　ひじに重りをつけたり，ゴム手袋を重ねてつけたりして，動きにくさやつかみにくさを体験する。

〈解説〉1　イの「ファミリーサポートセンター」とは，地域の中で育児などの援助を受けたい人と行いたい人が会員となって，助け合う会員組織のこと。設立・運営は市区町村が行う。オの「地域保健センター」は，地域保健法に基づいて多くの市町村に設置されている。健康相談，保健指導，健康診査などを行っている。　2　視覚については，白濁，視野狭窄，黄変，全盲などが体験できるようにする。聴覚については，難聴の体験ができるようにする。手や指先の動きについては，筋力の低下による動作の遅さや指先での細かい作業の困難さを体験できるようにする。

2019年度　実施問題

【中学校】

【1】中学校学習指導領解説　技術・家庭編(平成20年9月)に示されている「第2章　技術・家庭科の目標及び内容　第3節　家庭分野　2　家庭分野の内容　A　家族・家庭と子どもの成長」に関する，次の1～2の問いに答えよ。

1　次の文は，「A　家族・家庭と子どもの成長(2)ア」の抜粋である。(　①　)～(　④　)にあてはまる語句を答えよ。

> ア　家庭や家族の基本的な機能と，家庭生活と地域とのかかわりについて理解すること。
>
> ここでは，家庭や家族の基本的な機能を取り上げ，家庭や家族の重要性を理解するとともに，家庭生活が地域と相互に関連して成り立っていることを理解できるようにする。
>
> 家庭や家族の機能として，子どもを(　①　)機能や心の安らぎなどの精神的な機能など，基本的な機能を取り上げ，それらは衣食住などの生活の営みに支えられていることを知り，家庭や家族の重要性を理解できるようにする。
>
> これらの学習を通して，家庭は家族の生活の場であり，衣食住や(　②　)，保護，愛情などの基本的な要求を充足し，家族とのかかわりの中で心の安定や安らぎを得ていることに気付くようにする。また，家庭生活は地域の人々とのつながりの中で成り立っており，相互のかかわりによって，生活をよりよくすることができることについても気付くようにする。
>
> 指導に当たっては，生徒の生活にかかわりの深い事例を取り上げ，具体的に考えられるようにする。例えば，自分や家族の生活を支えている家庭の役割を資料や新聞等を利

用して見つめ直したり，子どもの成長と地域とのかかわりについて調べたり，地域の活動や(　③　)等を取り上げて，(　④　)など地域の様々な人々とのかかわりについて話し合ったりすることなどの活動が考えられる。

2 「A　家族・家庭と子どもの成長　(3)　エ」では，「家族又は幼児の生活に関心をもち，課題をもって家族関係又は幼児の生活について工夫し，計画を立てて実践できること」と示されている。ここでの指導について記述した，ア～エの中で，正しいものをすべて選び，記号で答えよ。

ア　生活を見直し，課題をもって計画し，実践，評価，改善する学習活動を行う。

イ　ガイダンスとして第1学年の最初に扱い，学習の見通しを持たせる。

ウ　計画をグループで発表し合ったり，実践発表会を設けたりする。

エ　視聴覚教材の活用やロールプレイングを通して幼児の体の特徴を理解させる。

(☆☆☆◎◎◎)

【2】食育と食品表示について，次の1～4の問いに答えよ。

1　次の(1)～(3)は，食育に関する法律等の一部である。あてはまる法律等の名称とそれを所管する省庁を答えよ。

(1)　国民は，家庭，学校，保育所，地域その他の社会のあらゆる分野において，基本理念にのっとり，生涯にわたり健全な食生活の実現に自ら努めるとともに，食育の推進に寄与するよう努めるものとする。

(2)　家庭や地域との連携を図りながら健康で安全な食生活を実践するための基礎が培われるよう配慮し，食育の充実を図るようにすることが重要である。

(3)　健康な生活習慣の重要性に対し関心と理解を深め，生涯にわたり，自らの健康状態を自覚するとともに，健康の増進に努める。

2　次の〈図〉の①～④に示された食品表示マークについて，(1)～(3)の問いに答えよ。

<図>

①	②	③	④
消費者庁許可 区分	消費者庁許可 特定保健用食品	公正	JAS 認定機関名

(1)　次の説明は，<図>①～④のどのマークの説明をしたものか，記号で答えよ。

農薬や化学肥料等に頼らないで，自然界の力で生産された食品等を表しており農産物，加工食品，畜産物及び飼料に貼付されている。

(2)　<図>①～④のマークの中で，乳児，幼児，妊産婦，病者といった健康上特別な状態にある人の発育又は健康の保持，回復のために供されることを目的としてつけられるものはどれか，記号で答えよ。

(3)　JAS規格は，誰が制定するか，答えよ。

3　食事のマナーについて記述したア～エの中で，正しいものをすべて選び，記号で答えよ。

ア　西洋料理では，肉を食べるときは，右側から一口大に切って口に運ぶ。

イ　西洋料理のマナーでは，着席時はいすの左側から入って座る。

ウ　和食では，器が大きい場合は持ち上げて食べる。

エ　和食では，骨付きの魚を食べるとき，頭に近い部分の背側，上身から食べ始める。

4　食品衛生法で表示が義務づけられている，特定原材料の7品目の中から3つ答えよ。

(☆☆◎◎◎◎)

【3】次の<図1>は，巾着袋を製作するための「布の裁ち方」である。<図2>は，「出来上がり図」，<図3>は「袋の底の部分の図」である。1～6の問いに答えよ。

<図1>　布の裁ち方

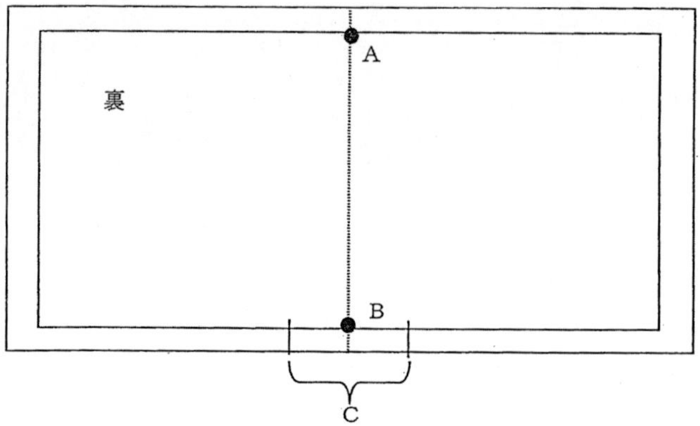

<図2>　出来上がり図

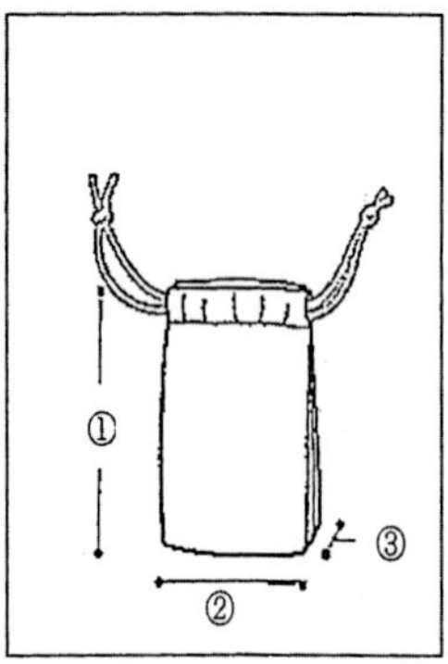

<図3>　袋の底の部分の図

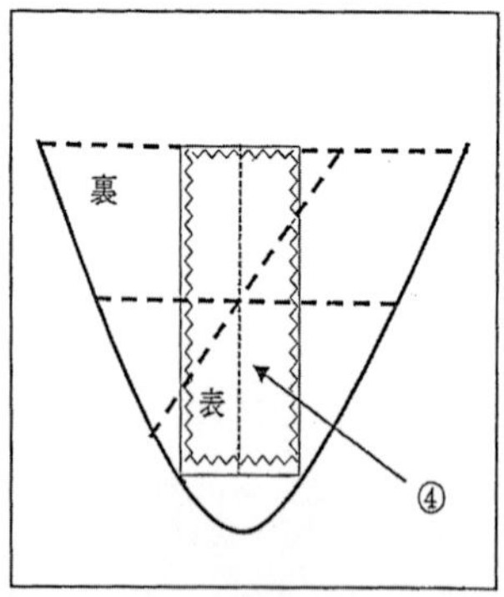

1　<図1>「布の裁ち方」の点Aと点Bを結んだ線は，<図2>「出来上がり図」の①～③のどの線にあたるか記号で答えよ。

2　<図2>「出来上がり図」の③は，袋の底の厚さの部分を表している。これを何というか答えよ。

3　<図1>「布の裁ち方」のCは，<図2>「出来上がり図」の③にあたる。このCの線の長さは，<図3>「袋の底の部分の図」の点線のどこにあたるか。図中の4本の点線のうち，あてはまるものを太線でなぞりなさい。

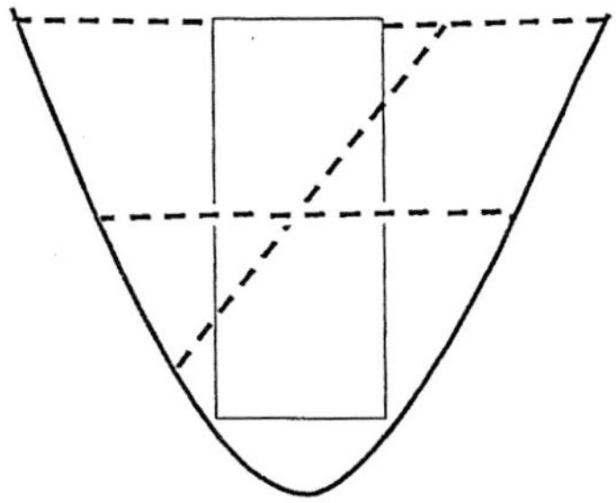

4　＜図3＞「袋の底の部分の図」の④は縫いしろである。縫いしろを図のように，開くことを何というか答えよ。

5　＜図3＞「袋の底の部分の図」の④の布はしは，ロックミシンで始末している。次のア～ウの中で，ロックミシンの布はしの始末の仕方を説明しているのはどれか，記号で答えよ。

ア　縫いながら布はしが切断される。

イ　ミシンの縫い目の設定や，押さえ金を変えてはしを縫う。

ウ　布はしを2つに折って縫う。

6　次の衣類等の洗濯表示(取り扱い表示)の(1)と(2)の意味を答えよ。

(1)

(2)

(☆☆☆◎◎◎)

【4】食品の特徴と調理による変化について，次の1～4の問いに答えよ。

1　次の(1)～(4)は，食品の色素がもつ特性を説明したものである。色素名をア～オから選び，記号で答えよ。

(1)　穀類，豆類，淡色野菜などの白い色素。酸性で無色，アルカリ性で黄色になる。

(2)　動植物界に広く存在する，赤・黄・だいだい色の色素。調理での熱や酸・アルカリの影響を受けない。

(3)　ほうれん草など野菜に含まれる緑の色素。酸性で色があせアルカリ性で鮮やかになる。

(4)　野菜，果実の花などの色。酸性で赤，アルカリ性で青または紫になる。

ア　カロテノイド　　イ　アントシアニン　　ウ　クロロフィル
エ　フラボノイド　　オ　ミオグロビン

2　次は，酵素によらない褐変について説明したものである。この反応を何というか答えよ。

・たんぱく質のアミノ酸と糖質が加熱によりキツネ色になる反応。 ・調理例としては，かば焼き，照り焼き，パイ生地に塗る卵黄など。

3　次の(1)～(4)は，食品の調理上の変化を説明したものである。それぞれの変化に関わる栄養成分をア～カから選び，記号で答えよ。

(1)　牛乳に酢を加えると凝固が起こり，搾るとカッテージチーズができる。

(2)　すき焼きは，こんにゃくと肉を一緒に加熱すると肉が固くなる。

(3)　すじ肉は，水を加えて長時間加熱すると，やわらかくなる。

(4)　小麦粉に水を加えてこねると，弾力のあるかたまりになる。

ア　グルテン　　イ　カゼイン　　ウ　コラーゲン
エ　カルシウム　　オ　ミオグロビン　　カ　ブドウ糖

4　鶏卵の調理上の性質について，次の(1)～(3)の問いに答えよ。

(1)　卵白を攪拌(かくはん)することで，空気を含んで泡立つ性質のことを何というか，答えよ。

(2)　卵黄のレシチンが，水と油を混合状態にする性質を何というか，答えよ。

(3)　茶碗蒸しを作るときに，気泡ができてしまう(すが立つ)のはなぜか。「卵のたんぱく質の性質は」という書き出しで説明せよ。

(☆☆☆◎◎◎)

【5】次の＜表＞は，だしの種類ととり方について示したものである。1～4の問いに答えよ。

＜表＞

種類	とり方		
煮干しだし	煮干しの頭と腹わたを取り除く。①	なべに分量の水と煮干しを入れ，30分くらいつけておく。	そのまま火にかけて，ア あくを取りながら3分ほど煮てからこす。
かつおぶしだし	なべに分量の水を入れて火にかけ，沸騰したら，かつおぶしを入れる。	すぐに火をとめ，そのままにしておく。	かつおぶしが，底に沈んだら，上ずみをこす。③
こんぶだし	かたくしぼったぬれふきんでこんぶをふく。②	なべに分量の水を入れ，30分くらいつけておく。	そのまま火にかけて，イ にこんぶを取り出す。

1　上の＜表＞の，下線部①，②は，だしをとる前に，材料の下ごしらえとして行うことである。それぞれなぜそのようにするのか，理由を説明せよ。

2　上の＜表＞の，ア と イ には，火をかけた鍋の状態をあらわす適語を入れよ。

3　上の＜表＞の下線部③はどのようにすることか，調理用具名を使って説明せよ。

4　煮干しだしには，かたくちいわしが使われることが多い。「煮干しのかたくちいわし」と「生のかたくちいわし」それぞれ100g中に含まれる栄養素の量を比較した場合，「煮干しのかたくちいわし」の方に多く含まれる栄養素はどれか，ア～エからすべて選び，記号で答えよ。ただし，日本食品標準成分表2015年版(七訂)によるものとする。

ア　エネルギー　　イ　たんぱく質　　ウ　脂質　　エ　カルシウム

(☆☆☆◎◎◎)

【6】身近な消費生活と環境について，次の1～2の問いに答えよ。

1　法律で決められた取引について，契約書面受領後一定期間内であれば，無条件で契約を解除できる制度を，クーリング・オフ制度という。次の(1)～(3)は，クーリング・オフをはがきで通知するときの注意事項である。(　①　)～(　④　)にあてはまる適切な語句や数字をア～クから選び，記号で答えよ。

(1)　特定記録郵便または，(　①　)で郵送する。

(2)　はがきの(　②　)をコピーし，郵便局が発行する受領証と共に(　③　)年間保管する。

(3)　クレジットカードを利用した場合，(　④　)にも同時に通知する。

ア　裏面　　イ　両面　　ウ　販売店　　エ　3

オ　クレジット会社　　カ　5　　キ　速達　　ク　簡易書留

2　資源有効利用促進法は，循環型社会を形成していくために必要な3Rの取組を総合的に推進するための法律である。3Rの名称をそれぞれカタカナで答えよ。また，3Rを推進するための具体的な行動についてもそれぞれ説明せよ。

(☆☆◎◎◎◎)

【7】次の1～3の問いに答えよ。

<間取り>

1階平面図・配置図

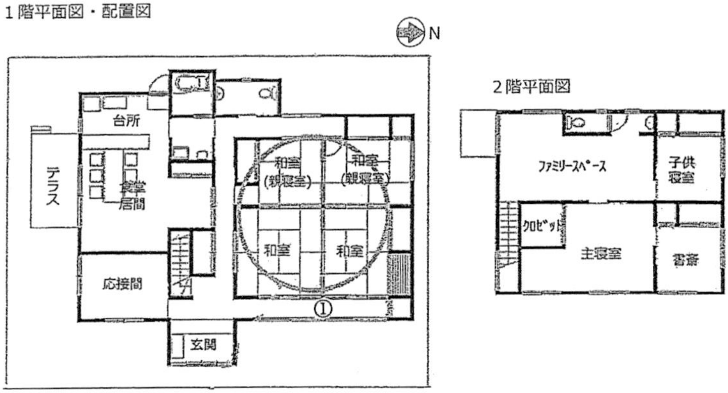

1　上の<間取り>は，伝統的な間取りを活かした家屋の平面図である。○で囲んでいる田の字型の間取りの長所を説明せよ。

2　上の<間取り>の(　①　)は，和風家屋独特の構造で，家の建物の縁(へり)部分に張り出して設けられた板敷き状の通路であり，庭等の外部から直接屋内に上がる用途もある。①を何というか，答えよ。

3　次の<写真>(1)(2)は，環境に配慮した伝統的な住まいの工夫をあらわした写真である。説明文の(　ア　)，(　イ　)に，あてはまる適切なことばを答えよ。

<写真>

(1)

(　ア　)を垂らすことで，直射日光をさけ，夏の暑さをしのぐことができる。

(2)

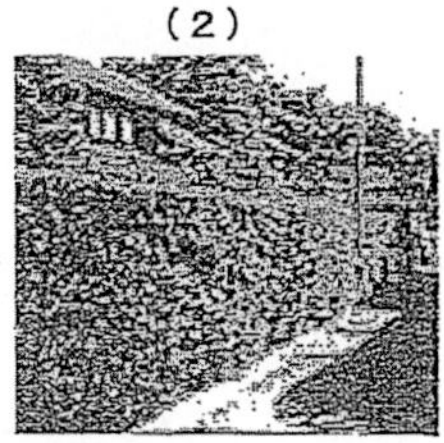

道路沿いに，(　イ　)として，緑を多く育てることで，潤いのある住まい・まちが形成される。

(☆☆☆◎◎◎)

【高等学校】

【1】次の文章を読んで，問いに答えなさい。

私たちは，生まれてから死ぬまで，さまざまな経験を積み重ねて，目標に向かって生きていく。一人ひとりの人生を見ると，それぞれまったく違った人生を歩んでいくが，こうした違いの一方で，人の人生には多くの人が同じような経験をする特徴的な時期がある。人生をこのような共通の時期の区分でとらえたものをライフステージという。一般にライフステージは，乳幼児期，学童期，青年期，成人・壮年期，高齢期に分けられる。それぞれの時期には，a多くの人が直面する課題がある。それを達成することで，私たちは成長し，次のステージへとつながっていく。このように人生のステージの課題を達成しながら，生涯にわたり発達していくことを生涯発達という。

人生には，bライフイベントと呼ぶできごとがある。それぞれのライフイベントの前後では，まわりの人間関係や自分の役割が大きく変化する。ライフイベントは，人生における重要な節目であり，その節目に向けて目標をたてていく。

現在，日本だけでなく，多くの国で高齢化が進行しつつある。人類はこれまで，できる限り長生きのできる社会をめざし，社会のしくみをつくり，科学技術を発展させてきた。人口の高齢化は人類の大きな成果のひとつではあるが，また同時にさまざまな課題も引きおこしている。日本のc高齢化率は，2050年には40％に近づくことが予測されている。

年齢を重ねること(加齢)によって，からだの機能が低下していくことを老化という。老化は，高齢期に突然始まるわけではない。からだの部分によっては(　ア　)代から老化が始まるものもあり，機能によっては，死ぬまでほとんど変わらないものもある。また，老化は，(　イ　)や(　ウ　)，生活習慣により個人差が大きいため，すべての人が同じように老化していくわけではない。

高齢期の健康状態の変化については，現在の高齢者のなかで，病気やけがなどによって，日常生活に支障のある人は約(　エ　)の1である。

高齢者の疾病は，老化によって，からだの(　オ　)や臓器の機能が低下していることから，(　カ　)や機能障がいを起こしやすい。からだの不調を感じたら，早めの受診が必要である。病気やけがなどの治療が長期化すると，からだを動かすことが減り，心身のほかの機能も低下して，(　キ　)になりやすい。これを(　ク　)とよぶ。(　ウ　)を整え，日常生活でからだを動かせるように工夫するなど適切にからだを動かすことが予防には大切である。

高齢期に特徴的な疾病のひとつとして(　ケ　)が知られている。現在では，予防や治療の研究が進み，早期に発見し，早期に治療を始めることで症状を抑えることができる。また，家族や周囲の人々との(　コ　)の大切さも注目されている。

(1)　下線部aについて，生涯発達の観点から，高齢期の課題をあげなさい。

(2)　下線部bについて，ライフイベントにはどのようなものがあるか，2つ答えなさい。

(3)　下線部cについて，高齢化率について説明しなさい。

(4)　高齢期を健康に過ごしていくためには，食事に対する配慮も重要である。高齢者の身体的な特徴とそれに合わせた食事への配慮について述べなさい。

(5)　高齢期の精神的な特徴について説明しなさい。

(6)　文中の空欄(　ア　)～(　コ　)に当てはまる数字や語句を答えなさい。

(7)　老化と骨の関係について説明しなさい。

(☆☆☆☆◎◎◎)

【2】次の問いに答えなさい。

(1)　食事の機能を4つあげなさい。

(2)　たんぱく質の補足効果について説明しなさい。

(3)　日本人の食事摂取基準とは何か，説明しなさい。

(4)　次の表は，食品群別摂取量のめやすのうち4つの食品群で，15歳

～17歳の食品構成を示したものである。空欄(ア)～(セ)に適切な語句，または文章を入れなさい。

群	1群		2群		3群			4群		
分類	(ア)	(イ)	(ウ)	(エ)	(オ)	(カ)	(キ)	(ク)	(ケ)	(コ)
重量	男400g 女330g	50g	男160g 女120g	男100g 女80g	350g	100g	200g	男420g 女320g	男30g 女25g	10g
栄養的特徴	(サ)		(シ)		(ス)			(セ)		

(☆☆☆◎◎◎)

【3】次のA～Cについて，問いに答えなさい。

A　焼き魚などは，適度な焦げ目をつけて焼くとおいしそうに仕上がり，また，香ばしい香りが食欲をそそる。$_a$焼き魚はヒレの部分を焦がしやすいので，ヒレにたっぷりと塩をつけ，直接火が当たらないようにする。

B　肉は，牛・豚・鶏などの種類や，それぞれの部位によって，適した調理法がある。肉を焼くことで，表面のたんぱく質が固まり，うま味を閉じ込めることができるが，水分や脂肪分が抜け出るため，$_b$肉が縮んでかたくなる。$_c$肉を湯のなかで長時間加熱すると，ほぐれやすく，やわらかくなる。

C　ババロアの材料(5人分)

$_d$粉ゼラチン	10～13g
水	30m1
牛乳	250ml
卵黄(L)	2個
砂糖	60g
$_e$果物	150～200g
生クリーム(高脂肪)	60ml

ソース

赤ワイン	30ml
砂糖	35g
fコーンスターチ	3g
水	120ml

(1) 文中の下線部aについて，このような方法を何と呼ぶか。

(2) 魚の焼き方について，下線部a以外の留意点を説明しなさい。

(3) 文中の下線部bについて，肉を焼くとき縮みを防ぐ方法を答えなさい。

(4) 文中の下線部cについて，このようになるのはなぜか，説明しなさい。

(5) 下線部dについて，ゼラチン以外のゲル化剤(ゼリー凝固剤)を2つあげなさい。

(6) 下線部eについて，果物を利用するとき，注意しなければならないことは何か，理由も併せて述べなさい。

(7) 下線部fについて，コーンスターチとは何か。

(☆☆☆◎◎◎)

【4】次の問いに答えなさい。

(1) 洗濯について①～③の問いに答えなさい。

① 界面活性剤の作用を3つあげて，その働き方について説明しなさい。

② 石けんと合成洗剤の特徴をそれぞれ述べなさい。

③ 次の繊維でできた衣類を洗濯するとき，中性洗剤を用いるのが適切なものを記号で全て答えなさい。

ア 綿　　イ 絹　　ウ 麻

エ レーヨン　　オ カシミヤ　　カ ポリエステル

キ キュプラ

(2) 女物ひとえ長着についての文章を読んで，問いに答えなさい。

長着は図のように構成されている。身ごろ，そでは(　ア　)のまま用い，(　イ　)・えり・かけえりは，(　ウ　)で用いる。

身ごろとそでは，肩山とそで山が“わ”で前後に続いており，ゆったりと前で打ちあわせるために前身ごろに(　イ　)がつく。身ごろのたけ(身たけ)の約半分の位置までえりが左右続けて長くつく。女物では，着用したときのたけ(着たけ)より，約(　エ　)cm長く身たけをとって仕立て，その分は腰のところで折って着装する。そのことを一般的には(　オ　)ということが多い。えりとそでの形は着用目的・好みによって決める。ゆかたではえりは(　カ　)がよい。ひとえ長着に用いる布地は，盛夏であれば，ゆかた地，縮・上布・紗・(　キ　)などを用いる。

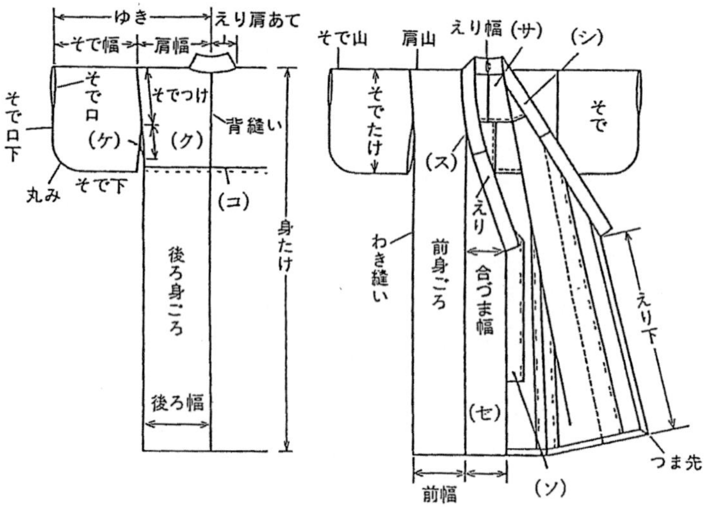

①　文中の空欄(　ア　)～(　キ　)に当てはまる語句を答えなさい。

②　上記の図の中の空欄(ク)～(ソ)に当てはまる名称を答えなさい。

(☆☆☆◎◎◎)

【5】次の問いに答えなさい。

(1)　子どものからだの発達について，「方向性」と「順序性」ということばを使って説明しなさい。

(2) 子どもの社会性が発達していく過程で,「人見知り」がどのように変化していくか説明しなさい。

(☆☆☆◎◎◎)

【6】次の文章を読んで,問いに答えなさい。

次に示した平面図の(ア)側に「玄関」がある。入り口を示す黒い三角しるしから手前にドアを開けて入ったと考えてみる。左にくつ箱があり,ホールに上がると右に(イ)がある。同じく右にとびらが二つ並んでいる。とびらを押し開けるといずれも6畳ほどの洋間で,正面には(ウ)があり,物入れと(イ),(エ),(オ)がある。ホールから西方に手洗い・洗面器,洗濯機があり,ここから(カ)・(キ)に接続している。廊下の突きあたりのとびらはLDKに通じ,流し台や調理台などが壁にそって並んでいる。とびらの右には和室があり,押し入れと物入れがある。LDKと和室は,同じバルコニーに面している。

現代の住宅は,気密性や断熱性の高い建築が進んでおり,換気不足になりやすい。そのため,2003年,(ク)が改正され,住宅では(ケ)の設置が義務化された。

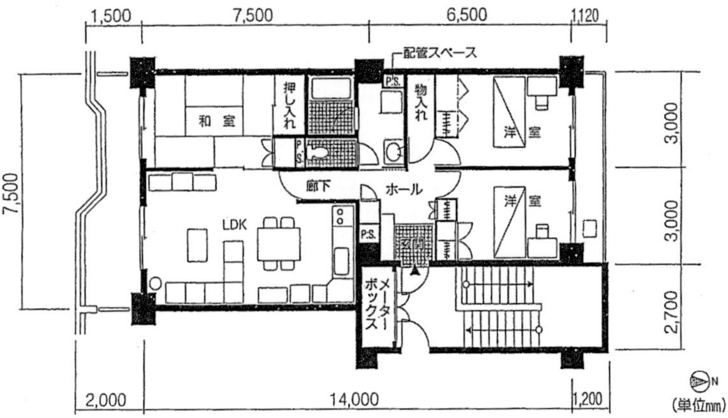

(1)　文中の(　ア　)~(　ケ　)にあてはまる語句を答えなさい。

(2)　この平面図から読み取れる動線上の問題は何か，答えなさい。

(3)　室内環境が快適であるための条件について，次の①~④の項目から2つを選び，説明しなさい。

①　日照　　②　通風・換気　　③　騒音としゃ音

④　冷房と暖房

(☆☆☆☆◎◎◎◎)

解答・解説

【中学校】

【1】1　①　育てる　　②　安全　　③　行事　　④　高齢者

2　ア，ウ

〈解説〉1　ここでは，家庭や家族の基本的な機能や家庭生活と地域とのかかわりを理解するとともに，これからの自分と家族について考えることを通して，家族関係をよりよくする方法を具体的に考えることができるようにすることをねらいとしている。なお，家庭と家族関係については，設問のアとともにイも示されている。こちらも熟読して，理解を深めておきたい。　2　ここでの指導に当たっては，生活を見直し，課題をもって計画し，実践，評価，改善するという一連の学習活動を重視し，問題解決的な学習を進めるようにする。その際，計画をグループで発表し合ったり，実践発表会を設けたりするなどの活動を工夫して，効果的に実践できるようにすることが求められている。

【2】1　(1)　法律等名…食育基本法　　所管する省庁…農林水産省

(2)　法律等名…学習指導要領　　所管する省庁…文部科学省

(3)　法律等名…健康増進法　　所管する省庁…厚生労働省

2　(1)　④　　(2)　①　　(3)　農林水産大臣　　3　イ，エ　　4　卵，

えび，落花生，乳・乳製品，かに，小麦，そば　から3つ

〈解説〉1　(1)　食育基本法は，2005年に施行された，食育の基本理念を定め，食育に関する施策の基本事項を定めた法律である。その具体的な取り組みとして，食育推進基本計画が策定され，2016～2020年は第3次として，5年間に取り組むべき重点課題が示されている。　(2)　食育について，食育基本法では，「食に関する知識と食を選択する力を習得し，健全な食生活を実践することができる人間を育てる」ことを求めている。学習指導要領でも，「食に関する指導については，技術・家庭科の特質に応じて，食育の充実に資するよう配慮すること」と示されている。　(3)　2000年に「健康日本21」が実施され，2001年に「医療制度改革大綱」が策定された。これを受け，医療制度改革の一環として，2002年に健康増進法が公布されている。　2　(1)　④の有機JASマークは，太陽と雲と植物をイメージしたマークである。有機JASマークが付されていない農産物と農産物加工食品には，「有機○○」などと表示することはできない。　(2)　①の特別用途食品マークは，乳児用・妊産婦用・高齢者用など特別の用途に適するという表示で，消費者庁が認可したマークである。　(3)　JAS規格(日本農林規格)は，農林物資の規格化等に関する法律(JAS法)に基づく，農・林・水・畜産物，およびその加工品の品質保証の規格である。農林水産省では，毎年度，農林物資の規格化等に関する法律に基づき，新たなJAS規格の制定，JAS規格の確認等に関する計画を作成し，公表している。　3　ア　西洋料理で肉料理を食べるときは，フォークで料理を押さえ，ナイフで左側から一口大に切って食べる。　ウ　和食では，手のひらより小さい皿は持ち上げて食べる。手のひらより大きい皿は，基本的に，持ち上げて食べない。　4　特定原材料7品目は，食物アレルギー患者の健康被害を防止するため，法令で表示を義務づけている。このうち，そばと落花生は，症状が重篤であり生命に関わるため，特に留意が必要とされている。この7品目のほか，一定頻度で発症が報告されているあわび，いか等20品目については，特定原材料に準ずるものとして，表示することが推奨されている。

【3】1　②　　2　まち

3

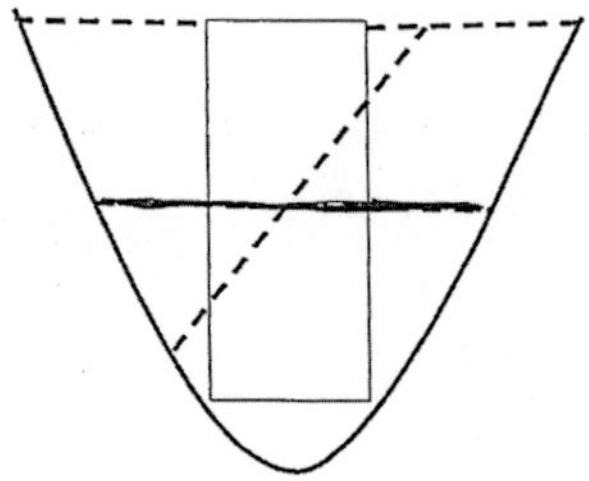

4　わる　　5　ア　　6　(1)　150℃を限度としてアイロンをかけることができる　　(2)　液温40℃を限度とし，洗たく機で通常の洗たくができる

〈解説〉1～3　巾着袋は，AからBが底の横幅となる。「まち」は，別布を使うのではなく，Cの寸法をなぞったところで縫ってつくる。

4　縫いしろを「わる」場合は，ジグザグミシン，端ミシン，ロックミシン等で始末する。「片返す場合」は，捨てミシン，ふちかがりミシン，袋縫い，織り伏せ縫い等で始末する。　5　布はしの始末として，選択肢のイは，一般にコンピュータミシンを使ってはしを縫う方法である。三つ巻き縫い，かがり縫い等がある。ウは，一般のミシンを使って，縫う方法である。　6　洗濯表示は，2016年12月より，国際標準化機構が定める国際規格に合わせ，種類も大幅に増えた。それぞれの記号は，5種類の基本記号と，付加記号で表示される。

(1)　アイロンかけの場合，「・」は底面温度110℃，「・・」は150℃，「・・・」は200℃までが上限となる。　(2)　数字は，洗たく温度の上限を示す。

【4】1　(1)　エ　　(2)　ア　　(3)　ウ　　(4)　イ　　2　アミノ・カルボニル反応(メイラード反応)　　3　(1)　イ　　(2)　エ　　(3)　ウ　(4)　ア　　4　(1)　起泡性　　(2)　乳化性　　(3)　(卵のたんぱく質の性質は)高温のまま加熱し続けると固まり，そのまわりの水分が気化

して気泡ができる。

〈解説〉1　(1)　フラボノイドは，カリフラワーや玉ねぎなどに含まれる色素である。また，アルミニウムや鉄の金属イオンと錯塩をつくり，黄色や青，緑色になる。　(2)　カロテノイドは，にんじん，かぼちゃなどに含まれる。水には溶けず，脂に溶ける。　(3)　クロロフィルは水には溶けないが，酸や熱によって褐色になる。緑色を保つには，多量の湯で短時間ゆで，冷水に入れる。　(4)　アントシアニンは，なす，しそ，紫キャベツなどに含まれる色素である。アルミニウムや鉄イオンと結合すると，変色しにくくなる。　2　褐変反応とは，食品が褐色に変色することをいう。食品の褐変は，独特の香り・色・つやなどを生成し，おいしさが向上する場合が多い。アミノ・カルボニル反応は，酵素が関与しない(非酵素的)反応で，発見者の名前からメイラード反応ともいう。なお，最終生成物は，メラノイジンと呼ばる。

3　(1)　カゼインは，牛乳やチーズなどに含まれるリンたんぱく質の一種である。　(2)　こんにゃくの製造に使う水酸化カルシウムにより，肉は固くなる。　(3)　肉は，加熱すると筋繊維や結合組織が収縮し，固くなる。しかし，水を入れて長時間加熱すると，コラーゲンがゼラチン化して，肉はやわらかくなる。　(4)　小麦粉に水を加えてこねると，小麦粉に存在するたんぱく質によって，弾力のあるかたまりになる。これは，弾力に富むグルテニンと粘着力が強いグリアジンが絡み合い，グルテンというたんぱく質が生成されることによる。　4　鶏卵の調理上の性質として，起泡性を利用したものに，メレンゲがある。また乳化性を利用したものには，マヨネーズがある。もう1つの性質として，「熱の凝固性」があり，茶碗蒸しはその一例である。なお，茶碗蒸しに「すだち」ができないようにするには，火加減が大切である。最初強火にし，その後は弱火で15分ぐらい蒸す。

【5】1　①　魚の頭と内臓は，血液を多く含み，魚の臭みや苦みが多いため。　②　昆布は，乾燥食品であり，製造工程で乾燥させる時に，ほこりなどが付着するので，表面の汚れを落とすため。　2　ア

沸騰したら　　イ　沸騰する前　　3　別の鍋かボールにこし器を置いて準備し，だし汁をこし器にあげて，底に沈まなかったかつおぶしの残りをすべてこす。　　4　ア，イ，エ

〈解説〉1　①　煮干しの頭を取り除いたりすることを，「下処理」という。小さい煮干しの場合は，苦味や臭みが気にならないが，大きいものは下処理をきちんとする必要がある。　②　こんぶの白い粉は，マンニットといううま味成分なので，洗わず拭き取ること。　2　ア　加熱してだしを取るが，この時魚臭がこもるので，蓋をせず行うこと。イ　こんぶだしは，煮立てると粘質物が出て，汁が濁ってしまう。沸騰する前にこんぶを取り出すよう，注意が必要である。　3　かつおぶしをこす場合は，かつおぶしが沈むのを待ってから，こし分けるとよい。　4　かたくちいわしの100g中に含まれるエネルギーは，煮干しが332kcal，生が192kcal。同じく，たんぱく質は煮干しが64.5g，生が18.2g。カルシウムは煮干しが2200mg，生が60mgとなっている。なお，脂質は，煮干しが6.2g，生が12.1gで，こちらは生のほうが多い。

【6】1　①　ク　　②　イ　　③　カ　　④　オ　　2　リデュース…ごみの発生を減らす。必要な分だけ買う。過剰包装を断る。エコバッグを持参する。　　リユース…使えるものは捨てないで，くり返し使う。リサイクルショップや不要品の交換などを利用する。　　リサイクル…資源を回収し，再生して利用する。資源ごみの分別収集に協力する。リサイクル製品を利用する。

〈解説〉1　クーリング・オフの通知書を送るのは，契約書面を受け取った日を含め，8日以内(マルチ商法の場合は20日)に，書面で通知する。ただし，妨害があった場合は，8日を過ぎても行うことが可能である。訪問販売などが適用され，直接店で購入した場合や通信販売などには適用されない。　2　資源有効利用促進法は，リサイクル法ともいう。10業種・69品目を指定して，製品の製造段階における3R対策，設計段階における3Rの配慮などが規定されている。なお，3Rの優先順位は，リデュース(発生抑制)，リユース(再使用)，リサイクル(再生利用)である。

【7】1　間仕切りをふすまにすることによって，普段は，少人数で使う部屋も，ふすまを外せば，大人数のお客を迎える大きな部屋ができるなど，可変性の高い住まいになる。　2　縁側，広縁　3　ア　よしずすだれ　イ　生け垣

〈解説〉1　設問の平面図は，日本の伝統的な和風と洋風を取り入れた2階建ての住居である。和風の住空間は，和室が4部屋あるところで，床の間等も設置してある。また，洋風の住空間はダイニング，子供部屋，クロゼット，応接室等を挙げることができる。従来のように和室が続き間になっていると，移動する時に他の和室を通らなければならないので，プライバシーの問題があった。　2　広縁は，奥行きを広めに設けた縁側である。一般に縁側は，濡縁とくれ縁がある。濡縁は，壁や雨戸はなく，外側軒下につくられる。くれ縁は，雨戸などの内側にある縁側で，縁側が雨に濡れないようにすることができる。　3　(1)　よしず，すだれは，日よけ目的だけでなく，目隠し，虫よけ等の目的もある。特にヨシを素材としたよしずは，夏季を中心に軒先等に使われる。すだれには，「掛けすだれ」と「立てすだれ」があり，最近ではインテリアとしても使われる。　(2)　生け垣には，外からの目隠し(プライバシーの保護)，暴風・防音・防災，環境美化・環境保全といった役割がある。マサキ，レッドロビン，イチイなどの樹木が好まれている。

【高等学校】

【1】(1)　・生きがいとしての学びを進める。　・生活文化や経験の伝承。　(2)　進学，就職，結婚，出産，退職　から2つ　(3)　人口における高齢者(65歳以上)の割合。　(4)　身体的特徴…・活動量が少なくなる。食べ物を飲み込みにくくなる。　・かむ力や消化・吸収機能が低下する。　・味覚がにぶくなる。　・食欲が低下する。　食事への配慮…・消化のよい食品を，やわらかくしたり，細かく切ったりするなど，食べやすいように調理する。　・食物繊維，たんぱく質，カルシウム，水分をしっかりと摂る。　・盛りつけや色彩を工夫し，

豊かな気持ちで食べられるようにする。　(5)　年齢によって，状況に素早く対応する能力(流動性知能)は低下するが，知識や経験によって対応する能力(結晶性知能)については衰えないことがわかっている。この2つの能力はお互いを補うように働くため，高齢期になっても知的な能力が落ちることはない。　(6)　ア　20歳　イ　遺伝　ウ　生活環境　エ　5分　オ　抵抗力　カ　慢性化　キ　寝たきり　ク　廃用症候群　ケ　認知症　コ　コミュニケーション　(7)　骨が最も丈夫になるのは18歳頃～30歳代後半であるとされており，その後は減少していく。骨をつくり，骨からカルシウムが溶け出すのを抑える働きをしているエストロゲンの分泌が低下するため，骨量が減少してしまう。加齢とともに，骨に刺激を与える運動や食事量が減ることも骨量の減少の原因となる。

〈解説〉(1)「人間は生涯を通して発達し続ける」と唱えたのは，アメリカの精神分析学者エリクソン(1902～1994)である。「生涯発達」の観点では，「人は一生発達する」ということがモットーとなっており，高齢期をいかに主体的に生きるかが求められている。高齢期の課題は，心身を健康に保つことはもちろん，新たな人間関係の形成やいきがいづくり等がある。　(2)　ライフイベントは，その後の人生に大きな影響を与える。それだけに，ライフステージに応じた目標の設定，努力が必要となる。ただ，それぞれのライフイベントがすべて成功するとは限らない。壁に当たったとき，それをどう乗り越えるかが重要となる。　(3)「高齢化社会」とは，国際連合の定義によると，65歳以上の高齢者の比率(高齢化率)が総人口の7%を超えた社会を指す。高齢化率が14%を超えると「高齢社会」，21%を超えると「超高齢社会」と呼ばれる。日本の高齢化率は1970年に7%を超え，それからわずか24年後の1994年に14%を超えた。2016年時点で日本の高齢化率は，すでに27.3%に達している。　(4)　高齢者の食事は，一人ひとりの好みや体の状態，その人のペースに合わせることも大事である。また，食事を楽しんでもらえるよう，旬の食材を取り入れたり，味付けなども工夫したい。食欲が低下することから，食べ物の栄養価などにも気を配り，栄養不足にならないよう注意することが大切である。 (5) 流動性知能と結晶性知能は，心理学者のキャッテルが提唱した。流動性知能は動作性の知能のことで，具体的には，計算力・暗記力・思考力・集中力等のことを指す。この知能のピークは18～25歳くらいまでといわれ，高齢になるほど低下する。一方，結晶性知能は言語性の知能とされ，過去の経験や知識が土台となる能力である。この能力は高齢になっても維持されやすく，流動性知能の年齢による衰えをカバーできる可能性を持っている。 (6) 老化は，体の機能が衰えていく生理的老化と，生活習慣などの外部の要因が影響して病気の症状が出る病的老化に分ける場合がある。また，老化の具体例として，外観の変化(しわ，白髪，薄毛など)，感覚機能の低下(視力，聴力の衰えなど)，運動機能の低下(筋力の衰えなど)，内臓機能の低下(感染症にかかりやすいなど)がある。なお，廃用症候群は，身体の不活動状態によって生じる二次的な障害で，生活不活発病ともいう。また，認知症は進行性の病気で，治療方法がまだ確立されていない。このため，食生活とライフスタイルの両面において予防に努めることが重要視されている。

(7) 高齢期になると，カルシウム不足によって，骨粗しょう症を引き起こしやすくなる。骨粗しょう症は，骨量が減少し，骨がもろくなるため，骨折しやすくなる。特に，女性は閉経後，骨量が減少する。青年期から，十分な骨量を蓄えておくことが大切である。

【2】(1) 生理的機能，心理的機能，社会的機能，文化的機能

(2) アミノ酸価の低い食品にアミノ酸価の高い食品を組み合わせることで，必須アミノ酸の不足分を補うこと。 (3) 生命と健康を維持するために，「何をどれだけ食べればよいのか」のめやすを示したもの。 (4) (ア) 乳・乳製品 (イ) 卵 (ウ) 魚介・肉

(エ) 豆・豆製品 (オ) 野菜 (カ) いも類 (キ) くだもの

(ク) 穀類 (ケ) 油脂 (コ) 砂糖 (サ) 良質たんぱく質・脂質・カルシウムなどをバランスよく含み主に身体組織の構成に役立つ (シ) たんぱく質・脂質などを含み，主に身体組織の構成に役

立つ　(ス)　ビタミン・ミネラルを含み，生理機能を調節する　(セ)　炭水化物・脂質を含み，エネルギー源となる

〈解説〉(1)　生理的機能とは，食事の栄養的側面のこと。エネルギーを得て健康を維持し，体をつくり，成長させる栄養を取り込むことをいう。心理的機能とは，食事をすることでおいしさを感じ，満足感を得ること。社会的機能とは，他の人とコミュニケーションを図り，食事を楽しく感じる働きのこと。文化的機能とは，食文化や食習慣を次世代に継承することである。　(2)　アミノ酸の補足の例としては，必須アミノ酸のリジンが不足している穀類(米・小麦)に，リジンを豊富に含む動物性たんぱく質(肉・魚など)を組み合わせることが効果的である。　(3)　食事摂取基準は，日本人の栄養状態や体位などに応じて，5年ごとに改訂される。年齢，性別，妊婦，授乳婦ごとに，エネルギーと各栄養素の摂取量基準が示されている。2015年版では，目標とする体格(BMI)が新たに提示された。　(4) 食品群別摂取量は，食品に含まれる主な成分を基準としていくつかの食品群に分け，それぞれの食品群について，1日当たりの必要量を示したものである。食品群の分け方には，3色食品群(主に小学校での指導に使用)，6つの基礎食品群(主に中学校での指導に使用)と4つの食品群がある。4つの食品群は，主に高校での指導に使用しているので，よく理解しておきたい。なお，4つの食品群は，年齢別・性別・身体活動レベル(低い・普通・高い)別の食品構成となっている。

【3】(1)　化粧塩　(2)　魚は，皮から焼くと，皮がカリッとして食感がよくなる。焼くと身がくずれやすくなるので，何度も返さずに焼く。　(3)　肉の筋を切ってから焼く。　(4)　コラーゲンがゼラチン化したため。　(5)　寒天，カラーギーナン　(6)　たんぱく質分解酵素を含む果物は，生のまま使用するとゼリーが固まらないため，加熱処理をして酵素を失活させておく必要がある。　(7)　トウモロコシでんぷん

〈解説〉(1)　化粧塩は，飾り塩ともいう。また，尾びれや背びれにつけ

るので「ひれ塩」といわれる場合もある。鮎や岩魚，鯛などによく用いる。　(2)　魚は，「強火の遠火」で焼くとよい。火を遠ざけて焼くことで均一に熱が行きわたるため，魚の旨味を逃がすことなく，中までしっかり火を通すことができる。なお，皿の上で表になるほうを最初に焼くと，焼き目がきれいになる。　(3)　包丁で，筋を切ることを「すじ切り」という。その後，肉たたき，あるいは包丁のみねの部分でたたくとよい。　(4)　肉類の性質として，コラーゲンのゼラチン化は，「加熱による軟化」を意味する。その際，水とともに長時間煮ることがポイントとなる。　(5)　寒天の原料は，天草，おごのりなどの海藻である。寒天は，多糖類で食物繊維が豊富。カラギーナンは，紅藻類から抽出された多糖類の一種で，ガラクトースと硫酸から構成されている。食品用糊料，安定剤，乳化剤などに使用する。　(6)　たんぱく質分解酵素を含む果物には，パイナップル，キウィフルーツ，イチジク，パパイアなどがある。これらは，タンパク質であるゼラチンを分解するため，生で使うとゲル化しない。必ず，加熱処理をして使用することに注意したい。　(7)　コーンスターチは，トウモロコシから取り出したでんぷんで，でんぷんの中では，世界的に最も生産量が多いとされる。コーンスターチを酸化処理したでんぷんは，水に溶けやすく，乾燥が早いという特性がある。

【4】(1)　①　表面張力低下・浸透作用…界面活性剤の親油基が布の汚れに吸着して表面張力を低下させ，繊維と汚れの間に浸透する。乳化作用…布と汚れの結合力が落ち，汚れが布から離れていく。そして，布と汚れ(油)が混ざった状態になる。　分散・再汚染防止作用…水中に分散した汚れを，界面活性剤が包み込んで，汚れが再び布につくのを防ぐ。　②　石けん…水溶液は弱アルカリ性。冷水・硬水にとけにくい。石けんかすが残ると布が黄ばみやすい。　合成洗剤…弱アルカリ性と中性洗剤がある。冷水に溶けやすく，硬水の影響を受けにくい。中性洗剤はやや汚れ落ちが劣るが，毛・絹などに適す。　③　イ，オ　(2)　①　ア　並幅　イ　おくみ　ウ　半幅

エ　25～30　　オ　おはしょり　　カ　ばちえり　　キ　絽

②　ク　身八つ口　　ケ　ふり　　コ　くりこし揚げ　　サ　肩あて

シ　かけえり　　ス　けん先　　セ　おくみ　　ソ　いしきあて

〈解説〉(1)　①　界面活性剤は，種類と配合割合により，石けん，複合石けん，合成洗剤に分けられる。また，水になじみやすい親水基と油になじみやすい親油基を持つ。3つの作用を図にすると，下記のようになる。

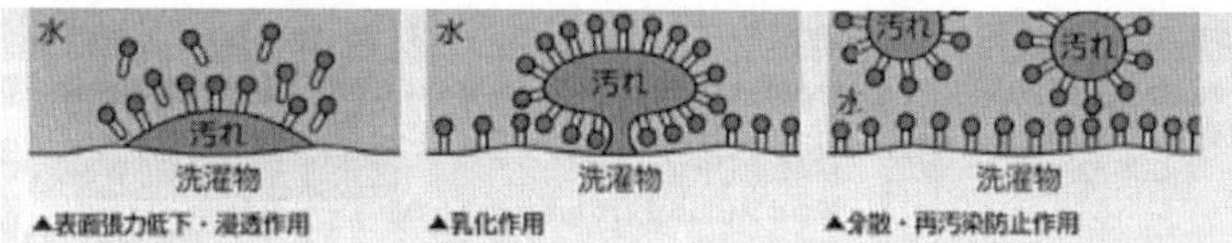

②　石けんの界面活性剤組成は，純石けんが100％で，原料は天然油脂である。合成洗剤の純石けん分は70％未満で，その他の界面活性剤の原料は石油である。弱アルカリ性のものは，綿，麻，レーヨン，合成繊維の洗濯に使用する。　③　中性洗剤は，毛，絹，アセテート等に使用する。カシミヤは，カシミヤヤギの毛を使用して織った毛織物である。　(2)　並幅は，幅が約36cm，長さ約11m。これを1反とし，大人用の着物1着をつくる。半幅は，並幅の半分の幅であり，下の図のように裁断する。襟幅には，ばちえりのほかに，広幅えり，棒えりの3種類がある。ばちえりは，背中心が5.5cm，衿先7.5cmで縫いとめる。盛夏用のゆかたは木綿布，縮は木綿縮や小千谷縮(麻織物)，上布は麻布，紗や絽は薄手の絹織物である。なお，女物だけでなく，男物についても理解しておきたい。一例として，男物の場合，女物のおはしょりの代わりは，「内あげ」となる。

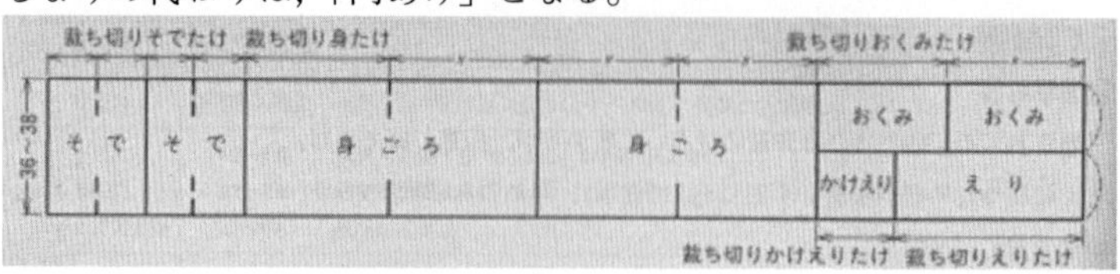

【5】(1) 子どものからだの発達には，頭からおしりへ，中心から周辺へと進んでいく方向性がある。からだの機能の発達には，手などの細かい動き(微細運動)では，初めは大きな動きしかなかったものが，しだいに細かい動きができるようになっていくという一定の順序性がある。 (2) 愛着の対象と他人の区別がないため，3か月頃までは，誰に対しても同じ反応をする。その後8か月頃までは，愛着の対象に対してはよく反応するが，見知らぬ人に対しては人見知りをするようになる。8か月以降3歳頃までは，母子分離不安を示し，3歳を過ぎると愛着の対象から離れても安心して過ごすことができるようになる。

〈解説〉(1) 子どものからだの発達は，中枢神経系の成熟と関連しており，一定の方向性と順序性を示す。方向性としては，「頭部からおしり」,「中心部から周辺部」に向かって発達する。順序性としては，体全体にかかわる運動にみられる。例えば，一人で歩くことができる過程では，「首かすわる(頭部)」→「お座りする(腰)」→「はいはいする(腕・脚)」→「ひとりで立つ(足)」という過程がある。また，肩や腕の筋肉運動が発達した後に，手指を使った微細運動ができるようになる。
(2) 子どもと親との絆を，愛着という。生後6か月を過ぎると親を追い求めるようになる。親に対する接近や接触を求める行動を，愛着行動という。成長とともに，子どもは親を安全地帯として，新しい場所や行動を求める。愛着形成が十分でないと，かえって親から離れられないこともある。

【6】(1) ア 東 イ 洋服ダンス ウ 窓(引き違い窓)
エ シングルベッド オ 机いす カ 浴室 キ 便所
ク 建築基準法 ケ 24時間換気設備 (2) LDKと2つの洋室から便所・洗面所へ行くことができるが，行き来するたびに，玄関の前を通り，玄関に来客があるときなどは，通りづらい。
(3) ① 日照…日照による適度な紫外線は人体の新陳代謝やビタミンDの生成を促進し，殺菌作用によって病原体を死滅させる保健衛生上の効果がある。また，建物を暖め，室温を高める効果がある。

② 通風・換気…通風は開口部の位置から，空気の流れを考え，空気のよどむ場所ができないようにするとよい。換気については，自然換気と機械換気があるが，換気をするときは，給気と排気を一体に考え，排気の時は意図的に，給気を心がける。　③ 騒音としゃ音…不必要に大きな音は健康に悪影響を及ぼすため，用途地域時間帯別の騒音環境基準が定められている。騒音防止には，壁・天井・床にしゃ音材や吸音材を使用し，厚い壁，二重窓，厚手のじゅうたんやカーテンが効果的である。　④ 冷房と暖房…体感温度は気温が同じでも，湿度・風・輻射熱により変化する。冷暖房中は暖かい空気は上部に，冷たい空気は下部にとどまり，上下の温度差が3～5℃以上になると不快に感じ，作業能率が低下するので，室内の気流を循環させ，上下の温度差を小さくするとよい。

〈解説〉(1) 平面図を読み取るためには，JIS(日本工業規格)の「平面表示記号」「家具設備表示記号」を理解しておくことが大切である。なお，建築基準法に基づくシックハウス対策として，新築住宅の機械換気が義務づけられているが，このほかホルムアルデヒド，シロアリ駆除剤に関する規制等もある。　(2) 動線とは，人が通ると思われる経路を線で表したもの。動線には，家事の動線，それぞれの部屋と居間や玄関を結ぶ動線，トイレや浴室に行く動線がある。動線は，一般に短い方がよいとされる。台所や居間など関連する部屋と部屋との動線を短くし，異なる動線を交差させないようにする。　(3) ① 日照は，太陽の光を受けること全般を指す。住まいや人への影響として，光の影響(可視光線)，熱の影響(赤外線)，保健・衛生上などの影響(紫外線)，心理的影響(心が晴れる)に大別できる。　② 自然換気とは，窓を開けて風を通すこと。機械換気とは，換気扇を回して空気の流れをつくること。通風とは，外から風を通すことである。空気を外に出すことが排気で，新しい空気を中に入れることを吸気という。　③ しゃ音とは，音を壁で遮り，反射させることによって，内部から外に伝わる音を小さくすることをいう。環境基本法に基づく「騒音環境基準」は，地域の類型，および基準値を昼間・夜間ごとに分けている。例えば，

AA(療養施設，社会福祉施設等が集合している地域)の場合，昼は50デシベル以下，夜間は40デシベル以下となっている。環境省の環境基準値表に目を通し，理解を深めておくこと。 ④ 室内の気温が適温で，上下温度差が2℃以内であれば，人は快適性を感じることができる。このため，国土交通省などでは，3℃以内であることを推奨している。

2018年度　実施問題

【中学校】

【１】繊維の種類と布の組織について，次の1～4の問いに答えよ。

1　次の＜写真＞は，天然繊維の原料を示したものである。＜資料＞は，＜写真＞①～④の繊維の特徴を示している。①～④の名称を答えよ。また，①～④の中で，最も吸水性が劣るものはどれか記号で答えよ。

＜写真＞

＜資料＞

①　水の中でもむと縮み，フェルト状になる。
②　しなやかで光沢がある。
③　体にまとわりつかず，涼しい。
④　じょうぶで，肌ざわりがよい。

2　次の＜表＞は，化学繊維の特徴を示したものである。(　①　)～(　④　)にあてはまる適切な記号(◎・○・△・×・低・中・高)を答えよ。

＜表＞

繊維の種類	ぬれたときの強度	防しわ性	アイロンの温度
ナイロン	（ ① ）	◎	低
ポリエステル	◎	（ ② ）	中
アクリル	◎	◎	（ ③ ）
レーヨン	×	（ ④ ）	中

◎性能がよい　○普通　△性能が劣る　×特に性能が劣る

3　異なる繊維を混ぜて用いることを混用という。混用の効果について，30字以内で説明せよ。

4　次の＜例＞は，織物(平織)の布の組織図である。織物(綾織)の組織図と編物(平編)の組織図を完成させよ。

＜例＞　織物(平織)

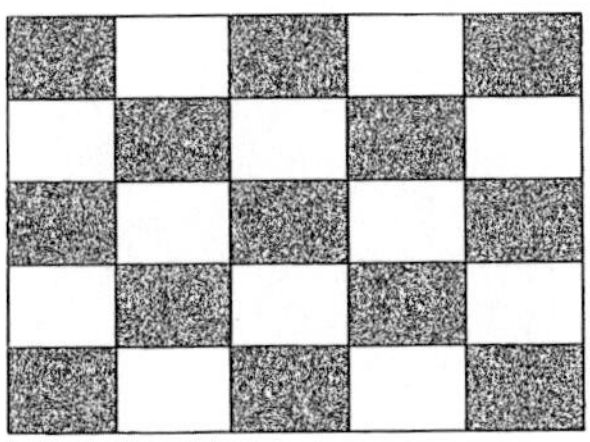

(☆☆☆☆◎◎◎)

【2】日本の伝統文化である和服について，次の1～4の問いに答えよ。

1　次の＜図1＞は，女性の着物の着方，＜図2＞は，男性の角帯の締め方を示したものである。①～②の名称と，③の締め方を答えよ。また，＜図3＞は，平安，奈良時代の貴族文化の時代に女性の最正装として用いられた衣裳である。この衣裳を何というか答えよ。

＜図1＞　　女性の着物の着方

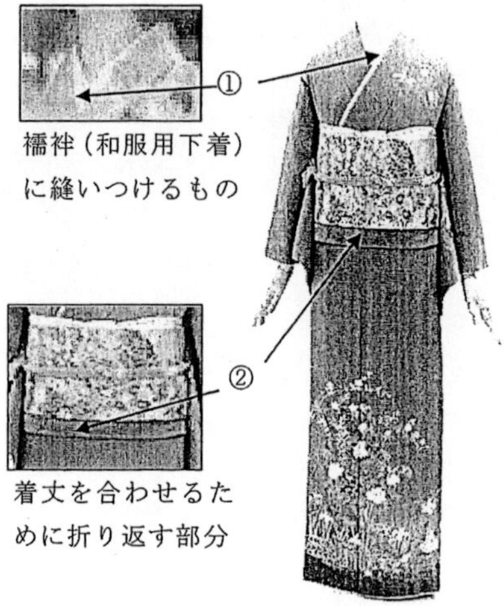

＜図2＞　男性の角帯の締め方

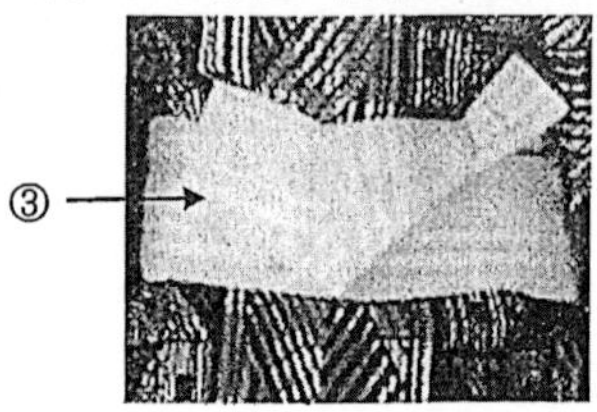

＜図3＞

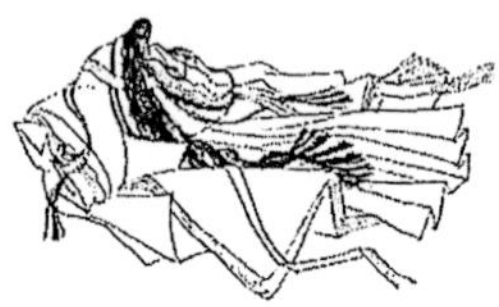

2　次の＜図4＞は，着物を仕立てる時の布の裁断図である。(　　)に共通する着物の部分の名称を答えよ。

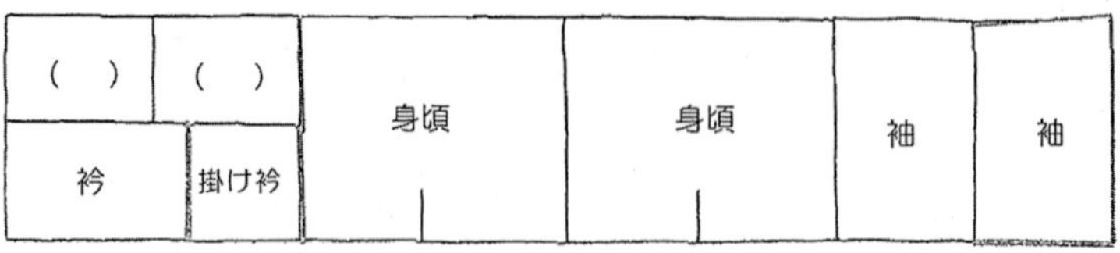

3　滋賀県の東近江市と長浜市は，染織物の生産地として有名である。それぞれの染織物の名称を答えよ。

4　次は着物の手入れの方法を説明したものである。何というか答えよ。

・10月上旬～11月上旬に行い，夏についた虫を取り除くのが目的である。 ・直射日光の当たらない風通しのよい部屋で行う。 ・かびやしみの点検をする。

(☆☆☆◎◎◎)

【3】食物の消化・吸収・代謝について，次の1～3の問いに答えよ。

1　次の＜表＞は，主な消化器官と消化酵素の働きを示したものである。(　①　)～(　⑤　)にあてはまる語句を答えよ。

＜表＞

消化器官	消化液	消化酵素	消化酵素の働き
口	だ液	だ液アミラーゼ	でんぷん　➡　麦芽糖
胃	胃液	(　①　) レンニン	たんぱく質　➡　ペプトン カゼインの凝固
十二指腸	(　②　)	アミロプシン トリプシン ステアプシン	でんぷん　➡　麦芽糖 たんぱく質　➡　ポリペプチド 中性脂肪　➡　脂肪酸とグリセロール
小腸	腸液	エレプシン マルターゼ 腸リパーゼ	ポリペプチド➡　(　③　) 麦芽糖　➡　(　④　) (　⑤　)　➡　脂肪酸とグリセロール

2　次のア～エは，栄養素の種類と働きについて述べたものである。正しいものはどれか，すべて記号で答えよ。

ア　炭水化物と無機質は，主として体内で燃焼してエネルギーになる。

イ　たんぱく質は，主として筋肉，血液などの体を構成する成分となるだけでなく，エネルギー源としても利用される。

ウ　食物繊維は，カルシウムや鉄などが含まれており，骨や歯や血液の成分となる働きがある。

エ　ビタミンには，A，B_1，B_2，C，Dなどの種類があり，いずれも体の調子を整える働きがある。

3　次の＜資料＞は，基礎代謝量と身体活動レベルの区分を表したものである。身体活動レベルがⅢ(高い)の18～29歳男性の場合の1日のエネルギー必要量を求めよ。

＜資料＞

基礎代謝量（kcal/日）

年齢（歳）	男性	女性
12～14	1,520	1,410
15～17	1,610	1,310
18～29	1,520	1,110

身体活動レベルの区分

身体活動区分	Ⅰ（低い）	Ⅱ（ふつう）	Ⅲ（高い）
身体活動レベル	1.5	1.75	2.00

(☆☆☆◎◎◎)

【4】日本の伝統的な正月の食文化について，次の1～3の問いに答えよ。

1　次の(1)～(3)は，正月を祝う縁起物の料理とされるおせち料理を説明したものである。料理名を下のア～カから選び記号で答えよ。

(1)　お祝の水引きをかたどったもの。

(2)　かたくちいわしの幼魚を干してつくった佃煮。豊作祈願の縁起物とされた。

(3)　色合いを黄金色に輝く財宝にたとえて，豊かな1年を願う。

ア　数の子　　イ　黒豆　　ウ　栗きんとん

エ　田づくり　　オ　紅白なます　　カ　昆布巻き

2　おせち料理は保存食として，その調理に工夫がされている。どのような工夫か答えよ。

3　昔から正月七日に七草がゆを食べて，無病息災を願う風習がある。次にあげる「春の七草」のうち，①～②を答えよ。

(　①　)・なずな・ごぎょう・はこべら・ほとけのざ・(　②　)・すずしろ

(☆☆☆◎◎◎)

【5】家族・家庭と子供の成長について，次の1～4の問いに答えよ。

1　幼児期の体と食生活の特徴について，「おやつ」「偏食」「水分」の3つの語句をすべて使って説明せよ。ただし，書き出しは，「幼児期の体の特徴は，」とすること。

2　次の＜資料＞は，文部科学省の幼児期運動指針(平成24年3月)の抜枠である。「3歳から4歳ごろ」「4歳から5歳ごろ」「5歳から6歳ごろ」のそれぞれの幼児に適した遊びを，下のア～オからそれぞれ1つ選び記号で答えよ。また，選んだ理由の根拠を<資料>から抜き出して答えよ。

<資料>

1)　3歳から4歳ごろ

基本的な動きが未熟な初期の段階から，日常生活や体を使った遊びの経験をもとに，次第に動き方が上手にできるようになっていく時期である。

この時期の幼児には，遊びの中で多様な動きが経験でき，自分から進んで何度も繰り返すことにおもしろさを感じることができるような環境の構成が重要になる。

2)　4歳から5歳ごろ

友達と一緒に運動することに楽しさを見いだし，また環境との関わり方や遊び方を工夫しながら，多くの動きを経験するようになる。特に全身のバランスをとる能力が発達し，身近にある用具を使って操作するような動きも上手になっていく。さらに遊びを発展させ，自分たちでルールや決まりを作ることにおもしろさを見いだしたり，大人が行う動きのまねをしたりすることに興味を示すようになる。

3)　5歳から6歳ごろ

無駄な動きや力みなどの過剰な動きが少なくなり，動き方が上手になっていく時期である。

友達と共通のイメージをもって遊んだり，目的に向かって集団で行動したり，友達と力を合わせたり役割を分担したりして遊ぶようになり，満足するまで取り組むようになる。それまでの知識や経験を生かし，工夫をして，遊びを発展させる姿も見られるようになる。

ア　なわ跳び　　イ　滑り台　　ウ　サッカー　　エ　人形劇

オ　積み木遊び

3　次の<資料>は，消費者庁に寄せられた遊具による子供の事故の情報のうちの受傷のきっかけ別(事故の原因)を表したものである。(平成21年9月から平成27年12月末日までの登録分)

(　　)にあてはまる原因を，下のア～ウから選び記号で答えよ。

<資料>

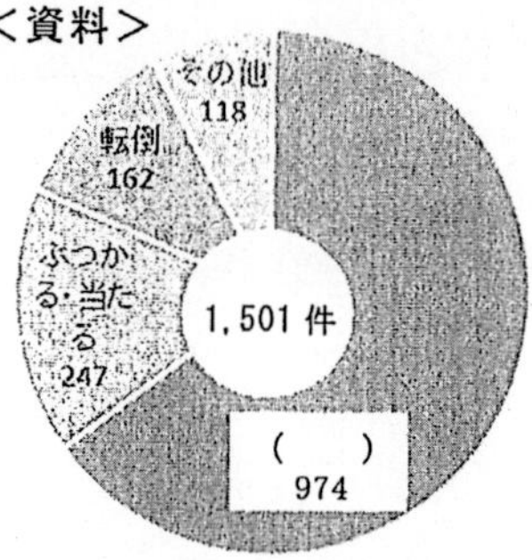

「遊具による子供の事故に御注意！」
消費者庁より抜粋(平成28年2月10日)

ア　飛び降り　　イ　はさむ　　ウ　転落

4　次の<図>は，オレンジリボン運動のシンボルマークである。オレンジリボン運動とはどのような運動か答えよ。

<図>

(☆☆☆◎◎◎)

【6】身近な消費生活と環境について，次の1～4の問いに答えよ。

1　支払い方法には，「前払い」「即時払い」「後払い」の3つがある。次のア～オは，3つの支払い方法のどれにあたるか。記号で答えよ。

ア　商品券　　　　　　イ　プリペイド型の電子マネー

ウ　クレジットカード　　エ　デビットカード

オ　図書カード

2　滋賀県庁が日本で初めて組織的な取組として始めた環境への負荷

が少ない商品を選択・購入することを何というか答えよ。

3　経済産業省の資源エネルギー庁が策定している「再生可能エネルギーの固定価格買取制度」では，再生可能エネルギーで発電した電気を，電力会社が一定価格で一定期間買い取ることを認めている。この制度の対象となる5つの再生可能エネルギーのうち，残りの3つを答えよ。

[対象となる再生可能エネルギー]

(　　)・(　　)・(　　)・地熱発電・水力発電

4　中学校学習指導要領解説技術・家庭編(平成20年9月)に示されている「内容D身近な消費生活と環境(1)イ」で指導することは，次のア～ウのどれか。記号で答えよ。

ア　中学生にかかわりの深い通信販売や訪問販売の特徴について

イ　消費者の基本的な権利と責任について

ウ　環境に配慮した消費生活が循環型社会を形成する基盤となることについて

(☆☆☆☆◎◎◎)

【7】衣生活・住生活と自立について，次の1～2の問いに答えよ。

1　次の<図>は，リビングを壁で仕切らないLDKの間取り図である。<図>に，壁と戸をフリーハンドで描いて，2LDKの間取りにせよ。ただし，壁は，図と同様に太線で描くこと。戸は，扉でも引き戸でもよいこととする。

<図>

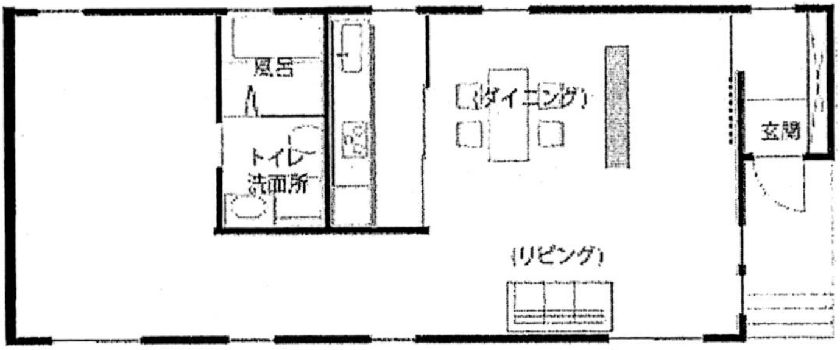

2　中学校学習指導要領解説技術・家庭編(平成20年9月)，に示されている「内容C衣生活・住生活と自立(2)ア」の指導にあたっては，住空間と生活行為とのかかわりを考えさせるために，上空から見下ろしたような簡単な図を活用して住空間を想像しやすくすることが必要である。この図を何というか答えよ。

(☆☆☆◎◎◎)

【8】次の＜図1＞は，幼児用のスモックを制作するための「布の裁ち方」と「出来上がり図」と「ポケットの拡大図」である。1～4の問いに答えよ。

＜図1＞

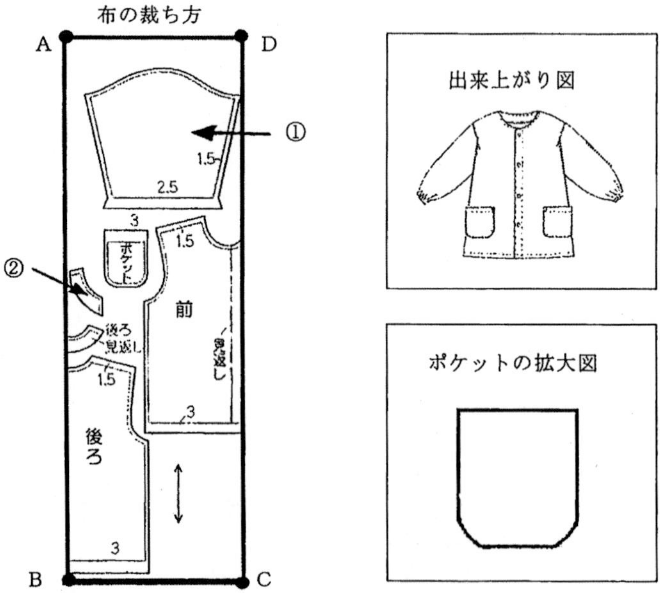

1　＜図1＞「布の裁ち方」の①～②は何の型紙か名称を答えよ。

2　＜図1＞「布の裁ち方」の点A，点B，点C，点Dを線で結んでできた長方形は，必要な布の量の2分の1の大きさである。線A－Bを何というか答えよ。

3　＜図1＞「ポケットの拡大図」のような角の丸いポケットを作る時は，縫い代にぐし縫いをする。図のどこをぐし縫いするか，図中に点線で表しなさい。

4　次の＜図2＞のミシン縫いを何縫いというか答えよ。

＜図2＞

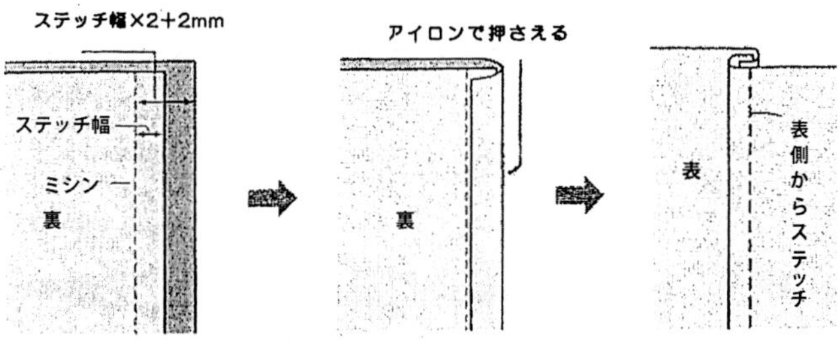

(☆☆☆☆◎◎◎)

【高等学校】

【1】次の[A]～[C]の文章を読んで(1)～(14)の問いに答えなさい。

[A]　油脂の性質は，油脂を構成する(　ア　)の種類(炭素数や二重結合の数)によって異なる。室温で(　イ　)のものを油，(　ウ　)のものを脂と区別し，油は脂に比べて(　エ　)の比率が(　オ　)。

揚げ物，妙め物などに用いる油脂は，風味があり，熱に対する(　カ　)が高く，a<u>劣化</u>しにくいことが必要である。サラダ油として用いる油脂は，(　キ　)のしやすさ，製菓用の油脂は，b<u>ショートニング性</u>・c<u>クリーミング性</u>・(　キ　)性などが要求される。

[B]　油の中で食品を加熱する操作を「揚げる」という。加熱中，油に接している材料からd＿＿＿＿＿＿＿＿。揚げ加熱は，通常短時間加熱である。

利用する油の温度は120℃～200℃であるが，たとえば，e<u>いもや，骨つき鶏肉のから揚げなどの場合は比較的低温で揚げる</u>。材料の水分が少なくなるほど，揚げ物はからりとする。

[C]　子どもの日は，端午の節句または(　ク　)と呼ばれ，子どものすこやかな成長を願う日であり，次のようなメニューを用意した。

メニュー：鶏のから揚げ・コーンポタージュ・ トマトと卵のファルシー・かしわもち

作り方

鶏のから揚げ

① 鶏肉は骨付きのまま5cmくらいのぶつ切りにし，ボールに入れる。しょうが汁・酒・しょうゆを加えてよく混ぜ，30分つけておく。

② ①のつけ汁の水気を切り，片栗粉をまぶしておく。

③ 中華なべに油を入れ，175℃になったら鶏肉を入れて軽く揚げ，バットに取り出す。

④ 一度揚げた③の鶏肉を再び温度を上げたなべに入れ，きつね色になるまで，f二度揚げする。

⑤ つけ合わせのブロッコリーをゆでてざるに上げる。

⑥ サラダ菜を敷いた上にから揚げを盛り，⑤のブロッコリーをそえる。

コーンポタージュ

① クリームコーンを裏ごしする。

② gホワイトルウをつくる。

③ ②に温めたスープストックを少しずつ加え，ダマにならないようにていねいにのばす。

④ ③に①のクリームコーンと牛乳を加え，煮立てない程度に温め，塩・こしょうで調味して火をとめる。

⑤ クルトンをつくる。

⑥ 温めたスープ皿に④を盛り，クルトンを飾る。

hトマトと卵のファルシー　(略)

iかしわもち

① j上新粉を熱湯でこねて小さくちぎり，半透明になるまで20分蒸す。

② ①をふきんに包み，一度水のなかに入れ，ふきんの外からよくこねる。

③ すり鉢に移し，k水と片栗分を加え，すりこぎで練る。

④　③を丸めてだ円形にのばす。中央に丸めたあんをおき，二つ折りにする。卵を横にしたような形にととのえ，かしわの葉で包み，3～4分蒸す。

《あずきこしあんのつくり方》

①　あずきの分量の約3倍の水を加えて火にかけ，沸騰したら約50～100mlの冷水を入れ，再び沸騰したら火からおろしてざるに上げて水を注ぎ，1しぶ切りをする。

②　①をなべに移し，約3倍の水を加えてやわらかくなるまで40～50分煮る。

③　②をすり鉢ですり，裏ごし器にかけて皮とあんに分ける。

④　あんを水洗いして，こし袋に入れてかたくしぼり，生あんをつくる。

⑤　なべに生あん・砂糖・塩を入れて火にかけ，木べらから落ちなくなるまでよく練り上げる。

(1)　文中の空欄(　ア　)～(　ク　)にあてはまる適切な語句を答えなさい。

(2)　a劣化とは油脂の状態が具体的にどのようになることか，3つあげなさい。

(3)　bショートニング性とは，どのような性質か，説明しなさい。

(4)　cクリーミング性とは，どのような性質か，説明しなさい。

(5)　「揚げる」ことによって材料にはどのような変化が起きるか，文中のd＿＿＿＿＿にあてはまる適切な語句を答えなさい。

(6)　eいもや，骨つき鶏肉のから揚げなどの場合は比的低温で揚げる。とあるが，いもを低温で揚げる理由を説明しなさい。

(7)　f二度揚げをするのはなぜか説明しなさい。

(8)　油を加熱する際，温度を見分けるために水分をふきとったさいばしを用いるが，140℃以下，170℃，180℃それぞれの見分け方を説明しなさい。

(9)　gホワイトルウのつくり方を説明しなさい。

(10)　hトマトと卵のファルシーとはどのような料理か説明しなさい。

(11)　端午の節句には$_{i}$かしわもちが食されるが，その由来を説明しなさい。

(12)　$_{j}$上新粉とは何か，説明しなさい。

(13)　$_{k}$水と片栗粉を加えとあるが，片栗粉を加える理由を説明しなさい。

(14)　$_{l}$しぶ切りとは何か，また，しぶ切りの効果について説明しなさい。

(☆☆☆☆◎◎◎)

【2】次の文章を読んで各問いに答えなさい。

〈型紙〉衣服の展開図を平面上に書いたものを型紙といい，型紙をもとにして衣服製作を行う。型紙をつくる方法は，人体や人台に直接布を当ててつくる(　①　)と，デザインに応じて製図する(　②　)がある。市販の型紙を用いる場合は，上衣は(　③　)を，下衣は(　④　)をもとにして，自分に近いものを選択する。

〈裁断・しるしつけ〉机の上に布を(　⑤　)にして置き，その上に型紙を置く。このとき，型紙の(　⑥　)と布の(　⑦　)が平行になるように配置する。型紙をまち針でとめて，必要な縫い代分をとり，チャコペーパーとルレットなどで縫い代線のしるしつけをする。この縫い代線にそって，裁ちばさみで裁断していく。裁断は失敗しないように十分注意して行う。縫い目線(できあがり線)のしるしつけは，布の(　⑧　)につくように行う。前中心，後ろ中心，ボタン，ポケットの位置，合い印，タックなども忘れずにしるしをつける。

〈仮縫い・試着〉仮縫いは必要に応じて，(　⑨　)であらく縫い，縫い終えたら一度試着してみる。このとき，からだを動かしてみて，適度なゆとりがあるかどうかも確かめる。たるみやつれなどの問題があれば，(　⑩　)をする。

(1)　文中の空欄(　①　)～(　⑩　)にあてはまる適切な語句を答えなさい。

(2)　チェスト，バスト，ヒップ，そでたけの採寸のしかたを説明しなさい。

(3) セミタイトスカートを作る際の用布の見積りについて，ア～ウの計算式を答えなさい。

ア 表布として90cm幅の布を用いる場合

イ 表布として140cm幅の布を用いる場合

ウ 裏布として90cm幅の布を用いる場合

(4) 地なおしとは何か，説明しなさい。また，綿織物の地なおしの方法を説明しなさい。

(5) 次のア～ウの場合について，布の表と裏のみわけ方を説明しなさい。

ア 織組織で判断する場合

イ 染色・模様・光沢・毛羽立ちで判断する場合

ウ 仕上げから判断する場合

(6) 綿織物の普通地(ブロード，ギンガム，サッカーなど)を縫う時，ミシン針，メリケン針の適切な太さを答えなさい。

(7) 糸の太さの単位について説明しなさい。

(8) 2枚の布を縫い合わせるために，5本のまち針を用いて布をとめる。まち針を打つ順番，位置，向き，留意点について図と文で説明しなさい。

(☆☆☆☆◎◎◎)

【3】次の各問いに答えなさい。

(1) 子どもは，遊びのなかで身体的にも精神的にも発達していく。次の表は遊びの種類を年齢順にまとめたものである。①～⑪にあてはまる語句を答えなさい。

遊びの種類	時　期	内　容	具体例
①	④	目・耳・触覚を使って楽しむ遊び。	⑧
運動遊び	乳児期から幼児期まで	手足を動かし楽しむことからはじまり、年齢とともに獲得した運動能力を発揮すること自体を楽しむ遊び。	⑨
②	⑤	外界からのはたらきかけを受け入れ、楽しむ遊び。	⑩
③	2歳ころから5～6歳ころまで	⑦	ごっこ遊び（おうちごっこ・お医者さんごっこ）
構成的な遊び	⑥	さまざまな素材を用いて、ものを組み立てたりつくり出したりする遊び。	⑪

(2)　成熟した新生児のおよその平均身長，平均体重を答えなさい。また，1歳になると身長，体重は出生時の約何倍になるか，答えなさい。

(3)　愛着とは何か，説明しなさい。

(4)　親とのアタッチメントが形成されたことを具体的に示す子どもの行動の例を2つあげなさい。

(5)　乳児期に見られる探索行動とは何か，説明しなさい。

(6)　人間の成長には3つの間が必要であるといわれているが，近年はこの3つの間が変化し子どもの遊びは大きく変化したといわれている。3つの間とは何かを具体的に示し，どのように変化したのか，説明しなさい。

(7)　親権制限制度とは何か，説明しなさい。

(☆☆☆☆◎◎◎)

【4】住空間を快適にするには，生活の機能に応じた住空間を用意しなければならない。4つの空間をあげ，それぞれの機能について説明しなさい。

(☆☆☆◎◎◎)

解答・解説

【中学校】

【1】1 ① 毛(羊毛) ② 繭(絹) ③ 麻(苧麻) ④ 綿(綿花) 最も吸水性が劣るもの…② 2 ① ◎ ② ◎ ③ 低 ④ △ 3 それぞれの繊維の性質の長所を生かして短所を補うことができる。

4 織物(綾織)の組織図 編物(平編)の組織図

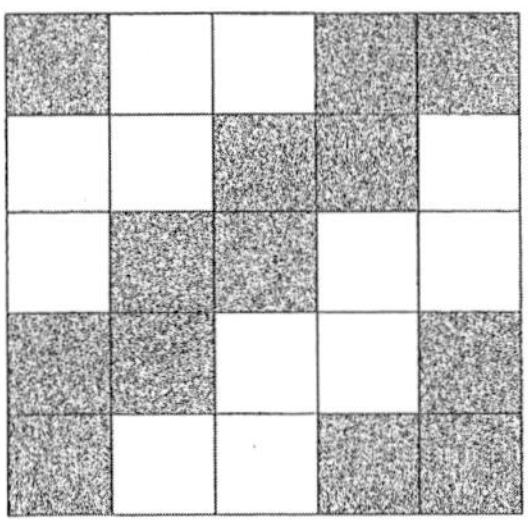

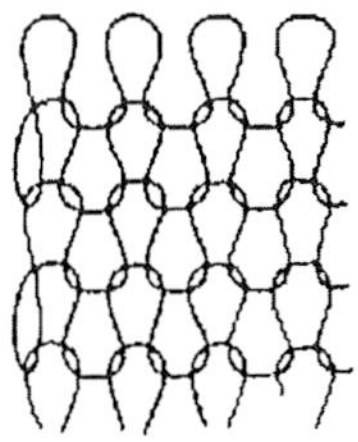

〈解説〉1 吸水性とは，繊維と繊維の隙間に水分が毛細管現象により浸透し，吸収される性質のこと。植物繊維である綿は，中空繊維であり，吸水性が高い。動物繊維である羊毛は，繊維表面の鱗片が水を弾く性質を持っているので，吸水性は低い。絹の繊維断面は三角形に近く，隙間ができにくく，水分が浸透しにくい。 2 ぬれた時の引っ張りの強さは，化学繊維では，レーヨン，アセテートなどは弱い。ナイロンに次いでポリエステルが強い。防しわ性は，一定の伸びに対して回復する割合であり，伸長弾性率の大きい毛や合成繊維では大きい。綿・麻・レーヨンなどのセルロース系繊維は防しわ性は小さい。アイロンの温度は，天然繊維は高温であるが，化学繊維では，アクリル，ナイロン，アセテートは低温，ポリエステル，レーヨン，キュプラは中温で使用する。 3 混用率を，綿45.55%，ポリエステル40.5%，ナイロン14.0%などと表示している。 4 綾織には，綿を主な繊維とするデニム，毛を主な繊維とするサージ，ツイードがある。

【2】1　①　半衿　　②　おはしょり　　③　締め方…貝の口　　図3…唐衣裳(からぎぬも)，十二単　　2　衽　　3　東近江市…近江上布　長浜市…浜縮緬(長浜縮緬)　　4　虫干し

〈解説〉1　②　着丈より25～30cm長く身丈をとって仕立てているため，その分を腰のところで折って着装することになる。　③　十二単は，平安時代の中期に完成した女房装束で，成人女性の正装である。宮中などの公の場で晴れの装いとして着用された。　3　近江上布は，琵琶湖の水で麻を晒して染色した夏用高級着尺地で，絣模様の麻織物である。浜縮緬は，着尺地のほか，帯地・羽尺地・コート地・和装小物など，和服に欠かすことのできない織物である。丹後縮緬とともに，縮緬二大産地にあげられる。　4　虫干しは，空気が乾燥しているときに行う。晴天が2日以上続いた湿度が低い日を選び，半日程度を目安に風通しがよい部屋で陰干しする。

【3】1　①　ペプシン　　②　すい液　　③　アミノ酸　　④　ブドウ糖　　⑤　脂肪(脂質)　　2　イ，エ　　3　3,040kcal/日

〈解説〉1　食べたものは栄養素を体の中に取り入れるために，消化管から吸収されている。水，ぶどう糖，ビタミンなどはそのまま吸収されるが，でんぷん，脂質，たんぱく質は，消化酵素により分解され，小さい分子になってから吸収される。この過程を消化という。　2　アは，無機質ではなく脂質，ウは，食物繊維ではなく無機質である。　3　1,520〔kcal〕×2.00＝3,040〔kcal〕である。

【4】1　(1)　オ　　(2)　エ　　(3)　ウ　　2　砂糖づけ・酢づけ・塩づけ・乾燥・加熱調理　　3　①　せり(すずな・かぶ)　　②　すずな(せり・かぶ)

〈解説〉1　解答以外で，数の子は，子宝に恵まれ子孫繁栄を願うもの。黒豆は，まめに(勤勉に)働き，まめに(丈夫で元気に)暮らせるようにと，邪気を払い，無病息災を願うもの。昆布巻きは，養老昆布＝喜ぶにかけて，不老長寿とお祝いの縁起物とされる。　2　正月三が日は主婦

を家事から解放するという意味で，保存がきく食材が中心のものになったといわれる。また，正月に火を使うことをできるだけ避ける，という物忌みの意味も含む。　3　それぞれ，せりは，競り勝つ。なずなは，撫でて汚れを除く。ごぎょうは，仏体。はこべらは，反映がはびこる。ほとけのざは，仏の安座。すずな(かぶ)は，神を呼ぶ鈴。すずしろ(大根)は，汚れのない精白という意味である。なお，七草がゆでは，すずなとすずしろは，葉の部分を，なずなは花芽をもつ前の若芽を利用する。

【5】1　幼児期の体の特徴は，胃が小さいことと新陳代謝が活発なことである。そのため1食で必要な栄養を摂ることができないので，おやつで果物などを摂って栄養を補ったり，頻繁に汗をかくので，水分を補給したりする必要がある。また，幼児期は好き嫌いが身につく時期であるため，偏食にならないよう食事を楽しめる雰囲気づくりをする。　2　3歳から4歳ごろの遊び…イ，オ　　選んだ理由…自分から遊んで何度も繰り返すことに面白さを感じる。　　4歳から5歳ごろの遊び…ア，ウ　　選んだ理由…友達と一緒に運動することに楽しさを見いだす。　　5歳から6歳ごろの遊び…ウ　　選んだ理由…目的に向かって集団で行動する。友達と力を合わせたり役割を分担したりして遊ぶ。　3　ウ　　4　子ども虐待防止(児童虐待防止)

〈解説〉1　幼児期は運動量が急激に増え，多くの栄養を必要とする。しかし，幼児の胃が小さいこと，大人と比べると消化吸収機能が未熟であることなどから，3度の食事で摂取する量や栄養が限られてしまいます。そこで，間食としておやつが必要となる。　2　遊びの種類は，3歳頃から様々な材料を使い，新しい物を構成することを楽しむ構成遊び，4～5歳頃からゲームやスポーツなど規則のある遊びを仲間と楽しむ集団遊びがみられる。遊びの形態は，3歳頃からは，同じことをしていても別々に遊んでいる並行(平行)遊び，4歳頃からは，数人でやり取りしながら一緒に遊ぶ連合遊び，5歳頃からは，役割分担をし，ルールをもって一緒に遊ぶ協同遊びに分類できる。　3　事故の多い遊具は，滑り台，ブランコ，鉄棒，ジャングルジムである。また，6歳以下の幼児の事故が約7割を占めている。　4　児童虐待には，身体的虐待，性的虐待，育児放棄，心理的虐待の4種類がある。

【6】1　前払い…ア，イ，オ　　即時払い…エ　　後払い…ウ　　2　グリーン購入　　3　太陽光発電　　風力発電　　バイオマス発電　　4　ア

〈解説〉1　電子マネーの普及により，キャッシュレス化が進み，さまざまなカードでの支払いが行えるようになってきた。デビットカードは，商品を購入した時に口座からそのままお金が引き落としされるカード。1回払いのみ(リボ・分割などは不可)で，利用可能金額は預金口座の残高および利用限度額の範囲内である。　2　滋賀県は，平成6(1994)年9月，全国にさきがけて，「滋賀県環境にやさしい物品の購入基本指針」を策定し，「環境対応製品推奨リスト」を作成し，グリーン購入を率先して実行している。グリーン購入とは，具体的には，使うときに長く大切に使えるものを選ぶ，買う前に必要かどうかを考える，使い終えたときにごみが少なくなるものを選ぶ，というように，環境を考えてつくられたものを選んで購入する活動のこと。この活動は環境にやさしいだけでなく，供給側の企業に環境負荷の少ない製品の開発を促すことにもなり，経済活動全体を変えていく可能性を持つといわれている。　3　再生可能エネルギーとは，「エネルギー源として永続的に利用することができると認められるもの」と法律(エネルギー供給構造高度化法)で定められている。資源が枯渇せず繰り返し使え，発電時や熱利用時に地球温暖化の原因となる二酸化炭素をほとんど排出しないエネルギーである。　4　ア　販売方法，購入方法など，中学生の身近な事例を取り上げ主体的な消費行動につながるよう指導することが示されている。イ，ウはいずれも高等学校での指導内容である。

【7】1

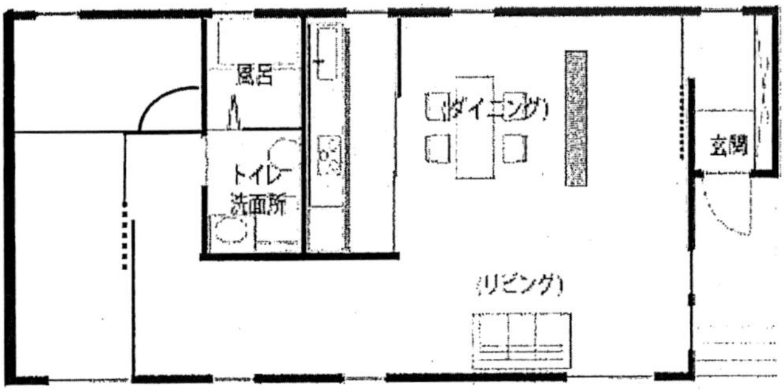

2　鳥瞰図

〈解説〉1　2LDKとは，2つの居室，リビング(L)，ダイニング(D)，キッチン(K)の間取りを示す。問題の〈図〉から，トイレ，洗面所の出入り口に注目する。この出入口に向かって通路すなわち廊下が一般的に必要である(高齢者向けの居室を考える際は別)。通路の幅は普通900mmであるが，この問題で寸法を度外視するなら，下図のような間取りも考えられる。

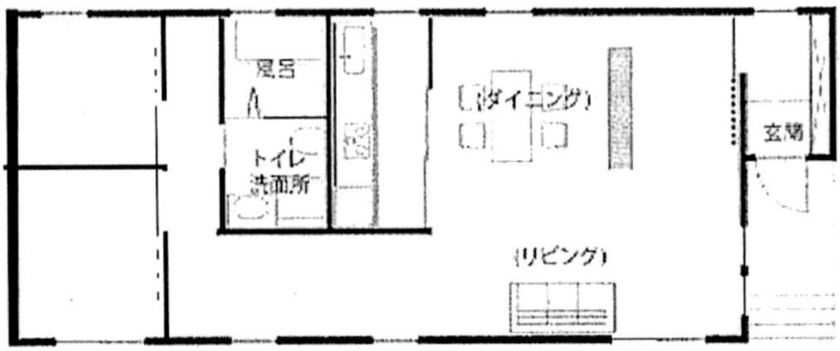

2　鳥瞰図は高い視点位置からの透視図。俯瞰図ともいう。

【8】1　①　袖　②　前見返し　2　わ

3

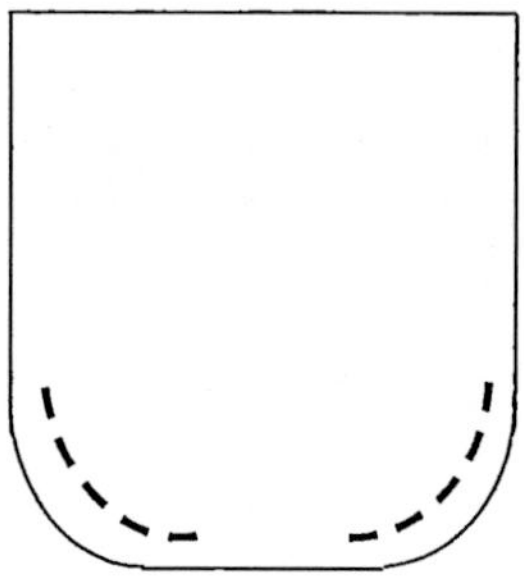

4　折り伏せ縫い

〈解説〉3　ぐし縫いは，いせる時やカーブの形をきれいに出す時に，しつけ糸を2本どりにしてカーブにギャザーをよせ，丸みを作り出す方法。　4　折り伏せ縫いは，表からステッチをかけることによって，縫いしろの始末をする方法で，パジャマ・シャツブラウス・レインコート・作業着・スラックス・かっぽう着・下着などのように，丈夫さが要求される種類のものに用いられる。

【高等学校】

【1】(1)　ア　脂肪酸　　イ　液状(液体)　　ウ　固体　　エ　不飽和脂肪酸　　オ　高い　　カ　安定性　　キ　乳化　　ク　菖蒲の節句　(2)　「褐色に色づく，泡立つ，粘りがでる，不快臭がする」などのうち3つ　　(3)　ショートニング性とは，油脂が粉練り菓子に混ぜられた場合，ビスケットなどのように，もろく，砕けやすい性質を与えることをいう。　　(4)　クリーミング性とは，油脂をかくはんした場合に空気を抱き込む性質をいい，バタークリームやパウンドケーキを作るときに要求される性質をいう。　　(5)　脱水が起こり，代わりに油が吸着する。　　(6)　いもは主成分がでんぷんであり糊化に時間がかかるため。　　(7)　油切れがよくからりと揚がり，味や歯ざわりがよくなる。　　(8)　140℃以下は，はしを入れても泡が立たない。170℃は，はしを入れると小さな泡が立ち，180℃は，はしを入れると大き

な泡が立つ。　(9)　厚手のなべにバターをとかし，弱火にしてバターの水分を蒸発させ，バターと同量の小麦粉を加えてこがさないように炒める。　(10)　ファルシーとは詰め物という意味のフランス語で，この場合トマトの中をくり抜き，種と実を取って，その中に具を入れる料理である。　(11)　柏の葉は，新芽が育つまで枯れないので，子孫繁栄の縁起をかついだものといわれている。　(12)　うるち米を洗って乾燥させたのち，粉にしたものである。　(13)　上新粉のだんごは，こねればこねるほど弾力が減り，軟らかくなる。でんぷんを混ぜるとほどよい硬さになり，つくりやすい。　(14)　しぶ切りとは，あずきなどを煮る際に，沸騰したゆで汁に水をさし，再び沸騰したところで火からおろし，ざるにあげて汁を捨て，上からあずきに水をそそぐことによって，ゆで汁にとけ出したあくや渋味の成分を洗い流すことであり，これによって苦みをおさえ，色をきれいに出すことができる。

〈解説〉(1)　肉類，魚介類，種実類などの食品に含まれる脂質だけを抽出したものが油脂類である。油脂類は，常温で液体状の油(不飽和脂肪酸が多い)，固体状の脂(飽和脂肪酸が多い)に分類される。　(3)　ショートニングは，植物性・動物性の油脂を原料とする加工脂。クッキー，パイなどの生地に練りこむとグルテン形成を抑制し，食感がサクサクする。　(4)　一般的に，植物性油脂の方が優れたクリーミング性を示す。　(5)　揚げる前のころもは60％程度の水分を含んでいるが，揚げ終わると約30％以下になる。水分が蒸発した部分が油におきかわっていく。　(6)　材料に火が通りにくいものは低温(約160℃)，肉や魚などのたんぱく質は，長時間の加熱で固くなるので，高温(約180℃)で，短時間で揚げる。　(7)　二度揚げは，最初に低温で揚げ，次に高温で揚げる。鶏などのように大きいものを揚げるときは，一度油に入れて外側を焦がさないように，あまり高くない140℃程度で揚げ，一度取り出してしばらく置き，表面の熱を内部に伝え，中まで火を通し，もう一度，170℃程度で揚げると，表面がパリパリし焦げ色もつく。

(8)　衣がある場合は，少量を油の中に落とし温度を見分けることができる。150～160℃では，衣は底まで沈み，ゆっくり上がってくる。170～180℃では，衣は途中まで沈み浮き上がってくる。　(9)　小麦粉を同量のバターで炒め，牛乳でのばしたものがホワイトルー。ホワイトシチューやグラタンに使用する。　(10)　ファルシーは，卵，野菜(ピーマン，ズッキーニ，パプリカなど)や肉・魚に別の食材を詰めた料理である。　(11)　柏の葉の特性から「子供が産まれるまで親は死なない」つまり，「家系が途絶えない」という縁起に結びつき，「子孫繁栄」につながるとされた。　(12)　白玉粉は，もち米を水洗いして，石うすで水びき(水をかけながら，石臼ですりつぶ)し，沈殿物を乾燥させたものである。白玉団子，桜餅，大福などに用いられる。

(13)　片栗粉の原料は，現在ほとんどジャガイモで，成分はデンプンである。　(14)　あくや渋みの成分は，タンニン，ポリフェノールなどである。なお，沸騰したゆで汁に水をさすことをびっくり水という。温度を急激に下げることで豆は水を吸いやすくなる。

【2】(1)　①　立体裁断法　②　平面製図法　③　胸囲寸法　④　腰囲寸法　⑤　中表　⑥　布目線　⑦　耳　⑧　裏面　⑨　しつけ糸　⑩　補正　(2)　チェスト…腕のつけね，上半身のもっとも太いところを水平にして一周測る。　バスト…胸のもっとも高いところを水平にして一周測る。　ヒップ…腰のもっとも太いところを水平にして一周測る。　そでたけ…肩先から手のくるぶしまでの長さを，腕を軽く曲げて測る。　(3)　ア　{スカートたけ＋縫いしろ(10cm)}×2　イ　スカートたけ＋縫いしろ(10cm)

ウ　スカートたけ×2＋縫いしろ(5cm)　(4)　地なおしとは…裁断前に布のゆがみ・つれ・しわを正す，洗濯による収縮をふせぐなど布地をととのえること。　綿織物の地なおしの方法…1時間水につけ，軽く水けをきって布目がまっすぐになるようにさおに干す。生乾きの状態で，裏側から布目にそってアイロンをかける。　(5)　ア　織組織で判断する場合…斜文織の表は，たて糸が多くあらわれているほうを，また，斜文がふつう右上から左下に流れているほうを表とする。

平織の場合は，全体にきれいでつやのあるほうを表とする。
イ　染色・模様・光沢・毛羽立ちで判断する場合…両面で比較し，よりはっきりしているほうを表とする。　ウ　仕上げから判断する場合…布地の耳に商標名などがある場合は，はっきり読めるほうが表である。ダブル幅の布地は，二つ折りにして巻かれた中側が表である。
(6)　ミシン針…11番　　メリケン針…8番　　(7)　糸の太さの単位には，番手とデニールがある。番手は一定の重量の糸の長さをあらわし，デニールは一定の長さの糸の重さを表している。　(8)　・縫目に対して直角にとめる。　・端→中心→間を等間隔にとめる。

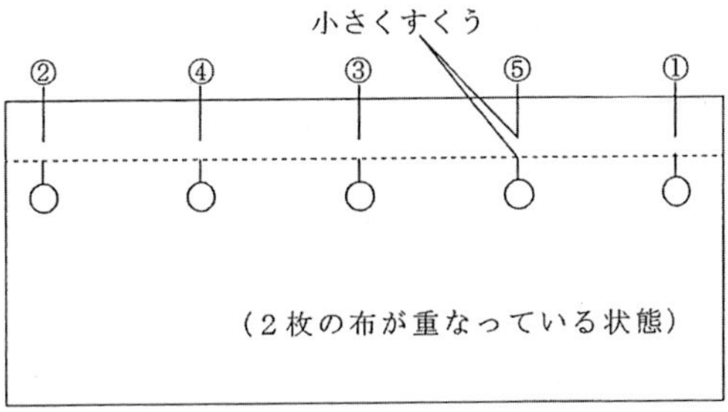

〈解説〉(1)　②の平面製図法には，原型やかこみ製図がある。市販の型紙を利用する場合は，シャツなどの上衣は胸囲と背肩幅，パンツ・スカートなどの下衣は腰囲と胴囲の寸法を基準に選ぶ。　(3)　イでは，スカートたけによってベルト布が裁断できない場合もあるので注意する。　(4)　天然繊維の綿や麻などは，地なおしによって，布地を正しく裁断することができ，着用後の型崩れを防ぐこともできる。
(5)　その他，ウールなどの生地でダブル幅のものは，通常中表にたたまれている。　(6)　手縫い針には，和針と洋針(メリケン針)の2種類がある。どちらも，数字が小さいほど太く，大きいほど細くなる。メリケン針には長針と短針がある。「三ノ五」のように数字が書かれている和針は，最初の数字が太さ，後の数字が長さを表す。ボタン付けやスカートの裾まつりは，三ノ五，三ノ四，メリケン針6～7号長針など太く長い針を使用する。バイアステープ，パッチワーク，アップリケをまつるときなどは四ノ一，四ノ二，メリケン針9号短針など細く短

い針を使用する。　(7)　番手は恒重式，デニールは恒長式といわれる。1番手として，綿糸の場合，1ポンド(453.6g)で840ヤード(768.1m)などとなる。また，1デニールは9,000mで1gあるもののことである。
(8)　すくうときは，深くすくいすぎないよう，1～2mm程度とする。

【3】(1)　①　感覚遊び　②　受容遊び　③　想像遊び(模倣遊び)　④　生後2～3か月から2歳ころまで　⑤　1歳前後から幼児期まで　⑥　2歳ころから幼児期まで　⑦　身辺の生活を模倣したり，体験したことがらを自分なりに組み立てて再現する遊び。　⑧　ガラガラ(ティッシュペーパーを箱から出す・何でも口に入れる)　⑨　手おし車(追いかけっこ・ブランコなどの遊具・ボール遊び)など
⑩　お話(絵本・音楽・映像)など　⑪　積み木(粘土・絵画・折り紙・工作・泥だんごつくり・砂場遊び)　(2)　新生児の平均身長…約50cm　新生児の平均体重…約3kg　1歳児の身長…約1.5倍　1歳児の体重…約3倍　(3)　信頼感に基づいた他者との心理的な絆のことで，生涯にわたる人間関係の基礎となる。　(4)　・顔がみえなくなると泣き出す，親の後を追う。　・泣いているときに，他の人ではだめでも親があやすと泣きやむ。　(5)　乳児は，生後10か月前後になると，はいはいや伝い歩きなどによって移動し，なんでもなめてみたり引っ張り出したりするなど，好奇心から自分と周囲とのかかわりを求めて行う行動。　(6)　3つの間とは時間，空間，仲間である。例　(時間については，昔の子供たちは日が暮れるまで遊ぶのが普通だったが，今では習い事に通い，遊びの時間が減少し，小さいうちからタイムスケジュールに沿った生活をする子どもが増えている。空間については，都市部を中心に，空き地などの遊び場が減少している。これにより，子供が自然とふれ合う機会が減少しており，体力の低下などの原因となっているとされる。仲間については，きょうだいや子どもの数が減っていることに加え，習い事などにより仲間と時間が合わず，ひとりで遊ぶ子どもが増えている。インターネットなどの普及もひとり遊びに拍車をかけており，コミュニケーション能力が低下する

といわれている。)　(7)　平成24年4月から民法が改正され，親権制限制度が始まり，親権は「子どもの利益のため」であると明記され，子どもの利益が害されたとき，今までの「親権喪失」の前に，最長2年間の「親権停止」が可能となった。このことにより，親権停止中に虐待した親や家庭環境を改善し，親子の再統合を図ることができるようになった。

〈解説〉(3)・(4)　愛着はアタッチメントともいう。イギリスのボウルビィが提唱した考え方である。親など特定の人との間に結ばれる愛情に基づいた絆により，心の発達は促される。自分の世話をしてくれる人を区別するようになり，接触を求めようとするなど，他の人とは違う行動＝愛着行動を示すようになる。　(6)　子どもたちが，楽しく遊ぶためには「遊び時間」「遊び空間」「遊び仲間」という「3つの間」の条件が重要である。遊ぶためにたっぷり時間をとれること，遊ぶ場所を自由に選べること，そしてその遊びを一緒に楽しめるさまざまな仲間が存在することである。しかし，都市化に伴い自然や遊び場が減少し，また，少子化に伴って兄弟・友達も減少，一方で学習塾へ通う子どもも増加している。仲間と遊びたくても遊べない環境に加え，科学技術の発達により，ゲーム，パソコンなど遊びの内容も変化している。このように，子どもを取り巻く環境は大きく変化しているといえる。(参考資料：山梨大学大学院教育学研究科教授　中村和彦　“遊び”が子どもを育てる　第2回　3つの「間」を失って，弱くなった子ども www.tokaiedu.co.jp/kamome/contents.より)　(7)　児童虐待が深刻な社会問題となっているが，児童虐待を行う親への対応としては親権喪失制度があった。しかし，要件も効果も重く，活用しにくいと指摘されていた。児童虐待のように親権の行使が不適切な場合には，必要に応じ，適切に親権を制限することができるようにする必要があったこと，また，親権を制限した後には，親権者に代わって子の身の回りの世話や財産の管理を行う適任者の確保が必要であったこと，などを背景として，児童虐待の防止等を図り，児童の権利利益を擁護するために改正された。

【4】

空　間	機　能
個人生活の空間	夫婦の寝室、子ども室および高齢者室など、個人の生活を充実させるための空間である。
家事労働の空間	台所をはじめとして、能率的で快適に作業を行う空間である。
共同生活の空間	居間・食事室、応接室など、団らんや憩いの場として家族が集まり、家庭生活の中心となる空間である。
生理衛生の空間	浴室・便所など、家族の共同空間であると同時に、プライバシーを必要とする空間で、精神的休養をも考えた快適さと清潔さが必要である。

〈解説〉住空間を快適にするには，生活機能に応じた住空間が必要となる。個人の生活空間と共同の生活空間を分離(公私室分離)し，さらに家族構成に応じて，家事労働の空間と生理衛生の空間との連絡が，能率的に行われるよう配置することが望ましい。家事労働の空間では，適度な広さと設備，効果的な動線，他室との連絡が重要となり，共同生活の空間では，個人生活の空間が確立されればされるほど，家族のコミュニケーションの場として重要になる。

2017年度　実施問題

【中学校】

【1】次の文は，中学校学習指導要領解説技術・家庭編(平成20年9月)「第3章　指導計画の作成と内容の取扱い　1　指導計画の作成　(3)題材の設定」の抜粋である。(　あ　)～(　き　)にあてはまる語句を，下のア～ソから選び記号で答えよ。

> 家庭分野では，例えば「D身近な消費生活と環境」の各項目を履修する場合,「A家族・家庭と子どもの成長」,「B(　あ　)」,「C(　い　)」の各項目との関連を図って題材を設定することが考えられる。
>
> また，(　う　)や学校及び生徒の実態等を十分考慮するとともに，次の観点に配慮して実践的・体験的な学習活動を中心とした題材を設定して計画を作成することが必要である。
>
> ①　小学校における家庭科及び(　え　)等の関連する教科の指導内容や中学校の他教科等の関連を図り，教科のねらいを十分達成できるよう(　お　)な内容を押さえたもの。
>
> ②　生徒の発達の段階に応じたもので，興味・関心を高めるとともに，生徒の(　か　)な学習活動や個性を生かすことができるもの。
>
> ③　生徒の日常生活とのかかわりや社会とのつながりを重視したもので，自己の生活の向上とともに家庭や地域社会における(　き　)に結び付けることができるもの。

ア　実践　　　　　　　　　イ　社会科
ウ　衣生活・住生活と自立　エ　快適な衣服と住まい
オ　図画工作科　　　　　　カ　日常の食事と調理の基礎
キ　食生活と自立　　　　　ク　活動
ケ　地域　　　　　　　　　コ　主体的

サ　能動的　　シ　基礎的・基本的
ス　行動　　セ　家庭
ソ　生活の課題と実践

(☆☆☆☆◎◎◎)

【2】下は，「A家族・家庭と子どもの成長」の題材「幼児の発達と遊び」について述べたものである。次の1～4の問いに答えよ。

1　次は，題材「幼児の発達と遊び」(総授業時数11時間)の題材の目標と指導計画である。次の(　①　)～(　②　)にあてはまる語句を，下のア～オから選び記号で答えよ。

題材	幼児の発達と遊び	
題材の目標	幼児の遊び道具の製作や幼児と触れ合うなどの活動を通して，幼児に(　①　)をもち，幼児の心身の発達や遊びの意義について(　②　)し，幼児とのかかわり方を工夫できるようにする。	
指導計画	「幼児の心身の発達について知ろう」	2時間
	「幼児の遊び道具を作ろう」	4時間
		(生活の課題と実践)
	「幼児と触れ合おう」	5時間

ア　関心　　イ　調査　　ウ　好意　　エ　理解　　オ　観察

2　1で示した指導計画の「幼児の遊び道具を作ろう」4時間については，下線部の(生活の課題と実践)で行うことにする。次は，このことについて示された中学校学習指導要領解説技術・家庭編(平成20年9月)「第2章　技術・家庭科の目標及び内容　第3節　家庭分野　2　家庭分野の内容　A　家族・家庭と子どもの成長」の抜粋である。次の(　①　)～(　③　)にあてはまる語句の正しい組合せを，あとのア～ウから選び記号で答えよ。

> ここでは，自分の家族又は幼児の生活に関心をもち，課題を見いだし，それを改善する工夫を考えたり，自分の家族又は幼児の生活をさらに(　①　)にするための工夫を考えたりするなど，これからの生活を展望して，課題をもって家族又は幼児の生活をよりよくしようとする意欲と態度を育てるようにする。
>
> 指導に当たっては，生活を見直し，課題をもって計画し，実践，評価，改善するという一連の学習活動を重視し，(　②　)を進めるようにする。その際，計画をグループで発表し合ったり，(　③　)を設けたりするなどの活動を工夫して効果的に実践できるようにする。

	①	②	③
ア	健康	アクティブラーニング	話し合う時間
イ	健全	主体的な学習活動	振り返り
ウ	豊か	問題解決的な学習	実践発表会

3　次は，1で示した指導計画のうちの5時間分「幼児と触れ合おう」の指導計画である。波線部の「幼児の遊びや遊び道具」について説明した下の中学校学習指導要領解説技術・家庭編(平成20年9月)「第2章　技術・家庭科の目標及び内容　第3節　家庭分野　2　家庭分野の内容　A　家族・家庭と子どもの成長」に示された抜粋の(　①　)～(　③　)にあてはまる語句を，あとのア～カから選び記号で答えよ。

<5時間分の指導計画　「幼児と触れ合おう」>

時間	○ねらい ・学習活動
1	○製作した遊び道具を用いた遊びの計画を立てることができる。 ・遊び道具を用いた幼児との遊び方や関わり方の工夫を考え，遊びの計画をグループで発表し合う。 ・幼児の観察のポイントを確認する。

2 3	○幼稚園（保育所）を訪問し，幼児を観察したり，製作した遊び道具を用いて遊んだり，幼児との関わり方を工夫したりすることができる。 ・幼児の遊びや遊び道具，遊びと心身の発達との関わりについて観察する。 ・前時の遊びの計画を基に幼児と遊んだり，触れ合ったりする。
4 5	○幼児の観察や触れ合う活動について振り返り，遊びの意義についてまとめたり，幼児との関わり方の工夫を考えたりすることができる。 ・幼児の観察や触れ合う活動についてまとめる。 ・幼児の遊びの意義や幼児との関わり方について話し合い，発表する。

＜中学校学習指導要領解説技術・家庭編抜粋＞

幼児の遊び道具については，子どもの成長やコミュニケーションを促す上で大切であることに気付くようにする。また，遊び道具には様々なものがあり，例えば，市販の玩具・遊具，(　①　)などのほか，自然の素材や身の回りのものも遊び道具になること，言葉や身体を用いた遊びもあること，(　②　)遊びなどのよさなどにも気付くようにする。その際，(　③　)な遊び道具と遊び環境についても考えることができるようにする。

ア　伝承　　イ　絵本　　ウ　安全　　エ　模倣　　オ　戸外
カ　活動的

4　幼児期に身に付ける基本的な生活習慣について，次の(　　)にあてはまるものを，あとのア～カから選び記号で答えよ。

＜幼児期に身に付ける基本的な生活習慣＞

・　食事
・　着脱衣
・　(　　)
・　(　　)
・　(　　)

ア　清潔　　イ　睡眠　　ウ　情緒　エ　排泄　　オ　遊び
カ　運動機能

(☆☆☆☆◎◎◎)

【3】次は，布を用いたTシャツの製作について述べたものである。1～2の問いに答えよ。

1　次の<図>のようにTシャツの型紙を布の裏側に配置し，出来上がり線のしるしを付けた。下の(1)～(5)の問いに答えよ。

<図>

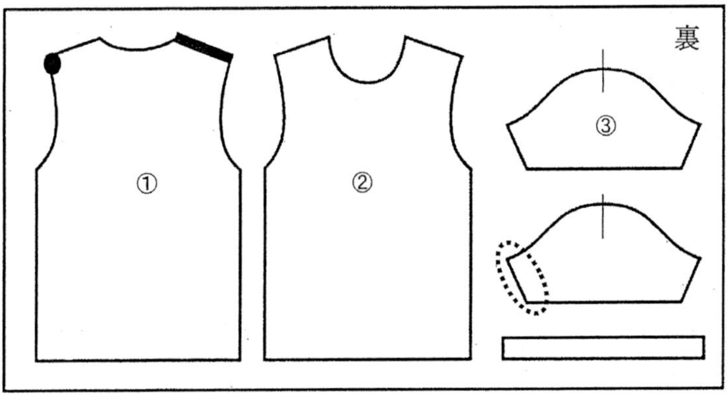

(1)　①～②の名称を答えよ。

(2)　<図>の太線▬▬と縫い合わせるのはどこか。⬭で表せ。

(3)　<図>の ⬭ の部分と縫い合わせるのはどこか。⬬で表せ。

(4)　<図>の点●と合わせる点を2つ○で表せ。

(5)　③は袖である。袖丈を1cm長くする場合は，型紙をどのように修正するか，図にフリーハンドで書き入れよ。ただし，図には1cm長くしたことがわかるように示すこと。

2　夏に涼しく着るためのTシャツの素材として，滋賀県高島市の綿織物を活用することにした。高島綿織物の特徴は，しわ加工を施して織られている。この織物を何というか答えよ。

(☆☆☆◎◎◎)

【４】次の<表>は，衣類用合成洗剤の成分の例である。1～2の問いに答えよ。

<表>

品名	洗濯用合成洗剤
用途	綿・麻・合成繊維用
液性	弱アルカリ性
成分	界面活性剤[20%，直鎖アルキルベンゼンスルホン酸ナトリウム，ポリオキシエチレンアルキエーテル]，水軟化剤（アルミノけい酸塩），アルカリ剤（炭酸塩），工程剤，分散剤，漂白剤，蛍光増白剤，酵素

1　次の(1)～(3)は<表>の成分の中の，どの説明をしたものか答えよ。

(1)　汚れや色素を化学的に分解する成分。

(2)　繊維の奥に入った皮脂汚れやたんぱく質汚れを分解し，落としやすくする働きがある。

(3)　染料の一種で，白い衣服をより白く見せるために使われているが，着用や洗濯を繰り返すことにより脱落するので，補うために洗剤中に添加している。

2　次の<図>は，界面活性剤によって汚れが落ちる様子を示したものである。<界面活性剤の分子>のアとイの部分を何というか，それぞれ漢字で答えよ。

<図>

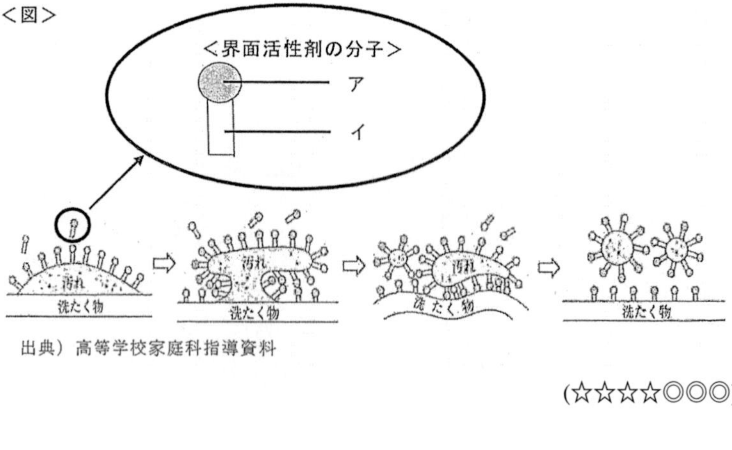

出典）高等学校家庭科指導資料

(☆☆☆☆◎◎◎)

【5】消費生活と環境とのかかわりについて，1～4の問いに答えよ。

1　次の<資料1>は，家庭からの二酸化炭素排出量(世帯当たり，用途別)を示したものである。(　①　)～(　③　)にあてはまる語句を下のア～ウから選び記号で答えよ。

<資料1>

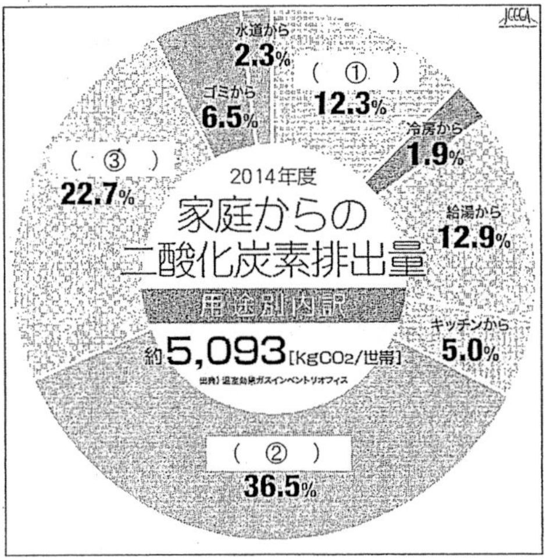

出典）温室効果ガスインベントリオフィス（全国地球温暖化防止活動推進センター）
「日本の 1990-2014 年度の温室効果ガス排出量データ」（2016. 4. 15 発表）

ア　自動車から

イ　暖房から

ウ　照明・家電製品などから

2　次の(1)～(4)は，環境負荷の少ない生活に関する内容について説明したものである。それぞれ何というか答えよ。

(1)　一台の車を複数の会員が共同で利用する自動車の利用形態。利用者は自分では自動車を所有せず，必要なときだけ自動車を借りる。

(2)　最寄りの駅，バス停までは自動車を利用し，電車やバスに乗り換え目的地まで移動する方式。

(3)　環境省が平成17年度から提唱している，冷房時の室温28℃でもオフィスで快適に過ごすことのできるノーネクタイなどのライフスタイル。

(4)　価格や利便性だけでなく，環境のことを考えて商品や店を選ぶ消費者のこと。

3　次の文は，何について説明しているものか。アルファベット3文字で答えよ。

今，世界には環境，貧困，人権，平和，開発といった様々な問題がある。これらの現代社会の課題を自らの問題として捉え，身近なところから取り組むことにより，それらの課題の解決につながる新たな価値観や行動を生み出すこと，そしてそれによって持続可能な社会を創造していくことを目指す学習や活動のことであり，「持続可能な開発のための教育」と訳されている。

4　次の<資料2>は，全国地球温暖化防止活動推進センターが示している家庭におけるエネルギー消費量を削減するための対策の「家庭ですぐ出来る夏の節電21」である。(1)～(2)の問いに答えよ。

<資料2>

対象	分野	No.	対策
屋外	遮熱 断熱等	1	窓に空気層のある断熱シートを貼る(もしくは内窓を設置する)
		2	部屋の外によしず、すだれを設置する
		3	お風呂の残り湯で朝夕に打ち水をする
リビング	冷房	4	扇風機・うちわなどを活用する
		5	冷房の温度設定を28℃にする
		6	冷房時にカーテンやブラインドを閉める
		7	冷房時に家族がいっしょの部屋で過ごす
		8	エアコンのフィルターを掃除する(月2回程度)
		9	冷房を使う時間をできるだけ短くする(就寝前1時間はオフなど)
		10	冷房時に部屋のドアやふすまを閉め、冷房範囲を小さくする
	照明	11	白熱電球を電球型蛍光灯やLED電球に交換する
		12	照明を使う時間を可能なかぎり短くする
	テレビ	13	テレビを見る時間を少なくする(つけっぱなしにせず、見る番組を絞るなど)
		14	テレビの画面を明るすぎないように調整する

台所	保温	15	電気ポットの保温をやめる
	調理	16	炊飯ジャーの保温をやめる
	冷蔵	17	冷蔵庫を壁から適切な距離を離し、周りや上にものを置かない
		18	冷蔵庫の温度設定を強から中にする
		19	冷蔵庫を整理し、開ける時間を短くする
洗濯	乾燥	20	衣類乾燥機や洗濯機の乾燥機能を使わない
その他	待機電力	21	電気機器は使い終わったらプラグを抜くか電源タップを切り、待機電力を減らす

出典）全国地球温暖化防止活動推進センター　「家庭ですぐ出来る夏の節電21」

(1)　＜資料2＞の対策No.3に示されている「打ち水」および，No.11に示されている「LED電球」について，環境にどのような効果があるかそれぞれ説明せよ。

(2)　＜資料2＞の中で示している家電製品の中で，家電リサイクル法の対象となる家電製品をすべて答えよ。ただし，小型家電製品リサイクル法の対象となる家電製品は除くこと。

(☆☆☆☆◎◎◎)

【6】食品について，次の1～3の問いに答えよ。

1　次の＜表＞は，食品添加物の主な用途名，目的と効果および食品添加物の例を示したものである。(　①　)～(　⑤　)にあてはまる用途名を答えよ。

＜表＞

用途名	目的と効果	食品添加物の例
(　①　)	食品に甘みを与える	キシリトール，アスパルテーム
着色料	食品を着色し，色調を調整する	クチナシ黄色素，A
保存料	カビや細菌などの発育を抑制，食品の保存性を向上	ソルビン酸，しらこたん白抽出物
増粘剤，安定剤，ゲル化剤	食品に滑らかな感じや粘り気を与え，安定性を向上	B，カルボキシメチルセルロースナトリウム
酸化防止剤	油脂などの酸化を防ぎ，保存性をよくする	エリソルビン酸ナトリウム
(　②　)	ハム・ソーセージなどの色調・風味を改善する	亜硝酸ナトリウム，硝酸ナトリウム

漂白剤	食品を漂白し，白く，きれいにする	亜硫酸ナトリウム，次亜硫酸ナトリウム
（ ③ ）	食品にうま味などを与え，味をととのえる	L-グルタミン酸ナトリウム
（ ④ ）	水と油を均一に混ぜ合わせる	植物レシチン
（ ⑤ ）	ケーキなどをふっくらさせ，ソフトにする	炭酸水素ナトリウム，焼ミョウバン

消費者庁食品表示課「食品添加物のはなし」より抜粋

2 次の記述は，上の<表>の食品添加物の例の［ A ］～［ B ］について説明したものである。［ A ］～［ B ］は何か答えよ。

A エンジムシ(中南米原産の昆虫)から得られた，カルミン酸を主成分とする赤色の着色料である。

B りんごや柑橘類に含まれ，煮ると水に溶け出し，糖分とともに煮詰めると果実中の酸との作用により，ゼリー化する特徴がある。

3 滋賀県が育成した水稲品種が，一般財団法人日本穀物検定協会が実施する平成27年産米の食味ランキングにおいて，最高ランクの「特A」に評価された。この水稲品種を何というか。1つ答えよ。

(☆☆☆☆◎◎◎)

【7】次の<資料>は，「いわしのつみれ汁」の材料と分量および作り方である。<資料>について1～6の問いに答えよ。

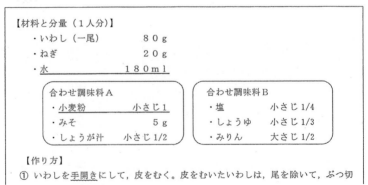

<資料>

【材料と分量（1人分)】

・いわし（一尾） ８０ｇ
・ねぎ ２０ｇ
・<u>水 １８０ｍｌ</u>

合わせ調味料Ａ
・<u>小麦粉 小さじ１</u>
・みそ ５ｇ
・しょうが汁 小さじ1/2

合わせ調味料Ｂ
・塩 小さじ1/4
・しょうゆ 小さじ1/3
・みりん 大さじ1/2

【作り方】

① いわしを手開きにして，皮をむく。皮をむいたいわしは，尾を除いて，ぶつ切

りにしてまな板の上で，包丁でたたき，細かく刻む。ボウルに入れ，合わせ調味料Ａと混ぜる。
② ねぎを小口切りにする。
③ 鍋に水を入れて沸とうさせ，①を丸めて入れ，５分ほど煮る。
④ 再び沸とうしたら，合わせ調味料Ｂを入れ，ねぎを加えて火を止め，椀に盛る。

1 【材料と分量(1人分)】を基本として，5人分の「いわしのつみれ汁」を調理する。下線部の水を計量カップで量る場合，何カップ必要か答えよ。

2 合わせ調味料Aの下線部の小麦粉小さじ1は，3gである。6人分を大さじの計量スプーンで計る場合，何はいになるか答えよ。

3 【作り方】①の波線部の手開きのしかたについて，説明した次の文の(　あ　)～(　い　)にあてはまるいわしの部位を答えよ。

【いわしの手開きのしかた】

(1) (　あ　)を取る。

(2) (　い　)を落とす。

(3) 腹をさいて内臓を取り出し，流水で洗う。

(4) 中骨に沿って身を開く。

(5) 中骨を肉から引きはがす。

4 【作り方】③の波線部の「①を丸めて入れ」について，①を丸める方法を答えよ。

5 いわしのつみれ汁で，不足している栄養素は何か。五大栄養素で2つ答えよ。ただし，「合わせ調味料B」は材料から除くこと。

6 【作り方】②の波線部の小口切りはどれか。次のア～ウから選び，記号で答えよ。

ア

イ

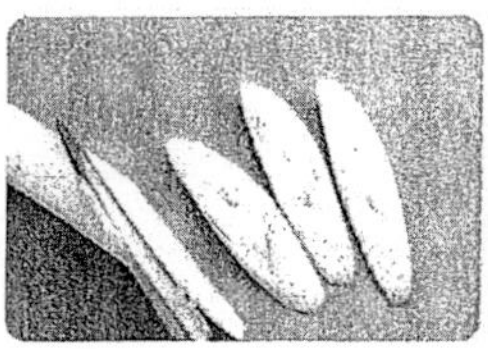

ウ

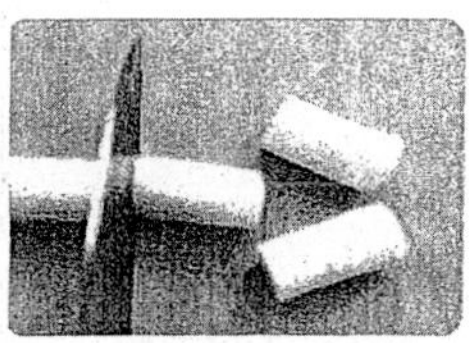

(☆☆☆◎◎◎)

【高等学校】

【１】次の献立の材料と作り方を読んで各問に答えなさい。

献立　豚肉のピカタ　グリーンサラダ　クラムチャウダー

● 材料 (分量：1人分)

豚肉の(ア)ピカタ	
豚肉のうす切り	１００g
塩	１g
こしょう	少量
（ A ）	３０g
（ B ）	１０g
小麦粉	１０g
油	６ml

つけあわせ	
赤ピーマン	４０g（１個）
油	適量
塩	適量
こしょう	適量
クレソン	２０g（３本）
レモン	２５g（1/8個）
りんご	４０g（1/6個）

グリーンサラダ	
ブロッコリー	２５g
塩（ゆでる用）	少量
レタス	３０g
きゅうり	２５g
セロリー	１０g
ラディッシュ	１０g

フレンチドレッシング	
ワインビネガー	５ml
塩	０．５ml
こしょう	少量
油	１０ml

クラムチャウダー			
あさりのむき身（缶詰）	３０g	牛乳	４０ml
じゃがいも	３０g	塩	２g
たまねぎ	３０g	こしょう	少量
にんじん	１０g	パセリ	少量
ベーコン	６g	(イ)ブールマニエ	
バター	３g		
スープストック＋缶詰の汁	２４０ml		

●作り方

1. 豚肉のピカタ

① 豚肉は(ウ)筋切りをして，両面に塩・こしょうをふる。

② ボールに(　A　)をほぐし，(　B　)を加えて混ぜ，衣をつくる。

③ 豚肉に小麦粉をまぶし，②の衣をつけ，油を熱したフライパンに入れる。弱めの火加減でふたをして両面を焼き，火を通す。

④ つけ合わせをつくる。赤ピーマンは縦半分に切って種をとり，大きめのせん切りにする。フライパンに油を入れ火にかけ，強火

で炒め，少ししんなりしたら塩・こしょうで味をととのえる。クレソンは洗って水気を切る。レモンはくし形に切る。

⑤ 皿に③を盛り，④をつけ合わせる。

2. グリーンサラダ

① ブロッコリーはくきのかたい部分を除き，小房に分けて塩を入れた熱湯で3分ほどゆで，冷ましておく。

② レタスは洗って食べやすい大きさにちぎり，きゅうりは(エ)板ずりして小口切りにしておく。セロリーは筋をとり短冊切り，ラディッシュは輪切りにして水にさらす。

③ ドレッシングをつくる。ボールに油以外の材料を入れ，かき混ぜて塩をとかす。さらに油を入れてよく混ぜる。

④ 皿に①と②を盛りつける。食べる直前にドレッシングをかける。

3. クラムチャウダー

① あさりの缶詰はむき身とゆで汁に分けておく。じゃがいもは2cm角，たまねぎはくし形，にんじんは乱切り，ベーコンは1cm幅に切る。

② ブールマニエをつくる。

③ なべにバターとベーコンを入れて中火で炒め，十分に油を出してから，たまねぎを加えてさらに炒める。

④ ③にじゃがいも・にんじん・スープストックと缶詰の汁を合わせたものを入れて，あくをとりながら，やわらかくなるまで煮こむ。

⑤ ④のスープでブールマニエをのばし，④に少しずつ加え，弱火でさらに煮こむ。

⑥ 牛乳とあさりのむき身を加え，塩・こしょうで調味する。

⑦ あたためたスープ皿に盛り，みじん切りしたパセリをふりかける。

(1) (A), (B)にあてはまる語句を答えなさい。

(2) (ア)ピカタとはどのような料理か説明しなさい。

(3) 豚肉の栄養上の特徴と保存方法について説明しなさい。

(4)　(ウ)筋切りをする理由を肉類の性質から説明しなさい。
(5)　ブロッコリーは貧血の予防に効果があるとされる。その理由を答えなさい。
(6)　(エ)板ずりの方法と効果を説明しなさい。
(7)　野菜類の調理で注意することは何か。答えなさい。
(8)　野菜は食物繊維を多く含んでいる。食物繊維の種類とはたらきについて説明しなさい。
(9)　あさりの成分的な特徴を答えなさい。
(10)　貝類の調理で注意することは何か。答えなさい。
(11)　(イ)ブールマニエについて説明しなさい。
(12)　豚肉やあさりなどはたんぱく質を主成分とする食品である。たんぱく質の代謝について説明しなさい。
(13)　まな板の衛生管理の方法を説明しなさい。
(14)　つけあわせのりんごを放置すると褐色に変化する理由を説明しなさい。
(15)　(14)の褐変を防止する方法を答えなさい。

(☆☆☆☆◎◎◎)

【2】次の文章を読んで各問に答えなさい。

大昔の人間は裸であったと思われるのに，どうして衣服をまとうようになったのであろうか。そして衣服は人間にとって，どのようなものになってきたのであろうか。

衣服の起源については，A身体の保護説，装飾説，護符説などいろいろあるが，身体を外傷から保護するため，また，寒い地方では，寒さからの保温のためにまず，何かを身につけたのではないかと考えられる。しかし，これらの諸説は，人間にとって，衣服がいろいろの意味でかかわってきたことを示している。

現在の衣服は，世界の各地の風土の中で，さまざまな社会的影響を受けて変遷し，今日の姿になっている。それらを大別すると三つの基本型に分類することができる。

Ⅰ　(　①　)型　一枚の布を全身またはスカートのように下半身に巻いて着る衣服で，よく知られているものにインドの(　②　)などがある。また，(　③　)といって二枚の布の中央をかがり残して頭を通す明きをつくり，かぶって着る形式の衣服であり，中南米のいろいろなポンチョが代表的なものである。

Ⅱ　(　④　)型　布を裁断し，縫製して体に合わせてつくられているが，(　⑤　)も(　⑥　)もゆったりしている。日本の着物のほかに(　⑦　)やオリエントにもみられる。

Ⅲ　(　⑧　)型　布を裁断・縫製して体にぴったりそわせた衣服で，(　⑨　)形式とツーピース形式のものがある。いずれも体型によく合わせているため(　⑩　)への適応もよい。洋服をはじめ，一般に(　⑪　)は，この型が多い。

日本人の衣生活についてみると，古代から(　⑫　)時代までの日本人の被服材料の主なものは(　⑬　)で，それ以外には，楮(こうぞ)・葛(くず)・科(しな)・刺草(いらくさ)などがあった。(　⑭　)もあったが，庶民の生活では用いられなかった。木綿は(　⑮　)時代から栽培され，桃山時代に都市で用いられ始めて，江戸時代中期になると綿問屋もできて，急速に普及した。

長い間，日本人は野山の草木や$_{B}$麻(栽培種)から繊維をとり，それを長い糸にして布を織った。そして草や木を染料として染めた。

“君がため手力疲れ織りたる衣ぞ春さらばいかなる色にすりてばよけむ　—万葉集—

染織の技術が，今日のように開発されなかった昔は，一枚の衣服をつくるのに，どのくらい日数や手間をかけたかは，このような歌によっても想像できる。

各時代をとおして，衣服は生活の実用性とともに$_{C}$社会的な身分を示すものとしてその姿を様々に変化させてきた。衣服にはその時代の文化があらわれる。これからも科学技術の発達により，衣生活は様々な影響を受けていくであろうが，常に$_{D}$衣服の機能を考え，よりよい衣の文化をきずいていきたいものである。

(1)　文中の空欄(　①　)~(　⑮　)に当てはまる語句を答えなさい。

(2)　文中の下線部Aについて，この他にどのような起源説があるか。ひとつあげて説明しなさい。

(3)　文中の下線部Bについて，麻の繊維の特徴と用途を答えなさい。

(4)　文中の下線部Cについて，歴史的な例をあげなさい。

(5)　文中の下線部Dについて，説明しなさい。

(6)　滋賀県高島市で古くから主として肌着用の素材として生産されている被服材料の名称とその特徴を答えなさい。

(☆☆☆☆◎◎◎)

【3】次の各問に答えなさい。

(1)　日本では古くから，「床座」と呼ばれる起居形態の生活様式を成立させてきた。明治新政権は日本の近代化に取り組むが，洋風住宅の移入は「椅子座」と呼ばれる生活様式のきっかけとなった。「床座」と「椅子座」のそれぞれの長所と短所を答えなさい。

(2)　シックハウス症候群の症状と原因について説明しなさい。

(3)　日当たりは住環境の要素として重要である。日照の効果を説明しなさい。

(☆☆☆☆◎◎◎)

【4】離乳について次の板書例を完成させなさい。

1　離乳の意義

①　②　③　④
⑤　⑥

2　離乳の進め方

時期	開始 → 離乳の完了			
	生後5～6か月ころ	7～8か月ころ	9～11か月ころ	12～18か月ころ
食べ方のめやす				
調理形態				
穀類（g）		全がゆ 50～80g	全がゆ 90g～軟飯 80g	軟飯 90g～ご飯80g

3　離乳を進めるときの注意

①
②
③
④
⑤
⑥
⑦

(☆☆☆☆◎◎◎)

【5】次の各問に答えなさい。

(1)　2013年9月最高裁判所は婚内子・婚外子の相続分について当時の民法の規定を違憲と判断した。これによって同年12月に民法の一部を改正する法律が成立した。どのように改正されたのか，答えなさい。

(2)　2015年12月最高裁判所は再婚禁止期間と夫婦の姓について憲法判断を行った。その具体的な内容を答えなさい。

(☆☆☆☆◎◎◎)

【6】次の各問に答えなさい。

(1)　次の表は，法律の説明文である。空欄に法律名を記入しなさい。

	労働者と使用者（雇い主）との契約の基本的な内容を定める法律。就業規則変更時の合理性と周知の義務、解雇権・懲戒権濫用の無効などについて規定されている。
	短時間労働者の労働条件と教育訓練・福利厚生の改善の促進のための法律。
	少子高齢化の中での高齢者の活用や、年金の支給開始引き上げへの対応などを目的とし、企業に対して段階的に６５歳までの雇用確保を義務付けた法律。

(2)　介護保険制度について説明しなさい。

(☆☆☆☆◎◎◎)

【7】次の各問に答えなさい。

(1)　胎児と新生児の血液循環について説明しなさい。

(2)　子どもに基本的生活習慣を身につけさせるためには，家族や保護者の援助が必要である。どのような点に留意すればよいか，説明しなさい。

(3)　子どもの病気の特徴を説明しなさい。

(☆☆☆☆◎◎◎)

解答・解説

【中学校】

【1】あ　キ　　い　ウ　　う　ケ　　え　オ　　お　シ　　か　コ　　き　ア

〈解説〉家庭科の学習内容は「A　家族・家庭と子どもの成長」「B　食生活と自立」「C　衣生活・住生活と自立」「D　身近な消費生活と環境」で構成されており，相互の関連を図りながら効果的な学習をすることが求められている。また，問題にあるとおり，小学校家庭科などと連携を踏まえて，学習内容を構築することとしている。

【2】1　①　ア　　②　エ　　2　ウ　　3　①　イ　　②　ア　　③　ウ　　4　ア，イ，エ

〈解説〉1　解答の根拠としては「A　家族・家庭と子どもの成長」(3)があげられる。イは「幼児の観察や遊び道具の製作などの活動を通して，幼児の遊びの意義について理解すること」，ウは「幼児と触れ合うなどの活動を通して，幼児への関心を深め，かかわり方を工夫できること」とある。　2　選択肢にある文言がバラバラなので，どこか1つの空欄がわかれば正答が導き出せる。②を見ると前に「…計画し，実践，評価，改善」とある。これは，いわゆるPDCAを指しており，学習指導要領解説では「問題解決的な学習」に関するキーワードとして使われている。　3　伝承遊びとは，一般的には昔から伝わる遊びのことで，具体的にはけん玉やベーゴマ，お手玉などがあげられる。

【3】1　(1)　①　後ろ身ごろ　　②　前身ごろ

(2)

(3)

(4)

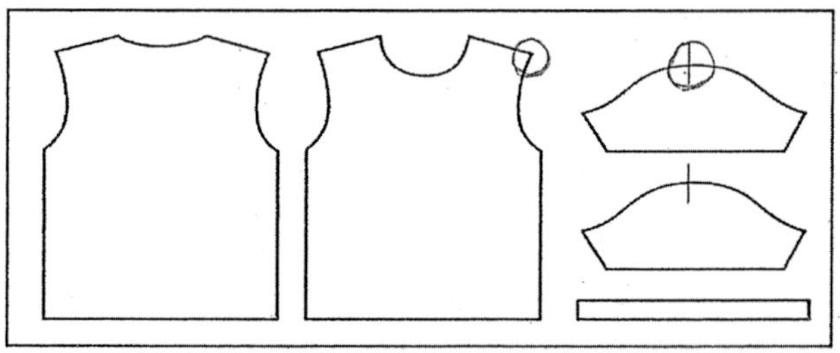

(5)

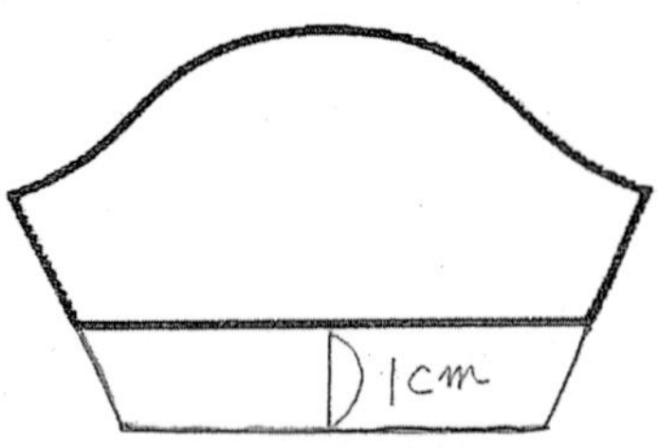

2　縮(ちぢみ，綿クレープ)

〈解説〉1　(1)　一般的にえりぐりが大きく開いたほうが前身ごろである。　(2)　布の裏側に型紙を置いているので，裁断すると型紙のあたっていないほうが表となり，前身ごろと後ろ身ごろを中表に合わせる。　(3)　袖は，2枚ともそれぞれ中表に合わせる。　(5)　1cm長くする場合，袖ぐりがやや小さくなることに留意する。同じ袖口の寸法にしたい場合は，そで下の線を左右引き直す。　2　高島市では古くから綿花が栽培され，江戸時代に和服の生地として縮(ちぢみ)が織られたようである。昭和30年代後半あたりからクレープ肌着が高級品として出回った。なお現在，綿花は日本ではほとんど生産されていない。

【4】1　(1)　漂白剤　(2)　酵素　(3)　蛍光増白剤　2　ア　親水基　イ　親油基

〈解説〉1　(1)　一般に漂白剤として洗濯時に使用するものには，塩素系と酵素系がある。ただし，洗濯用洗剤に配合される場合は，色物にも使用できる酵素系の漂白剤が使われる。　(2)　酵素の成分例として，セルロース系分解酵素(セルラーゼ)，たんぱく質分解酵素(プロテアーゼ)，脂質分解酵素(リパーゼ)等がある。　(3)　蛍光増白剤は，肌への刺激が強く，また，すすぎでも蛍光増白剤は落ちにくい特性をもつことから，赤ちゃん用の洗剤には使用していないことが多い。　2　界面活性剤は，水と個体の境目や水と油の境目といった，ものの境目に吸着してはたらきかけ，普通では混じり合わないものを混ぜ合わせることのできる物質である。

【5】1　①　イ　②　ウ　③　ア　2　(1)　カーシェアリング　(2)　パークアンドライド　(3)　クールビズ　(4)　グリーンコンシューマー　3　ESD　4　(1)　打ち水…道や庭に水をまくことで，水が蒸発するときに，空気の温度を下げる働きを利用して，夏を涼しく快適に過ごすことができる。　LED電球…発光ダイオードは，発熱のむだが少なく寿命も長いため，省エネルギー照明とされている。

(2)　エアコン，テレビ，冷蔵庫，衣類乾燥機，洗濯機

〈解説〉2　(1)　カーシェアリングはレンタカーに近いが，一般に短時間の利用を想定している。発祥はヨーロッパで，公共交通機関を補完するものとして生まれ，アメリカや日本に広まった。　(2)　パークアンドライドは，アメリカで普及したシステムで都市部の交通環境の悪化を防ぎ，排気ガスによる大気汚染の軽減にも一役を担っている。

(3)　クールビズは衣服を軽装化することで体感温度を下げ，エアコンなどの電気消費量を減らすことを目的としている。一方，ウォームビズは，20℃の暖房が適温に感じるような服装等をすることである。

(4)　グリーンコンシューマーは，環境を大切にする消費者と意訳される。購入に関しては「グリーンコンシューマー10原則」があるので，参照するとよい。　3　ESDは「Education for Sustainable Development」の略である。　4　(1)　打ち水は，涼しさを求める日本古来の方法である。　(2)　家電リサイクル法は2001年に施行された。一方，小型家電リサイクル法は2013年から施行されており，96の対象品目がある。

【6】1　①　甘味料　②　発色剤　③　調味料　④　乳化剤　⑤　膨張剤　2　A　コニチール(コニチール色素)　B　ペクチン　3　みずかがみ(秋の詩)

〈解説〉2　A　コチニール色素はかまぼこ，菓子，ソーセージ等の赤色つけに使用される。　3「みずかがみ」は2013年に市販化された米で味だけでなく，高温に強く，猛暑や地球温暖化対策としても有効という特徴がある。「秋の詩」は1998年に育成され，県内だけで生産されている。滋賀県で生産されている品種は他に「キヌヒカリ」「日本晴」「レーク65」等がある。

【7】1　4.5カップ　2　大さじ2はい　3　あ　うろこ　い　頭　4　スプーンを2本使い，1本のスプーンに①をのせ，もう1本のスプーンで形を丸く整える。　5　無機質，脂質　6　ア

〈解説〉1　必要な水の量は180×5＝900mlである。計量カップ1杯は

200mlなので，4.5カップとなる。　2　小麦粉は3×6＝18g必要である。大さじ1杯は9gなので，大さじ2杯となる。　3・4　手開きとは，包丁等を使わず手で処理することである。「いわしのつみれ汁」は，中学校の調理実習としてよく用いられるので，料理方法をマスターしておくとよい。　5　いわしは手開きしているので，骨は取り除かれていると考える。なお，つみれ汁は骨を取り除かないで作る方法もある。　6　野菜等の食材は，料理内容また他の材料との関係から切り方を考える。イは斜め切り，ウはぶつ切りである。

【高等学校】

【1】(1)　A　卵　　B　粉チーズ　　(2)　子牛や豚肉を主とし，卵・チーズを衣にして，油で焼いたものである。　　(3)　特徴…牛肉や鶏肉に比べて疲労回復に効果のあるビタミンB_1が豊富なのが特徴である。保存方法…保存は空気に触れないように密封して氷温室・チルド室で保存するが，3日が目安である。　　(4)　肉は60℃以上に熱すると，たんぱく質が凝固・収縮する。長さや幅が縮み，厚さを増す。特に結合組織のコラーゲンは長さが$\frac{1}{3}$～$\frac{1}{4}$縮む。こうした焼き縮みを防ぎ，形よく焼きあげるとともに，火の通りをよくするため筋切りを行う。　(5)　ブロッコリーは，ビタミンCを豊富に含み，鉄・カルシウム・カリウム・リンなども多く含む。食品中の鉄は三価の鉄で，胃酸やビタミンCの作用で二価になったものだけが利用される。したがって，豊富なビタミンCと鉄を含むブロッコリーは貧血予防に効果がある。

(6)　まな板の上で塩をまぶした材料を手のひらで軽く押さえながら，前後にころがすこと。青臭さを取り，緑色を鮮やかにする効果がある。

(7)　・加熱によるビタミンの分解と水への溶出に注意する。　　・野菜の色をじょうずに保つ。　　・野菜固有の風味や香りを損なわないように，あくを除いて食べやすくする。　　(8)　食物繊維には水に不溶性のものと可溶性のものがある。不溶性のものはそしゃく回数を増やし，だ液の分泌量を増す。虫歯の予防。糞便のかさを増し，便秘の予防。整腸作用がある。可溶性のものはコレステロールや血糖の低下作用がある。　(9)　コハク酸が多く，うま味の濃い貝である。
(10)　貝類は長く煮るとかたくなるので注意が必要である。
(11)　ブールマニエとは小麦粉とバターを混ぜてねったもの。スープやソースにとろみをつけるときに用いる。　(12)　たんぱく質は，十二指腸ですい液や腸液の消化酵素により分解され，アミノ酸またはペプチドとなり，小腸で吸収される。血液によって各組織に運ばれ，種々のたんぱく質に再合成され，からだの構成成分となる。一部はアセチルCoAを経て糖質の代謝経路に入り，炭酸ガスと水になる。また肝臓で貯蔵され，胆汁や酵素，ホルモンなどの合成に使われる。窒素の一部は，尿酸やクレアチニンとなり，尿中に排出される。
(13)　まな板は生肉・生魚用と野菜・果物・調理ずみ食品用をラベルをはって区別するか，2枚用意する。プラスチック製の方が，木製より表面に傷がつきにくく，洗いやすい。また，乾燥しやすい。洗浄は石けんを用いて洗い，よくすすぎ，熱湯をかけて殺菌する。
(14)　りんごを切って放置しておくと，中に含まれていたポリフェノール類がポリフェノールオキシターゼなどの酵素作用により，褐色に変化する。　(15)　褐変は，食塩や酸によって抑えられるので，食塩水につけたりレモン汁を加えると褐変を遅らせることができる。

〈解説〉(1)～(4)　ピカタはイタリア料理の一つで，ピッカータともいう。日本では衣とパルメザンチーズを混ぜた溶き卵を付けて，ソテーしたものが知られている。豚肉はビタミンB_1が豊富で肉類の中で一番消費しているといわれる。精白米を食べた場合，代謝の過程でビタミンB_1が必要になり，不足すると脚気などの原因となる。現代人で脚気になる人が多くないのは，豚肉等を多く消費しているからといわれる。筋切りをする場合は，白い脂身と赤身の境にある筋を数カ所包丁で切り目を入れるとよい。また筋切りの他に肉タタキでたたく方法もある。
(5)　ブロッコリーにはビタミンAも多く，緑黄色野菜に属する。そのため夜盲症を防ぎ，風邪などの細菌感染の予防のはたらきもする。
(6)　板ずりでつるつるした表面に傷をつけることで，味を浸み込ませる役目をする。板ずりはふき等でも行う。　(7)　野菜の色を保つために，例えばほうれん草など緑の葉物をゆでる時は，蓋をせずに素早くゆでる。また，野菜に含まれるビタミンCは水に溶出するので，生で食するより減少してしまうことも意識するとよい。　(8)　食物繊維には不溶性のものとしてセルロース，キチン，ペクチン質(未熟な物)等。水溶性のものとしてマンナン，アルギン酸，ペクチン質(完熟した物)等がある。　(9)　コハク酸はホタテ貝等にも含まれ，出汁の一つとしても用いられる。　(11)　ブールマニエは，西洋料理一般に用いられている。　(12)　淡水化物，脂質についても出題頻度が高いので，理解しておくこと。　(13)　まな板は，1枚を裏と表の用途を別にして使う方法もある。また使用後に手入れをしたら，よく乾燥させておくことも大切である。使用する時は一度ぬらして使う。　(14)　褐変現象を起こすものとして他に，ごぼう，いも類，うど，レンコン等があげられる。

【2】(1)　①　懸衣　②　サリー　③　貫頭衣　④　寛衣　⑤　丈　⑥　身幅　⑦　アジア　⑧　窄衣　⑨　ワンピース　⑩　動作　⑪　寒い地方　⑫　明治　⑬　麻　⑭　絹　⑮　室町　(2)　・特殊性説…支配層がその地位を表現するために衣服をまとった。　・集団性説…集団の団結や敵との区別のために何かをまとった。　(3)　特徴…　・冷感がある。　・吸湿性・吸水性が大きい。強いが伸びは小さい。　・ぬれても弱くならず，洗濯にたえる。　・熱に強い。しわになりやすい。　・染色・漂白しやすい。　用途…夏季用衣服，ハンカチ　(4)　・古代ローマ帝国では，巻衣のトガの色で階級が区別された。　・飛鳥時代，聖徳太子が行った冠位十二階以来平安時代まで，冠色や服色による位階の表示が行われた。　(5)　衣服には，自然環境に対する機能と社会環境に対する機能がある。自然環境に対する機能としては，人間は体温と気温の差が10度以上になると体温を一定に保てなくなるが，衣服を活用することで快適な状態に近づけることができる。また，乾燥や紫外線などの気象現象や物理的・化学的な障害や危害から皮膚を保護し，

自らの新陳代謝による皮膚の汚れを取り除く働きもある。社会環境に対しては，TPOに合わせた衣服や制服などのように社会生活を円滑にし，社会秩序を維持する働きや，自己表現の手段としての機能，さらには，スポーツウェアや作業服など活動効率を高める機能もある。

(6)　名称…高島ちぢみ　　特徴…汗をよく吸収して素早く乾く。さらっとした肌触りでさわやかな着心地である。

〈解説〉(1)　設問の文章は「衣服の起源説」「現在の被服の構成による分類」「日本の被服の変遷」に大別できる。身体の保護説は気候や外敵から身を守ること，装飾説とは体を美しくみせること，護符説とは身を守るためにお守り札等を身につけることを指す。現在の衣服の類型について，懸衣型は巻衣形式と貫頭衣形式に細分される。寛衣型は日本の着物，窄衣型は洋服が代表例である。　(2)　他に呪術説，紐衣説，羞恥説などがあげられる。　(3)　木綿や動物性の毛，絹の性質も理解しておくこと。　(4)　現在，最もよく目にする例としては僧侶の装束があげられる。　(5)　現代における被服の機能は保健衛生的機能(体温調節の補助，身体の保護，生活活動への適応)と社会的機能(職業や社会集団の表示，社会慣習への順応，自己の表現)に大別できるので，それを踏まえてまとめるとよい。　(6)　高島市では古くから綿花が栽培され，江戸時代に和服の生地として縮(ちぢみ)が織られるようになった。また，昭和30年代後半あたりからクレープ肌着が高級品として出回った。なお現在，日本では綿花の栽培はほとんど行われていない。

【3】(1)「床座」の長所…　・部屋機能を限定せず転用性が高い。　・家具の必要面積が椅子座より少ない。　・くつろぎやすく，安定姿勢に適している。　・畳の感触が素足の生活に適している。
「床座」の短所…　・正座や無理な姿勢を強いることもある。　・座り込む姿勢は，活動性を低下させる。　・部屋機能が固定せず，混乱しやすい。　・呼吸位置が床面に近く，不衛生になる。
「椅子座」の長所…　・椅子により自由な姿勢がとれる。　・部屋の転用が限られ，生活の秩序がある。　・動きやすく活動的である。

「椅子座」の短所…　・部屋の転用がきかず，部屋数を必要とする。　・床座より広い部屋面積が必要となる。　・椅子をはじめ，洋家具の費用がかかる。　・暖房設備の床面での熱効率が悪い。

(2)　症状…建物に入ると，頭痛・だるさ・目やのどの痛みなど体調不良の症状が出る。　原因…塗料や家具の接着剤，開放式ファンヒーター，殺虫剤，化粧品などから出るホルムアルデヒド・トルエン・キシレンなどの汚染物質が考えられる。　(3)　・適度な紫外線にはビタミンDの生成を促進し，強い殺菌作用は細菌などの病原体を死滅させる保健衛生上の効果がある。　・建物を暖め，室温を高める効果がある。　・気分をそう快にする心理的効果がある。

〈解説〉(1)　解答例の他，床座の長所として家具が不要で経済的，畳を使用すると防音性がある，ほこりが目立ち掃除しやすい等。床座の短所として湿度が高すぎるとかびが発生する等。椅子座の長所として膝を曲げても窮屈さがないので脚部の発育によい，顔が高い位置にくるのでほこりの影響が少ない等があげられる。高齢社会になりトイレや風呂，ベッドの利用など，生活様式に大きな変化が出てきている。それらについても理解しておくこと。　(2)　シックハウス症候群は有機化学物質が原因とされている。シックハウス対策として，日本では2003年に建築基準法が改正され，建築材料の規制や換気による有機物質排除の規定が定められた。

【4】1　①　栄養の補給　　②　消化機能の増強　　③　かむ力の発達　④　味覚の発達　　⑤　精神発達の促進　　⑥　食事習慣の確立

2

	開始 ――――――――――――――――――――→ 離乳の完了			
時　期	生後５～６か月ころ	７～８か月ころ	９～１１か月ころ	１２～１８か月ころ
食べ方のめやす	・子どもの様子を見ながら，１日１回１さじずつ始める。 ・母乳やミルクは飲みたいだけ与える。	・１日２回食で，食事のリズムをつけていく。 ・いろいろな味や舌ざわりを楽しめるように食品の種類を増やしていく。	・食事のリズムを大切に，１日３回食に進めていく。 ・家族一緒の楽しい食卓体験をさせる。	・１日３回食事のリズムを大切に生活リズムを整える。 ・自分で食べる楽しみを手づかみ食べから始める。
調　理 形　態	なめらかにすりつぶした状態	舌でつぶせるかたさ	歯ぐきでつぶせるかたさ	歯ぐきでかめるかたさ
穀　類 （ｇ）		全がゆ ５０～８０ｇ	全がゆ　９０ｇ ～軟飯　８０ｇ	軟飯　９０ｇ ～ご飯８０ｇ

3　①　1品ずつ，初めは1さじ，翌日は2さじと順次少しずつ増量していく。　②　子どもの機嫌や便の様子を見ながら，無理せずあせらず進めていく。　③　新鮮な材料を用い，十分に加熱してから用いる。　④　卵白などアレルギーを起こしやすい食品は，生後9か月以降をめやすに用いるようにする。　⑤　糖分・塩分は控え，薄味とする。　⑥　調理に手間をかけすぎず，また献立が単調にならないように工夫する。大人のおかずと一緒に調理したり，冷凍保存したものを活用したり，市販のベビーフードを必要に応じて用いるとよい。　⑦　食べる意欲を大切にし，自分から食べ物に手を伸ばすようになれば，ある程度自由に食べさせる。

〈解説〉離乳食の意義については，他に大人の食べ物に関心を持つこと，生活のリズムを整える，たくさんの種類の食品を大人と同様食べることの必要性もあげることができる。進め方や与え方の注意点は，「授乳・離乳の支援ガイド」(厚生労働省)等を参照すること。

【5】(1)　婚外子の遺産相続分の取り分を婚内子の半分とした規定を削除した。　(2)　女性の再婚禁止期間の100日を越える部分は違憲とし，結婚時に夫または妻の姓を名乗る規定は合憲とした。

〈解説〉(1)　婚内子・婚外子の相続分を定めていたのは，民法第900条第四号であった。婚外子とは法律上の婚姻関係にない男女の間に生まれた子のことであり，非嫡出子と呼んでいる。　(2)　民法第733条では「女性は離婚や結婚取り消しから6か月を経た後でなければ再婚できない」としていたが，この裁判によって2016年6月から「100日」に短縮された。

【6】(1)

労働契約法	労働者と使用者（雇い主）との契約の基本的な内容を定める法律。就業規則変更時の合理性と周知の義務、解雇権・懲戒権濫用の無効などについて規定されている。
短時間労働者の雇用管理の改善等に関する法律（パート労働法）	短時間労働者の労働条件と教育訓練・福利厚生の改善の促進のための法律。
高年齢者雇用安定法	少子高齢化の中での高齢者の活用や、年金の支給開始引き上げへの対応などを目的とし、企業に対して段階的に６５歳までの雇用確保を義務付けた法律。

(2)　介護が必要な高齢者が自立した日常生活を営めるよう支援することを目的として2000年にスタートした。40歳以上の人が被保険者となって財源の50％を保険料として納め，市町村などが保険者として運営をはかる制度である。介護サービスを利用するには，要介護認定を市町村に申請し，判定を受ける。認定度に応じて居宅サービスや施設サービスが受けられる。

〈解説〉(1)　労働契約法は，就業形態の多様化や個別労働関係紛争の増加などに対応するため2008年に施行，2013年に法改正が行われた。パート労働法は1993年に制定されたが，実効性が乏しい等の理由により，何度か改正されている。高年齢者雇用安定法は，1971年に成立したが，少子高齢化の進行等に対応するため，2004年に改正法が成立した。
(2)　介護保険制度は，2000年にスタートしたが，2005年の改正により，地域包括センターが設立された。2011年にも改正され，さらに2014年の改正では持続可能性を確保する観点から，地域における医療・介護体制の見直しを図った。

【7】(1)　胎児には胎児循環があり，肺でガス交換をしないため，肺循環の血液の一部を動脈管や卵円孔を通して体循環に合流させている。出生後は動脈管や卵円孔は閉じて，肺循環によって二酸化炭素の放出と酸素の取りこみが行われる。また，体循環によって全身に血液が流れるようになる。　(2)　・子どもの発達段階に応じて課題を提供する。　・しかるより，ほめたり励ましたりするなかで，子どもの自立への意欲を育てる。　・うまくできなくても，子どもの自分でやりたいという気持ちを尊重して援助する。　(3)　・子どものからだは水分の占める割合が多く，発熱・下痢・嘔吐の際には脱水症になりやすい。　・子どもは言語表現が未熟なため，病気の症状を十分に自分で訴えることができない。　・心臓や肺などの身体機能が未熟で免疫力も弱いため，重症化しやすい。

〈解説〉(1)　胎児は胎盤より酸素を取り入れている。出生後，ただちに呼吸運動を始め，肺から酸素を取り入れるようになる。新生児の呼吸は腹式呼吸で，呼吸数は1分間に約40～50回と大人の約2倍である。月齢が上がるにつれ呼吸も規則正しくなり，呼吸数も減少してくる。(2)　基本的生活習慣とは，人間として生活していくうえで，だれもが繰り返し行っていくことで，具体的には食事，排せつ，睡眠，清潔，衣類の着脱等である。これらの自立の手助けを一般的に「しつけ」という。心がけとして，大人がよい手本をしめす，必要以上に手伝わず，子ども自身に繰り返し努力させる，毎日の生活の中で時期を逃さない等がある。　(3)　子どもの病気については，日頃の観察が肝心である。特徴としては，出生前に原因がある場合は大部分乳児期までに現れる，出生後の場合，適応がうまくいかないものが原因になるケースが多い，感染症にかかりやすい，経過が急で症状が激しい，わがままや甘えが出る等があげられる。

2016年度 実施問題

【中学校】

【1】次のA～Eは，消費者を守る法律や制度である。また，F～Jは，消費生活に関連する機関や組織である。下の1～4の問いに答えよ。

A　特定商取引法	B　製造物責任法
C　消費者基本法	D　消費者契約法
E　クーリング・オフ制度	

F　消費者生活センター	G　国際消費者機構
H　消費者庁	I　国民生活センター
J　内閣府	

1　次の(1)～(2)は，A～Eのどれを説明したものか。記号で答えよ。

(1)　訪問販売や通信販売等を対象に，事業者が守るべきルールと消費者を守るルールを定めている。

(2)　製品による損害を被った場合，製造業者等に損害賠償を求めることができる。

2　次の(1)～(2)は，F～Jのどれを説明したものか。記号で答えよ。

(1)　地方公共団体等の機関である。消費者からの相談に応じたり，消費者への情報提供，苦情処理などを行っている。

(2)　様々な省庁で行われていた消費者関連の国の業務をまと専門的に行うため，2009年に設置された。

3　次は「消費者の8つの権利と5つの責任」を示したものである。あとの(1)～(3)の問いに答えよ。

「消費者の8つの権利」

ア　基本的な需要が満たされる権利

イ　安全が確保される権利

ウ　知らされる権利
エ　選択する権利
オ　意見が反映される権利
カ　被害の救済を受けられる権利
キ　消費者教育を受けられる権利
ク　健全な環境が確保される権利

「消費者の5つの責任」
ケ　(　①　)意識を持つ責任
コ　主張し行動する責任
サ　社会的弱者への配慮責任
シ　(　②　)への配慮責任
ス　連帯する責任

(1) 「消費者の8つの権利と5つの責任」を挙げている組織は，F～Jのどれか。記号で答えよ。

(2) (　①　)～(　②　)にあてはまる語句を次のa～eから選び記号で答えよ。

a　環境　　b　健康　　c　経済的　　d　批判的　　e　節約

(3) 「消費者の5つの責任」のサ　社会的弱者への配慮責任に関して，開発途上国の原料や製品を適正な価格で購入し，開発途上国の生産者や労働者の生活改善と自立を目指す貿易の仕組みのことを何というか。カタカナで答えよ。

4　Eのクーリング・オフ制度では，クーリング・オフの期間は，契約書を受け取った日を含めて8日間であるが，次のK～Oの販売方法の中でクーリング・オフの期間が20日間の販売方法が1つある。記号で答えよ。

K　通信販売　　L　訪問販売　　M　キャッチセールス
N　マルチ商法　　O　店舗販売

(☆☆☆☆◎◎◎)

【2】次は，布を用いた物の製作について述べたものである。1～2の問いに答えよ。

1　滋賀花子さんは，授業でハーフパンツを製作することになり，2人組で採寸を行った。その後，＜図＞のように型紙を裏側に配置し，破線でしるしを付けて裁断をした。下の(1)～(4)の問いに答えよ。

＜図＞

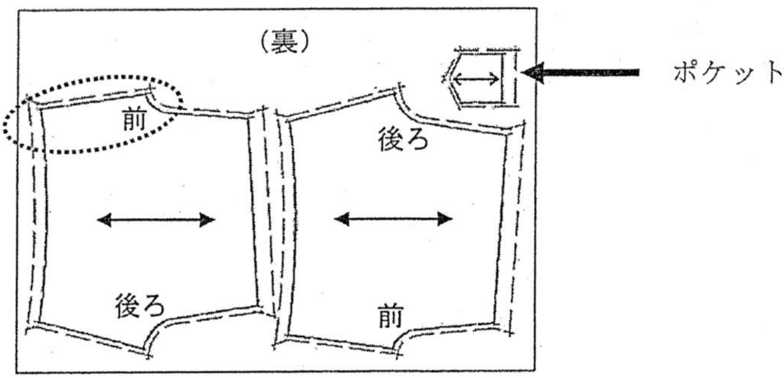

(1)　ハーフパンツの製作に必要な採寸箇所は，パンツ丈と股上以外に2箇所ある。身体の部位で答えよ。

(2)　布を裁断する前に，布のゆがみを直すために，素材に合わせて行うことを何と言うか。答えよ。

(3)　花子さんは，ポケットを右パンツの後ろに1つ付けようと考えた。ポケットを上の＜図＞に描き入れなさい。

(4)　＜図＞  の部分と縫い合わせるのはどこか。上の＜図＞に  で表しなさい。

2　既製服の表示について，次の(1)～(2)の問いに答えよ。

(1)　JISおよびISOの日本語表記は何か。答えよ。

(2)　次の①～⑥の取り扱い絵表示を，＜表＞に分類し記号で答えよ。ただし，同じ記号は2回使えない。

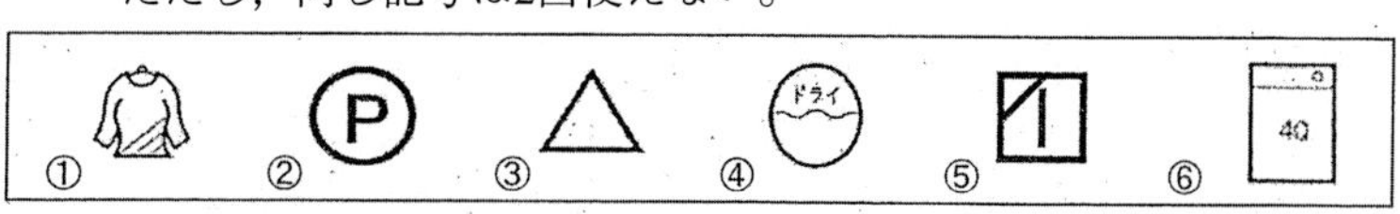

〈表〉　　　　ＪＩＳとＩＳＯとの表示記号に関する対比

	ＪＩＳ	ＩＳＯ
干し方		
ドライクリーニング		
漂白の可否		
洗い方		

(☆☆☆☆◎◎◎)

【3】次は，家族・家庭と子どもの成長について述べたものである。1～2の問いに答えよ。

1　次の文は，平成20年9月に告示された中学校学習指導要領解説「第2章　技術・家庭科の目標及び内容　第3節　家庭分野　2　家庭分野の内容　A　家族・家庭と子どもの成長」に示された指導事項(3)　ウの抜粋である。次の(1)～(2)の問いに答えよ。

(1)　(　①　)～(　③　)にあてはまる語句を，下のア～カから選び記号で答えよ。

> ウ　幼児と触れ合うなどの活動を通して，幼児への関心を深め，かかわり方を工夫できること。
>
> この学習では，A(3)のイの事項との関連を図り，幼稚園や保育所等の幼児との触れ合いが効果的に実施できるように工夫するとともに，事前の打ち合わせを十分行い，幼児及び生徒の(　①　)に配慮することが大切である。また，(　②　)の実態に応じて，子育て支援センターや育児サークルの親子との触れ合いや，教室に幼児を招いての触れ合いを工夫するなど，可能な限り直接的な体験ができるよう留意する。なお，幼児と触れ合う活動が困難な場合には，視聴覚教材や(　③　)などを活用してかかわり方の工夫をする学習も考えられる。

ア　生活　　イ　ロールプレイング　　ウ　地域
エ　安全　　オ　問題解決的な学習　　カ　発達段階

(2) 下線部に幼稚園や保育所等とあるが，幼稚園と保育所の機能を合わせもち，0歳から就学前までのすべての乳幼児を対象としている施設を何というか。答えよ。

2 家族・家庭と地域に関する次の(1)～(4)の問いにあてはまる語句をア～キから選び記号で答えよ。

(1) 子育てと仕事を両立させるためには，育児休業だけでなく，日常の仕事と生活のバランスが重要であるとして，2007年に定められた。

(2) 子どもの生きる権利・育つ権利・守られる権利・参加する権利が定められている。

(3) 家庭で暮らす高齢者が，機能訓練や介護，食事や入浴サービスを受ける施設。

(4) 満18歳までの子どもに関する相談ができる。子どもが家庭で生活できなくなった時や，虐待などの問題がある時に対応してくれる。

ア 男女共同参画社会基本法
イ ワークライフ・バランス憲章
ウ ファミリーサポート企業
エ デイサービスセンター
オ 子どもの権利条約
カ 児童相談所
キ 児童憲章

(☆☆☆◎◎◎)

【4】次は，中学生の食生活と栄養，食中毒について述べたものである。1～3の問いに答えよ。

1　次の文は，平成20年9月に告示された中学校学習指導要領解説「第2章　技術・家庭科の目標及び内容　第3節　家庭分野　2　家庭分野の内容　B　食生活と自立」に示された指導事項(1)　イの抜粋である。下の(1)～(3)の問いに答えよ。

> イ　栄養素の種類と働きを知り，中学生に必要な栄養の特徴について考えること。
>
> また，食物繊維は，消化されないが，腸の調子を整え，健康の保持のために必要であること，水は，五大栄養素には含まれないが，人の体の約60％は水分で構成されており，生命維持のために必要な成分であることにも触れるようにする。
>
> 中学生に必要な栄養の特徴については，身体の成長が盛んで活動が活発な時期であるため，エネルギー及び(　①　)や(　②　)などの栄養素を十分に摂取する必要があることを考えさせ，日常生活で栄養的に過不足のない食事をとる必要があることを理解できるようにする。また，健康の保持増進と成長のために必要なエネルギーや栄養素の摂取量の基準が(　③　)に示されていることが分かるようにする。
>
> 指導に当たっては，調査や話合いなどをしたり，視聴覚教材を活用したりするなどの活動を取り入れ，栄養素に関心をもたせるよう配慮する。

(1)　(　①　)～(　③　)にあてはまる語句を答えよ。

(2)　下線部の食物繊維を多く含む食品を，6つの基礎食品群の4群と5群からそれぞれ1つ答えよ。

(3)　下線部の水を摂取しないと，身体にどのような症状が起こるか。答えよ。

2　次の＜図＞は，食中毒の分類を表したものである。下の(1)～(2)の問に答えよ。

〈図〉　食中毒の分類　（　）は原因食品

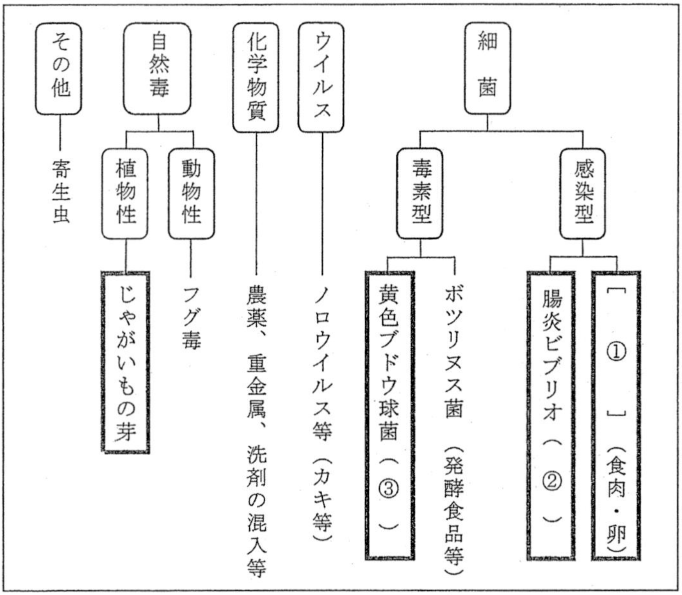

(1)　[　①　]には，食中毒の原因となる最近を，(　②　)と(　③　)には原因食品を，次のア～カから選び記号で答えよ。

ア　サルモネラ菌　　イ　病原性大腸菌　　ウ　セレウス菌

エ　おにぎり　　オ　魚介類　　カ　レバー

(2)「じゃがいもの芽」に多く含まれる，自然毒を何というか，答えよ。また，調理する際にその毒性を減らすにはどうすればよいか，説明せよ。

3　滋賀花子さんは，〈材料〉のとおりに「親子どんぶり」を作って食べたら，カンピロバクター食中毒を発症した。下の(1)～(2)の問いに答えよ。

〈材料〉	・ごはん	・玉ねぎ	・しょうゆ
	・鶏肉	・三つ葉	・さとう
	・卵	・きゅうりの漬物	・いりこだし

(1)　考えられる原因食材は何か。〈材料〉の中から選んで答えよ。また，食中毒が起こった原因と考えられることを〈調理過程〉の①～③の中から選んで記号で答えよ。

〈調理過程〉

①原因食材を水洗いしなかったから。

②原因食材を切った包丁とまな板を使って，付け合わせのきゅうりの漬物を切ったから。

③原因食材を塩に漬けておかなかったから。

(2)　食中毒を防ぐためのカンピロバクターの加熱条件は，病原性大腸菌O－157と同様である。加熱温度と加熱時間を答えよ。

(☆☆☆☆◎◎◎)

【5】次は，加工食品の表示である。1～5の問いに答えよ。

1　〈図〉は，カレールーの食品表示である。食品添加物をすべて答えよ。

〈図〉

名　　称	カレールー
原材料名	小麦粉，植物油脂（なたね油），牛乳，さとう，食塩，カレー粉，はちみつ，ピーナッツ，香辛料，りんご，調味料，保存料，乳化剤，酸味料
内容量	250 g
賞味期限	2016. 4. 21
製造者	株式会社○○○○

2　原材料の中で最も多い量が含まれているものは何か，1つ答えよ。

3　賞味期限と消費期限の違いを答えよ。

4　特定のアレルギー物質である7品目は表示が義務づけられている。〈図〉の表示の中から特定のアレルギー物質をすべて答えよ。

5　次の①～③のマークの中で，食品の品質や安全に関するマークはどれか。正しいものを記号で答えよ。

①　　　②　　　③

(☆☆☆◎◎◎)

【6】次は，住まいについて述べたものである。1～3の問いに答えよ。

1　次の〈写真〉は，日本の伝統的な住まいの和室である。下の(1)～(3)の問いに答えよ。

〈写真〉

(1)　①は，季節や行事に合わせて，掛け軸や花を飾る場所である。名称を答えよ。

(2)　②は，薄い和紙をはり，閉じても外の光を採り入れることができる。名称を漢字で答えよ。

(3)　畳が，日本の暮らしに適している理由を答えよ。

2　室内の暖かい空気に含まれる水蒸気が冷たい窓や壁によって冷やされ，水滴となったもので，カビやダニの発生の原因になるものを何というか，答えよ。

3　住宅の高気密化や化学物質を放散する建材などの使用による空気汚染で引き起こされる体調不良で，めまいや吐き気，頭痛などの症状を何というか，答えよ。

(☆☆☆☆◎◎◎)

【高等学校】

【1】次の〔A〕～〔D〕の下線部に関する(1)～(8)に答えよ。

〔A〕 粒食文化圏に属する日本では，稲作に適した気候風土により，①米を主食とする食文化をつくり上げた。また，4つの海流が流れる海と多くの②河川湖沼の魚介類をもとに，各地で優れた魚食文化も発達させた。そして，四季折々の食材と豊富でおいしい水に恵まれた日本の料理は水の料理ともいわれてきた。

〔B〕 日本人は自然の営みを大切にし，四季折々の旬の食材，淡白な味つけ，形や色彩を生かす調理，包丁さばき，多彩な食器・盛りつけ技術などを発達させ，懐石・本膳・会席などの料理形式を生み出し，また，③一汁三菜という日本型食生活をつくってきた。しかし，日本の食文化は決して均一ではなく，主食として米を常食する人は富裕層か都市住民に限られ，1960年以前は，麦・いも・野菜入りカテ飯(まぜごはん)，粥，雑炊などが多かった。また，日本各地に酵母やかびなどの微生物を利用した酒，みそ，しょうゆ，酢，納豆，塩辛，漬物などの優れた発酵食品が生み出され，大豆を使った食文化も多彩である。

〔C〕 日本の伝統的行事食

行事・節句	料理	行事・節句	料理
正月	④お節料理	七夕(7月7日)	そうめん
人日　(1月7日)	⑤七草がゆ	重陽(9月9日)	団子
節分　(2月3日)	炒大豆	彼岸	ぼた餅・おはぎ
上巳　(3月3日)	白酒・菱餅	冬至	⑥(　　)
端午　(5月5日)	柏餅・粽	大晦日	年越しそば

〔D〕 人が誕生してから一生を終えるまでに通過する儀礼を通過儀礼という。⑦誕生祝い・お食い初め・結婚式・葬式などがあり，特別の食事がつくられ，人々が共食した。儀礼食には，古くは本膳料理が用意されたが，現在では祝い膳に赤飯がつくられることが多い。七五三は古来の髪置き・袴着などの通過儀礼が形を変えたもので，千歳あめが長寿の願いをこめて食べられる。

(1)　下線部①米を主食とあるが，米の成分の特性について，「アミロース」「アミロペクチン」「たんぱく質」という語を用いて説明せよ。

(2)　下線部②河川湖沼の魚介類をもとに，各地で優れた魚食文化も発達させたとあるが，滋賀県のふなずしはその代表的な例である。

(ア)　このようなすしを総称して何というか答えよ。

(イ)　保存性を高めているものは何か答えよ。

(3)下線部③一汁三菜という日本型食生活とあるが，現在の日本の食生活はアメリカ型に近づいている。1960年以降の主な食品摂取量の推移と課題について説明せよ。

(4)　下線部④お節料理の祝い肴に「三つ肴」があるが，その3つの料理をあげ，それぞれに込められた意味を説明せよ。

(5)　下線部⑤七草がゆにはどのような意味があるか，説明せよ。

(6)　下線部⑥(　　)に該当する食材を答えよ。

(7)　下線部⑦について，本来食事には，皆と同じものをともに食べることを通して，安心感や連帯感を得るという意義があるが，近年こうした食の意義が失われつつある。どのようなことが課題となっているか，その背景をふまえて説明せよ。

(8)　もてなしの料理を作るとき，次の(ア)～(エ)について答えよ。

(ア)　炊き込み飯をつくる。ひとり当たりの分量を，米100g，酒7.5mL，しょうゆ4mL，塩0.7gとする場合，5人分に必要な水の量を計算せよ。

(イ)　天ぷらをつくる。天ぷらの衣は，ふるった薄力粉にぬるま湯を加えてよく練りこんでつくった。この方法の問題点をあげ，その理由を説明せよ。

(ウ)　吸い物をつくる。だし汁はうまみの相乗効果を利用したものとして混合だしがよく用いられる。下表は味の相互作用を示したものである。(　a　)～(　e　)に適語や例を入れて表を完成せよ。

相互作用	味	例
(　a　)	塩味と甘味	しるこやあんこに少量の食塩を加えると甘味が強くなる。
	(　b　)	だし汁に少量の食塩を加えるとうま味が強くなる。
抑制効果	(　c　)	コーヒーの苦味は，砂糖の甘味により弱まる。
	甘味と酸味	(　d　)
相乗効果	2種のうま味	こんぶのうま味は，かつお節やしいたけのうま味により著しく強まる。
変調効果	(　e　)	塩辛いものを味わった後の水は，甘く感じる。
	味覚変革物質	西アフリカ原産のミラクルフルーツを食べた後の酸味は，甘く感じる。

(エ)　敬老の日のもてなしの献立を作成する時のポイントを説明せよ。

(☆☆☆☆◎◎◎)

【2】家族に関する次の(1)，(2)に答えよ。

(1)　世帯とは何か，説明せよ。

(2)　次の①，②は法律ではどのように定められているか，また，③はそれぞれの考え方について説明せよ。

①　夫婦の氏　　②　扶養の範囲

③　裁判離婚の有責主義と破綻主義

(☆☆☆☆◎◎◎)

【3】子どもの発達と子育て支援に関する次の(1)，(2)に答えよ。

(1) 子どもの言葉の発達について，下の枠に示すタイトルに従い，次の語句を使って板書を完成せよ。

語句：泣き・喃語・始語・二語文・第一質問期・多語文

【 言葉の発達 】

1 泣きと喃語

2 言葉の発達

言葉の遅れの原因

(2)　次の表は，妊娠・出産・育児に関する法律や条約である。①～⑥に適する法律名・条約名を記せ。

法律名・条約名	内容
①	保険給付として，出産・育児一時金，出産手当金の支給。
②	生理休暇，産前(6週間)産後(8週間)の休業，育児のための就業時間の短縮，深夜労働・時間外労働・休日労働の制限。
③	母子健康手帳の交付・妊産婦の健康診査・新生児の訪問指導など，種々の母子保健事業の実施。
④	妊娠・母性休暇を理由とする解雇の禁止，親の家庭責任と職業上の責務および社会活動への参加保障・援助・促進など。
⑤	女性労働者が母性を尊重されながら，仕事と家庭の調和がはかれるようにする。性差別を禁止する。
⑥	父母一人ずつが取得する際は子どもが1歳になるまで，父母が共に取得する際は1歳2か月まで(どちらでも保育所に入所できないなどの理由がある際は1歳6か月まで)，父母のどちらかに育児のための休業を認める。法律上の親子であれば養子にも適用される。対象者の解雇を禁止している。

(☆☆☆☆☆◎◎◎)

【4】消費生活に関する次の(1)，(2)に答えよ。

(1)　可処分所得について，「消費支出」「非消費支出」「実収入」「実支出」の4つの語句を用いて説明せよ。

(2)　未成年者契約の取消権が適用される場合と適用されない場合について説明せよ。

(☆☆☆☆◎◎◎)

【5】衣服素材に関する次の(1)～(3)に答えよ。

(1) 次の表とグラフを参照し，(①)～(⑩)に適語を記入せよ。

【 各種材料の熱伝導比 】

材料	熱伝導比(空気を1とした比較数値)
空気	1
羊毛織物	1.6
ポリエステル織物	1.7
綿織物	2.2
水	23.4
ガラス	29.6
銅	15,700

【 各種布地の保温性 】

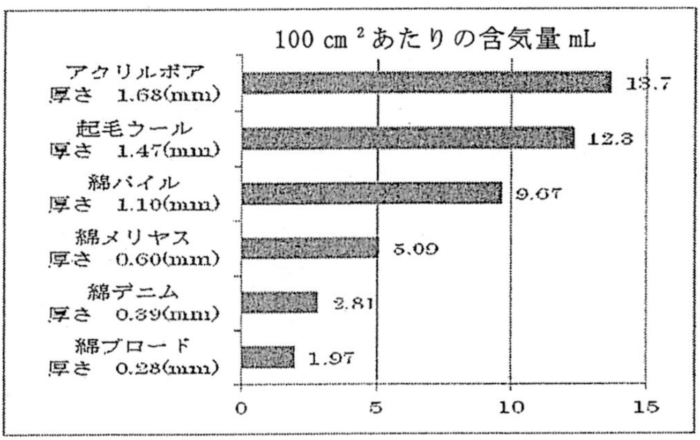

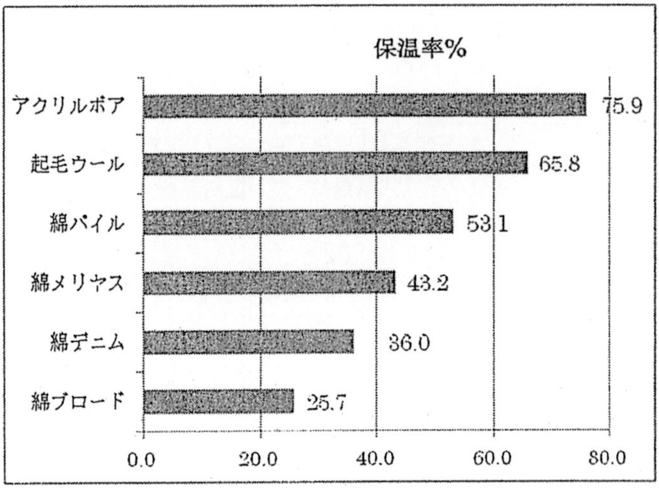

熱の放散のしかたには伝導・対流・放射があるが，布の保温性は，このうち主として伝導による熱の(　①　)を防ぐ性能をいう。繊維は　(　②　)を伝えにくい物質であるため保温性に優れた材料といえるが，(　③　)はさらに熱伝導性が小さいので，重ね着をして(　④　)をつくると保温性が高くなる。

空気を多く含むものには，捲縮のある(　⑤　)の製品，タオル・ビロードなど表面に(　⑥　)や毛羽のあるもの，キルティング地，編み糸のようによりの(　⑦　)糸を用いたものなどがある。

保温性の要求される冬物のスカート・パンツ・スーツ・コートなどは(　⑧　)が適している。

また，水の熱伝導率は空気の約25倍もあり，さらに水は蒸発時に周囲の熱を(　⑨　)ので，衣服に水が付着していると保温性は著しく(　⑩　)する。

(2)　夏の日常着に適する衣服材料の性能を3つあげて説明せよ。

(3)　寝間着に適した素材と性能について説明せよ。

(☆☆☆◎◎◎)

【6】衣服の構成について次の(1)，(2)に答えよ。

(1)　立体構成の衣服は，人体の曲面に合わせて立体的に形づくられている。そのため，平面の布から人体を覆う衣服を製作するためには，人体の複曲面に合わせたパターン(型紙)が必要になる。パターンの種類について3つあげ，説明せよ。

(2)　平面的に構成されている和服は，細長い布を長方形に裁断し，人体を覆うことができるように縫い合わせたものである。着装の特徴を説明せよ。

(☆☆☆◎◎◎)

【7】生活と福祉に関する次の(1)～(4)に答えよ。

(1)　高年期の重要な健康課題・目標は，健康的な生活習慣を維持しつつ，介護予防を心がけることである。介護予防とは，元気な人は介護が必要な状態にならないように，介護が必要な人もそれ以上悪くならないようにするための取り組みである。次の①～⑥から3つを選び，それぞれについて説明せよ。

①　運動機能(体力・筋力)の維持・向上　　②　栄養状態の改善
③　口腔機能の維持・向上　　④　閉じこもりの予防
⑤　認知症の予防　　⑥　うつの予防

(2)　ユニバーサルデザインとは，障がいの有無にかかわらず，だれでも使いやすい道具や空間として設計されていることである。ユニバーサルデザインの7つの原則について説明せよ。

(3)　体位変換の意義と目的について，「褥瘡」「拘縮」「起居動作」の3つの語句を使って説明せよ。

(4)　加齢とともに，摂食機能や嚥下機能が低下し，むせやすくなる。そのため，食品の選択や調理法，摂食時の工夫など食生活全般への配慮が必要になる。次の枠に示すタイトルに従い，板書の続きを完成せよ。

【食事の工夫】

老化に伴う摂食・嚥下機能の低下要因

〔省略〕

誤嚥を起こしやすい食品　→　工　夫

誤嚥を起こしにくい食品

(☆☆☆☆◎◎◎)

解答・解説

【中学校】

【1】1　(1)　A　(2)　B　2　(1)　F　(2)　H　3　(1)　G
(2)　①　d　②　a　(3)　フェアトレード　4　N

〈解説〉1　(1)　正式には,「特定商取引に関する法律」という。無店舗販売での取引を規定した法律。1976年に制定した「訪問販売等に関する法律」を, 2000年にこの名称に変更したものである。　(2)　PL法ともいい, 1995年に施行された。製造者に過失がなくとも製品に欠陥があれば, 賠償責任を負わせるというもので, 被害者の立証の負担を軽くし, 製造者に高度な製品安全への認識を期待したもの。

2　(1)　1970年代に消費生活センターは各地に設置された。これは1968年に消費者保護基本法(現在は消費者基本法で, 2004年に改正)が制定され, 1970年に国民生活センターが設置された流れを受けたもの。(2)　消費者庁は, これまで厚生労働省, 農林水産省, 経済産業省などの各省庁がおのおので行っていた消費者関連行政の一元化を目指したもの。消費者基本法第2条による事務の行使が任務となっている。

3　1962年にアメリカのケネディ大統領が消費者の4つの権利を提唱した。選択肢のイ～オまでの内容がそれである。その後, 1975年にフォード大統領が選択肢キの内容を追加して, この「消費者の8つの権利と5つの責任」を提唱したのである。　(3)　フェアトレードは,「公正貿易」という意味で, 商品としてはコーヒーや紅茶, チョコレート等の食品のほか, 衣料品やサッカーボール等も扱われている。

4　マルチ商法とは, 連鎖的に組織を広げていく方法である。選択肢のMも悪徳商法の一つである。k, Lは無店舗販売, Oは店舗販売と, いずれも販売方法である。

【2】1　(1)　部位…腰囲・ヒップ，部位…胴囲・ウエスト　　(2)　地直し

(3)

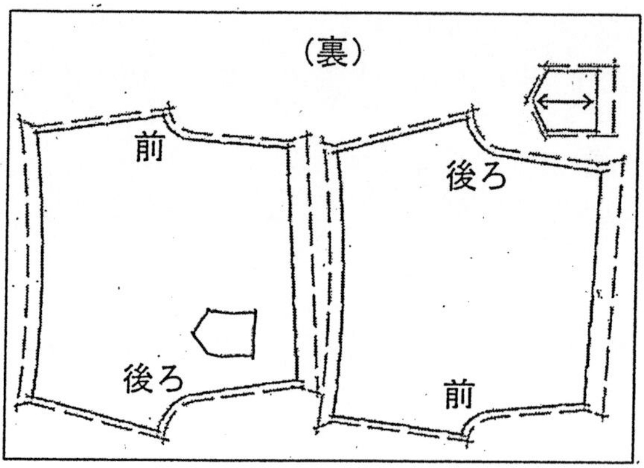

(4)

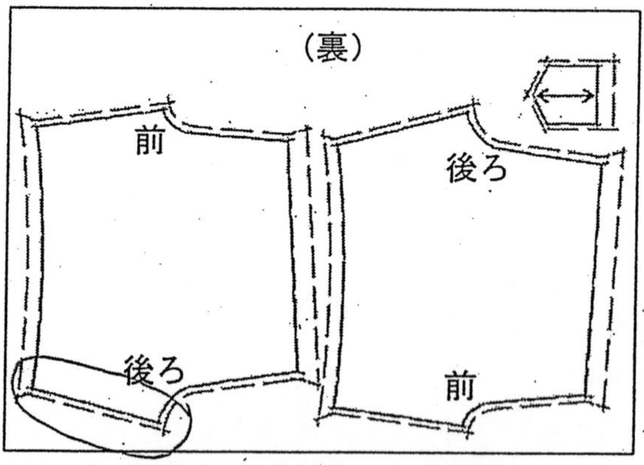

2　(1)　JIS…日本工業規格　　ISO…国際標準化機構

(2)

	JIS	ISO
干し方	①	⑤
ドライクリーニング	④	②
漂白の可否		③
洗い方	⑥	

〈解説〉1　(1)　ハーフパンツ製作に必要な採寸箇所は4か所である。腰囲は，腰部の一番突出した部分の回りを水平に測る。胴囲は女子の場合は，胴の一番細い部分の回りを測る。股上はウエストラインから座面までを右脇で測る。　(2)　地直しは，洗濯による布地の収縮を防ぎ，地の目を正すことも目的の一つである。　(3)　ポケットは，ズボンの後ろにつける場合は通常左の方に付ける。　(4)　片側に股下を縫い合わせているところである。ズボンの縫い方の順序を確認しておこう。
2　現在日本は，JISによる表示が一般的だが，衣料品の国際化等に伴い，国際的な表示の統一化をねらいとして，2016年12月からISOに切り替わる予定であるので，両者を比較しながら身に付けておこう。

【3】1　(1)　①　エ　②　ウ　③　イ　(2)　認定こども園
2　(1)　イ　(2)　オ　(3)　エ　(4)　カ

〈解説〉1　(1)「家庭分野」の指導内容は，「A家族・家庭と子どもの成長」「B食生活と自立」「C衣生活・住生活と自立」「D身近な消費生活と環境」の4項目あるので，まずはそこを把握しよう。そして，Aの(3)には「幼児の生活と家族について，次の事項を指導する」とあり，本問ではその中のウについて取り上げている。文章は「内容の取扱い」から抜粋し作成したものであり，しっかり熟読しておくこと。
(2)　認定こども園には，保育所機能を持つ「幼稚園型」，幼稚園機能を持つ「保育所型」，「幼保連携型」，「地方裁量型」の4つのタイプがある。　2　(1)「仕事と生活の調和 (ワークライフ・バランス)憲章」とその行動指針が策定された。2010年には社会や経済の状況に合わせ，改定が行われた。数値目標については，2020年の目標値を掲げている。

例えば，第1子出産前後の女性の継続就業率55％，男性の育休取得率13％等である。　(2)　子どもの権利条約(児童の権利に関する条約)は，国際的には1989年に国連で採択され，日本は1994年批准した。
(3)　介護サービスの利用プランには施設サービスと居宅サービスがある。前者は，介護老人福祉施設等である。後者には，訪問介護(訪問入浴介護等)，通所介護(デイサービス，ショートステイ等)がある。
(4)　児童相談所は，都道府県や指定都市に設置されることが義務づけられており，全国に約200数か所ある。その主な業務は，相談，調査，診断，判定，指導等がある。

【4】1　(1)　①　たんぱく質　　②　カルシウム　　③　食事摂取基準
(2)　4群…ごぼう，たけのこ，れんこん　　5群…さつまいも，さといも，じゃがいも，大麦，こんにゃく　　(3)　熱中症や脱水症状を引き起こす　　2　(1)　①　ア　　②　オ　　③　エ
(2)　・自然毒…ソラニン，チャコニン　　・減らす方法…じゃがいもの芽をとり，皮を厚くむいて加熱する，日の当たらないところで保管して発芽しないようにする　　3　(1)　原因食材…鶏肉(卵)
調理過程…②　　(2)　加熱温度…75℃　　加熱時間…1分間
〈解説〉1　(1)　中学校「家庭分野」には，4つの指導分野があるが，その一つの「食生活と自立」のについてである。ここでは，さらに「中学生の食生活と栄養について，次の事項を指導する」とあり，アとイの2点が示されている。本問はこのうちのイについて「内容の取扱い」を詳細に述べた文章である。このように，全体の柱立てをきちんと把握し，内容を十分に理解しておくとよい。　(2)　中学校では，6つの食品群を取り扱っている。1群(魚，肉，卵，豆・豆製品)，2群(牛乳，乳製品，小魚，海藻)，3群(緑黄色野菜)，4群(その他の野菜・果物)，5群(米，パン，麺，いも，砂糖)，6群(油脂)である。　(3)　脱水症状は，小児の場合で体重の5％ほど，成人では2～4％の水分不足で起こる。熱中症は水分の不足も一因だが，温度や湿度等，原因は多種である。
2・3　食中毒の分類一覧を理解することである。2012年に発生した食

中毒の原因物質は，細菌性が38.5％で，中でも多いのはウイルス39.3%，次が感染型のカンピロバクターで24.2%である。カンピロバクターは食肉，飲料水等が原因で感染する。そのため，料理の際に使うまな板は，肉類用と野菜用で別のものを使用したり，十分に洗うことが大切である。カンピロバクターの加熱条件は，家庭におけるHACCP(ハサップ)の6つのポイントの一つである。また，じゃがいもの芽のチャコニンはカコニンとも呼ばれる。芽だけでなく緑の部分にも含まれており，これは家庭菜園等の小さなじゃがいもに多いので芽と同様の取り扱いを心がけることである。

【5】1　調味料，保存料，乳化剤，酸味料　2　小麦粉　3　賞味期限は品質が保証される期間が5日以上の比較的長い加工食品につけられる。消費期限は，品質が保証される期間が5日以内の生鮮食品につけられる。　4　小麦粉，牛乳，ピーナッツ　5　①

〈解説〉1・2　食品添加物とは，食品の製造過程，または食品の加工や保存の目的で食品に加えたり混ぜたりして使用するものをいう。ここでは，調味料以降のものがそうである。なお，加工食品の原材料の表示は，内容量の多い物から順に表示することになっているので，ここでは小麦粉である。　3　1995年から，製造年月日等の表示の義務付けに代わって出てきたものである。これにより，製造年月日は任意となった。　4　ある特定の食品を食べると，体がアレルギー反応を起こし，皮膚のかゆみやじんましんなどの反応が出る症状を食物アレルギーといい，7品目については食品衛生法で表示が義務付けられている。このほかに，卵・そば・えび・かにである。アワビやいか等20品目については，可能な限り表示することとしている。　5　①は「有機JASマーク」で，日本農林規格に基づき，農薬や化学肥料を使用せずに栽培された有機農産物や有機農産物加工食品に付けられる。②は間伐材マーク，③は玩具安全基準マークである。

【6】1　(1)　床の間　　(2)　障子　　(3)　畳は保温性と吸湿性があるため，冬は暖かく夏は涼しい感触が心地よく日本の暮らしに適している。(畳の吸湿性や弾力性が素足の生活に合う)　　2　結露　　3　シックハウス症候群

〈解説〉1　(1)　床の間の「床」は，奈良時代から用いられた語で，人が座る「座」や「寝床」の意味として用いられた。室町時代，他の部屋より一段高くした押し板が付けられ，主君と家臣が面会するときなどに用いられた「上段の間」を「床」というようになり，一段高くなったところを「床の間」と呼ぶようになった。今日でいう床の間は，上段と押し板が縮小され，一つになったものである。　(2)　障子は，元来は現在の襖も含めて障子(遮るの意)という。平安時代に「明障子」として襖から分離した。　(3)　畳については，この他に吸音効果，畳1枚で約500mlの自然吸湿，高齢者の立ち上がりによる足腰を鍛える，二酸化窒素を吸着し空気を浄化する，等もある。　2　結露を防ぐには，部屋の風通しをよくすることが大切である。この換気には自然換気と機械換気がある。　3　シックハウス対策には，建築基準法でホルムアルデヒド，クロルピリホス(シロアリ駆除剤)に関する規制，新築住宅の24時間機械換気の義務付けなどがある。

【高等学校】

【1】(1)　米の主成分はでんぷんであり，たんぱく質を約6%含む。うるち米のでんぷんはアミロースとアミロペクチンをおよそ2：8の割合で含み，もち米のでんぷんは，アミロペクチンをほぼ100%含む。

(2)　(ア)　なれずし　　(イ)　塩，乳酸発酵

(3)　1960年以降，食品摂取量は，米類が減少し続け，肉類，乳類，野菜類は増加傾向にある。とくに若い世代では，野菜類，海藻類，魚介類の摂取が減る一方，肉類や油脂類からの摂取エネルギーが増加傾向にあり，肥満や生活習慣病の増加が課題である。

(4)

料理	意味
黒豆	まめにはたらくことができる。
かずのこ	子孫繁栄
田づくり	豊作

(5)　無病息災を祈る。

(6)　かぼちゃ　　(7)　ひとりで食事をする「孤食」や，家族と同じ食卓にいても，それぞれ違うものを食べる「個食」が課題となっている。その背景には，おとなと子どもの生活時間のずれや個々の好みを尊重するという考え方などがある。　　(8)　(ア)　普通に炊く時の水の分量　100×5×1.5＝750g　　酒　7.5×5＝37.5mL　　しょうゆ　4×5＝20mL　　750－37.5－20＝692.5　　692.5mL　　(イ)　問題点…衣をつくるときに，ぬるま湯を加えてよく練り込んだこと。

その理由…薄力粉に水を加えてよくこねると，グルテンを形成する。グルテンは衣の網目構造の骨格形成に必要だが，グルテンが多いと吸水性が強く脱水されにくいため，衣はからりと揚がらない。

(ウ)　a　対比効果　　b　塩味とうま味　　c　甘味と苦味

d　レモンスカッシュの酸味は，砂糖の甘味により弱まる。

e　塩味と無味　　(エ)　あっさりとした和風料理を中心に，味つけはうすめに，やわらかくて，消化のよい料理をつくる。

〈解説〉(1)　アミロースは，ブドウ糖が直鎖状に結合し，らせん構造をしている。アミロペクチンは，ブドウ糖が枝分かれした状態で結合し，房状の構造をしている。なお，米にはジャポニカ種とインディカ種があり，日本人が食べているのは前者である。後者は，うるち米でもアミロース30%，アミロペクチン70%程度で粘りが少ない。

(2)　すしには，なれずし，半なれずし，はやずしがある。にぎりずしやいなりずしは，はやずしである。なれずしは，最も古い形態である。滋賀県の鮒ずしが有名だが，和歌山のサバ，岐阜県のアユ，秋田県のハタハタ等もある。　(3)　1980年頃になると米を中心に多様な副食で構成されるようになり，一汁三菜は日本型食生活として，その栄養バランスがよさから世界的にも注目され，国内においても見直されるようになった。　(4)「おせち」は，「御節供(おせちく，おせつく)」の略である。中国から伝わった五節供の行事に由来する。祝い肴は，関西では，黒豆，数の子，たたきごぼうである。たたきごぼうは，豊作と息災を願ったもの。　(5)　七草は，一般的にはごぎょう，なずな，せり，ほとけのざ，はこべら，すずしろ，すずなである。

(6)　冬至のかぼちゃは，冬に不足しがちなビタミンA等の補給のため，という説もある。また，料理の仕方は地域により異なる。

(7)　お祝いの食事などを「ハレの食事」，普段の食事を「ケの食事」といった。また「同じ釜の飯を食う」等，共に食べることの大切さを昔は尊重した。なお，「孤食」とは家族や友達と一緒に食事をしないことをいい，「個食」とは同じテーブルでも，別のものを食べることをいう。近年「ぼっち食」という言葉も登場している。

(8)　(ア)　炊飯の場合，重量に対して1.5倍，容量に対しては1.2倍の水が必要である。米1カップ200cc＝160gであるため，この水の量から液体である酒としょうゆの容量を引いている。　(イ)　てんぷらの衣は，水を用いさっくりと混ぜ合わせることがポイントである。　(ウ)　食べ物には複数の味物質が含まれる。異なる味物質が一緒に存在する場合，一方の味が他方の味を強めたり，弱めたりする現象を味の相互作用といい，調理に応用されている。　(エ)　季節感や，食材のバランス，見た目の美しさも必要だろう。また，たんぱく質性食品(肉や魚等)の使い方もポイントである。

【2】(1)　住居と生計を共にしている人々の集まりであり，一戸を構えて住んでいる単身者や血縁や結婚と関係なく共同生活する人々も世帯である。　　(2)　①　民法第750条　夫婦は，婚姻の際に定めるところに従い夫又は妻の氏を称する。　　②　民法第877条　直系血族及び兄弟姉妹は，互いに扶養をする義務がある。　2　家庭裁判所は，特別の事情があるときは，前項に規定する場合のほか，三親等内の親族間においても扶養の義務を負わせることができる。　　③　有責主

義とは，裁判離婚の際に，離婚原因にあたる行為に自らなしたものは離婚の請求ができないという原則である。破綻主義とは，夫婦関係が破綻して一定期間続いている場合は，有責性を問わず離婚を認めるという考え方である。

〈解説〉(1) 国勢調査では，世帯を一般世帯と施設などの世帯に分けている。一般世帯は，1960年代以降の高度経済成長期以降，その他の親族世帯の比率が下がり，単独世帯の割合が増加。2010年では32.4％で一番となっている。施設等の世帯とは，寮・寄宿舎・老人ホーム等に暮らす人々をさす。 (2) ① 夫婦別姓は，夫婦の双方が婚姻前の名字(氏)を何らかの形で保持する婚姻及び家族形態，またその制度のことである。他に，現行制度の下での非法律婚(事実婚)のことを夫婦別姓と呼ぶこともある。これは，日本の現行制度の下では認められていないので，議論が活発に行われている。 ② 直系血族は，子・孫・父母・祖父母をいう。三親等内の親族は血族・姻族の双方でおじ・おば・めい・おいなどをいう。 ③ 旧民法の時代には，有責主義によって離婚を認めるかどうかを判断していた。

【3】(1) 解答省略 (2) ① 健康保険法 ② 労働基準法 ③ 母子保健法 ④ 女子差別撤廃条約 ⑤ 男女雇用機会均等法 ⑥ 育児休業等に関る法律，育児・介護休業法

〈解説〉(1) 新生児は，泣き声によって自分の欲求を訴え，周囲とのコミュニケーションをとっている。この頃の感情は「快」「不快」しかない。それから，やがて「アーアー」等，話し言葉のもとになる声を出す。これを「喃語」という。1歳頃，「ワンワン」等大人の言葉を聞いてまねをし，意味のある言葉を発する。これを始語という。2歳になると，2つの言葉をつなぎ始め，2語文から多語文へと発達する。2歳頃は，第一質問期といい，「これなに」と尋ねる時期である。2歳半頃になると，「これどうして」と，理由を聞いたりする時期を第2質問期という。言葉をはじめ，乳幼児の発達は個人差があることを十分に認識し，じっくり焦らないことが肝要である。発達に遅れを感じ，不

安になった時は専門家の診断を受ける。幼児期においては，耳の問題，知的障害，自閉症等が考えられるが，焦らず専門医の診断を受けることである。　(2)　①　健康保険法は，労働者および被扶養者の健康保険制度について定めた大正11年にできた法律である。出産・育児一時金はまとまった支出となる出産費用として，一定額が支払われるもの。出産手当金は，出産のため事業者から報酬が受けられない場合に支給される手当金である。　②　生理休暇は労働基準法第68条によるものである。産前産後休業は労働基準法第65条によるものである。
③　乳児および妊婦の健康管理のため，児童福祉法(1948年)による母子保健施策が実施されてきたが，1965年に母子保健法により健康教育が強められた。　④　正式には，「女子に対するあらゆる形態の差別の撤廃に関する条約」といい，1979年に国連で採択され，1985年に日本は批准した。　⑤　④を受けて，1986年から男女雇用機会均等法が施行された。1997年に改正され，差別禁止の範囲が拡大すると同時に，女性の保護規定は廃止された。2006年には男性に対する差別も禁止された。　⑥　育児・介護休業法(1995年)は，育児や家族の介護をおこなう労働者の職業生活と家庭生活を支援する制度である。

【4】(1)　家計の支出のうち，主に衣食住などの支出を消費支出といい，税金や社会保険料などの支出を非消費支出という。これらを合わせて実支出という。一方，家計の収入のうち，勤め先からの収入や事業収入などの経営収入と受贈金などの特別収入を合わせたものを実収入という。実収入から非消費支出を差し引いたものを可処分所得という。
(2)　保護者などの法定代理人からあらかじめ同意を得ている場合やお小遣いとして渡されている金額以内の契約の場合は，適用されない。また，契約の際未成年であるのに，成年と契約書に記入させられた場合も解約できる。

〈解説〉(1)　家計の収支をみると，「収入」は，「実収入」の他に，「実収入以外の収入…預貯金の引き出し，保険金，土地家屋借入金等」，「繰入金」がある。「支出」は，「実支出…消費支出，非消費支出」，「実支出以外の支出…預貯金，保険料，土地家屋借金返済等」と「繰越金」がある。可処分所得に対する消費支出の割合を平均消費性向といい，総務省の「家計調査報告」によると，2012年は二人以上の世帯のうち勤労者世帯が73.8%となっている。　(2)　満20歳をもって成人とされ(民法第4条)，19歳までを未成年という。未成年者は，制限行為能力者とされ，その利益を保護するために，法定代理人(通常は親)の同意を得ずした契約は，未成年者自身または法定代理人が取り消すことができる(民法第5条)。しかし，結婚している場合や，下宿代，学費・小遣いなど，許可された営業に関する行為，お年玉をもらう等，例外的に法定代理人の同意を得なくてもよい場合がある。

【5】(1)　①　放散　②　熱　③　空気　④　空気層　⑤　毛　⑥　ループ　⑦　甘い　⑧　毛織物(編物)　⑨　奪う　⑩　低下　(2)　通気性…日本の夏は蒸し暑いため，人体からの水蒸気や熱，二酸化炭素を放出しやすい通気性が必要である。
吸湿性・吸水性…夏は空気中の湿気も多く，人体から汗や水蒸気が多く出るため，吸湿性や吸水性が必要である。　耐久性…日常着は，着用中の活動，洗濯やアイロンがけなどの物理的作用を受けやすいので，耐久性が求められる。　(3)　洗濯に耐え，吸湿性，通気性，含気性に優れ，肌触りがよく，身体の保護と保温を満たす木綿のガーゼやメリヤス生地などが適している。

〈解説〉(1)【各種材料の熱伝導比】のグラフからは，空気や繊維は熱伝導比が小さいことがわかる。体温と外気温の差が10℃以上ある場合は被服によって温度調節をするが，身体と被服，あるいは被服と被服の間にできた空気層を被服気候という。布に含まれる空気の量については，繊維製品に含まれる空気の割合を示す含気率に布の厚さをかけたものが，単位面積当たりの含気量である。捲縮とは，繊維の持つらせん状や波状の縮れである。【各種布地の保温性】のグラフでは，甘い糸の保温性を理解することができるが，含気量が大きすぎると自然対流や強制対流(風)の影響が大きくなり，保温性は低下する傾向にある。

下着などの綿メリヤスは吸湿性・保温性があるが，登山などで汗をかいたときなど，保温性が著しく低下するので，最近は速乾性のある新しい製品が注目されている。　(2)　通気性とは，空気が布を通す性質のことで，吸湿性は人体表面から出る水蒸気や空気中の湿度等，気体の水分を繊維が吸収する性質のことである。また，汗や水などの液体の水分を吸収する性質を吸水性という。耐久性とは，一般的には長い間持ちこたえるという意味であるが，繊維では，引っ張り，折り曲げ，摩擦等，物理的な作用に対する状態をいう。　(3)　寝間着の素材と性能について問うている。寝間着全般の条件を挙げると，ゆとりのある構成，皮膚炎の原因となる加工剤を用いていない，耐久性(洗濯に耐える)，といった点も挙げることができる。

【6】(1)　・平面作図によるパターン…デザインにもとづいて，衣服のシルエットを想像しながら着用者の寸法(サイズ)でつくられた原型を土台にし，パターンを描く方法。
・立体裁断(ドレーピング)によるパターン…ボディに直接布を当て，シルエットを確認しながら布地を直接裁断し，パターンをつくる方法。
・囲み製図によるパターン…原型を用いず，直線・直角を基準にしてパターンの寸法を決め，直接的に作図する方法。　(2)　・ひもや帯を用いて人体に合わせ着装する。　・着方や帯の結び方で，着る人・着る目的に合わせられる。　・習慣や季節により決まりがある。

〈解説〉(1)　パターン製作の方法には，立体裁断，平面作図，およびその併用，ラブ・オフ(売られている商品から，パターンを抜き取る方法)がある。平面作図には，胴部原型，ウエストフィット型原型と袖原型がある。立体裁断のボディには，ヌードボディ(ゆとりなし)と工業用ボディ (ゆとり入り)があり，用途に合わせて使い分ける。囲み製図は，広範囲の体型がカバーできるようにゆとりが加えられているので，自分に合っているかどうかを確認して使用する。　(2)　和服は，11～12m(1反)，幅36～38cm幅(並幅)を用いて製作する。和服も，人体寸法や動作によるゆとりを考えて作られている。

【7】(1) ① 無理のない程度に，足腰をきたえる運動やストレッチをし，買い物や散歩などで，できるだけ歩くようにすることが効果的である。 ② 加齢により食欲が低下したり，料理や買い物が面倒になり，食事を簡単にすませることが増え，低栄養状態になるおそれがあり，多様な病気や寝たきり，認知症になりやすくなる。予防のために，主食，主菜，副菜をバランスよく食べることが必要である。
③ 口腔機能とは，食べ物を噛んだり，飲み込んだりする力や，発音したり，唾液を分泌したりする力のことである。口腔機能を低下させないためには，歯(入れ歯)磨きや口の体操，唾液腺のマッサージなどが効果的である。 ④ 週に3日以上の外出。 ⑤ ウォーキング，水泳，サイクリングなどの有酸素運動や人との交流を積極的にして，能に刺激を与えて認知症を予防する。 ⑥ 役割や生きがいを見つけ，つらい時はひとりで悩まず専門家に早めに相談する。
(2) ① だれにでも公平に利用できること。 ② 使ううえで自由度が高いこと。 ③ 使い方が簡単ですぐわかること。 ④ 必要な情報がすぐに理解できること。 ⑤ うっかりミスや危険につながらないデザインであること。 ⑥ 無理な姿勢をとることなく，少ない力でも楽に使用できること。 ⑦ アクセスしやすいスペースと大きさを確保すること。 (3) 体位変換は寝たきりになることを防ぎ，起居動作につながるための生活支援技術の基本である。体位を変え，身体を動かすことにより褥瘡の発生や関節の拘縮，骨や筋肉の萎縮などを防ぐ。 (4) 解答省略

〈解説〉(1) ここでの内容は介護予防の基本的な事項であるので，よく理解し習得しておくことである。また，運動などは一人でやろうとすると長続きしない場合があるので，地元の施設や関連機関を利用して仲間を作り，共に行うことも大切である。栄養改善についても，地域や保健所などの機関が開催する講習会や講座，食事会への参加，指導なども時折取り入れるとよいだろう。 (2) ユニバーサルデザイン7原則は，アメリカの設計者で教育者でもあるロン・メイスが中心となって世界中に呼びかけた考え方である。 (3) 褥瘡(じょくそう)とは床ずれのこと

である。拘縮とは，関節包外の軟部組織の変化などが原因で起こる関節可動域制限のことである。　(4)　摂食・嚥下とは，食物を認識して口に取り込むことに始まり，胃に至るまでの過程をいう。誤嚥しやすい食品は，水分状のもの，繊維状のもの，スポンジ状のもの，かまぼこ状のもの，口腔内に付着しやすいもの，のどに詰まりやすいもの，酸味が強くむせるもの等がある。それらの調理には工夫が必要であり，とろみをつける，粘りのあるものや酸味の強いものは薄める，寒天などで寄せる，等の方法がある。これらを整理して解答するとよいだろう。

2015年度　実施問題

【中学校】

【1】次の表は，中学校学習指導要領解説技術・家庭編(平成20年9月)「小学校家庭，中学校技術・家庭　家庭分野の内容一覧」から抜粋している。空欄[　a　]～[　h　]にあてはまる語句を答えよ。

〈表〉

小学校	中学校(家庭分野)
衣食住などに関する実践的・体験的な活動を通して，日常生活に必要な基礎的・基本的な知識及び技能を身に付けるとともに，家庭生活を大切にする心情をはぐくみ，家族の一員として生活をよりよくしようとする実践的な態度を育てる。	(家庭分野)衣食住などに関する実践的・体験的な学習活動を通して，生活の[　a　]に必要な基礎的・基本的な知識及び[　b　]を習得するとともに，家庭の[　c　]について理解を深め，これからの生活を展望して，[　d　]をもって生活をよりよくしようとする能力と態度を育てる。
A　家庭生活と家族	**A　家族・家庭と[　e　]**
(1)　自分の成長と家族 ア　成長の自覚，家庭生活と家族の大切さ (2)　家庭生活と仕事 ア　家庭の仕事と分担 イ　生活時間の工夫 (3)　家族や近隣の人々とのかかわり ア　家族との触れ合いや団らん イ　近隣の人々とのかかわり	(1)　自分の成長と家族 ア　自分の成長と家族や家庭生活とのかかわり (2)　家庭と家族関係 ア　家庭や家族の基本的な機能，家庭生活と[　f　]とのかかわり イ　これからの自分と家族，家族関係をよりよくする方法 (3)　幼児の生活と家族 ア　幼児の発達と生活の特徴，家族の役割 イ　幼児の観察や[　g　]の製作，幼児の遊びの意義 ウ　幼児との[　h　]，かかわり方の工夫 エ　家族又は幼児の生活についての課題と実践

(☆☆☆◎◎◎)

【2】次の問いに答えよ。

1　次の表に示す中学校学習指導要領(平成20年3月)「第2章各教科，第8節技術・家庭，第2各分野の目標及び内容」に示された家庭分野の内容Cの指導にあたっては，生徒が自分の衣服の着方について主体的に考え，生活における実践につなげることができるように配慮することとなっている。そこで和服と洋服の構成や着方の違いに気付かせる授業を行うことにした。この場合，内容Cのどの項目・事項で取り扱うのが適切か，項目と事項を表の中から抜き出して答えよ。

〈表〉

C　衣生活・住生活と自立
(1)　衣服の選択と手入れ ア　衣服と社会生活とのかかわり，目的に応じた着用や個性を生かす着用の工夫 イ　衣服の計画的な活用や選択 ウ　衣服の材料や状態に応じた日常着の手入れ (2)　住居の機能と住まい方 ア　住居の基本的な機能 イ　安全な室内環境の整え方，快適な住まい方の工夫 (3)　衣生活，住生活などの生活の工夫 ア　布を用いた物の製作，生活を豊かにするための工夫 イ　衣生活又は住生活についての課題と実践

2　次の図は和服(浴衣)と洋服(カッターシャツ)の構成についてあらわしたものである。下の(1)～(5)の問いに答えよ。

〈図〉

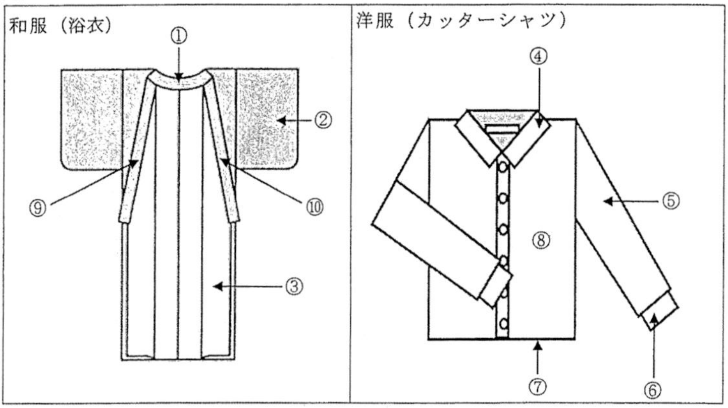

(1)　①～⑥部分の名称を答えよ。

(2)　和服(浴衣)を着る時，⑨と⑩どちらが上になるように着るか答えよ。

(3)　洋服(カッターシャツ)にアイロンかけをする。⑧の部分はどの方向にかければよいか，図の中に「⟷」を書き入れよ。

〈図〉洋服（カッターシャツ）

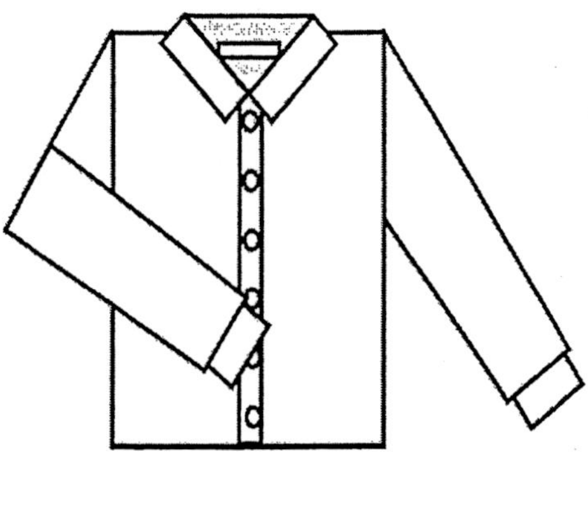

(4)　洋服(カッターシャツ)には，次のような組成表示が付いている。ポリエステル，綿の特徴を比較して，「防しわ性」「吸湿性」「アイロンの温度」の3点について答えよ。

ポリエステル	65%
綿	35%

(5)　洋服(カッターシャツ)の⑦の部分がほつれてきたので補修をすることにした。手縫いで三つ折り部分をまつり縫いする時，布の裏側の縫い目はどのようになるか，絵に縫い目を書き入れなさい。

〈絵〉

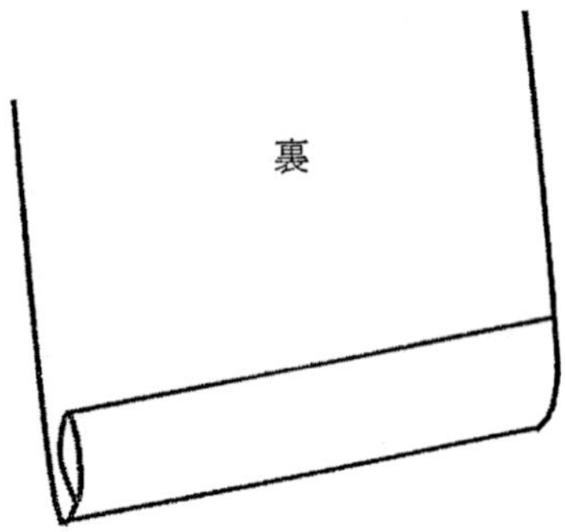

(☆☆☆◎◎◎)

【3】家族の安全を考えた室内環境の整え方について，次の問いに答えよ。

1　次の図の寝室において地震を想定した場合の「危険箇所」を図中に◯を一箇所書き入れよ。また，安全な住まい方の工夫としてその危険箇所をどのようにすればよいか「災害対策」についても答えよ。

〈図〉

（総務省消防庁　『防災マニュアル－震災対策啓発資料－』から引用）

2　部屋の換気をする必要性を答えよ。

(☆☆☆◎◎◎)

【4】環境に配慮した消費生活について，中学校学習指導要領(平成20年3月)「第2章各教科，第8節技術・家庭，第2各分野の目標及び内容」に示された，家庭分野の内容Dの学習を進めるにあたり，内容Bの学習との関連を図る授業を行うことにする。次の表は，環境に配慮した調理実習での，「買い物」「調理」「後片付け」の時に配慮する事項である。「(1)　地産地消で地元の食材を買う。」ことが，なぜ環境に配慮していることにつながるのか，説明せよ。

〈表〉

環境に配慮した調理実習での配慮事項	
買い物	(1)　地産地消で地元の食材を買う。 (2)　エコバッグを持って行く。
調理	(3)　水を流しすぎない。 (4)　食材を無駄なく使う。 (5)　ガス，水道，電気をあまり使わなくてすむように，段取りよく調理する。
後片付け	(6)　洗剤を使いすぎない。 (7)　食器やフライパンの油をふきとってから洗う。

(☆☆☆◎◎◎)

【５】次の表は中学2年生の滋賀花子さんが，中学生女子1人分の1日に必要な栄養量を考えた献立である。あとの問いに答えよ。

〈表　献立内容〉　※油脂類以外の調味料を含めないこととする

食事	献立名	食品名	分量	たんぱく質	無機質	カロテン	ビタミン	炭水化物	脂質
朝食	かぼちゃのスープ	牛乳	200g		200g				
		かぼちゃ	40g			40g			
	トースト	食パン２枚	150g					150g	
	ゆで卵	卵	50g	50g					
昼食	みそ汁	煮干し	5g						
		豆腐	50g						
		だいこん	50g						
	A筑前煮（いりどり）	とり肉	40g						
		赤こんにゃく	40g						
		にんじん	20g						
		ごぼう	20g						
		干ししいたけ	5g				5g		
		油	5g						5g
	いわしのかば焼き	いわし	80g	80g					
		かたくり粉	10g					10g	
		油	5g						5g
	米飯	米	100g					100g	
夕食	野菜スープ	玉ねぎ	70g				70g		
		セロリ	50g				50g		
	B豚肉のしょうが焼き	豚肉	80g	80g					
		しょうが	20g				20g		
		油	5g						5g
	野菜サラダ	レタス	70g				70g		
		トマト	50g			40g			
		マヨネーズ	5g						5g
	米飯	米	100g					100g	
中学生女子の１日の食品群別摂取量の目安				300g	400g	100g	400g	400g	20g

1　表の□の空欄に，食品を栄養素別に分類して分量を書き入れよ。

2　表を正しく完成させたところ，中学生女子の1日の食品群別摂取量の目安と比較すると，無機質とビタミンが不足していることがわかった。この不足している栄養素を補うための食品を使って1品献立を加えることにする。使う食品名と献立名を答えよ。ただし，使う食品は表にないものをそれぞれ1つ答えよ。

3　可食部100gあたりのカロテンを600μg以上含む野菜を何と言うか。漢字で答えよ。

4　表の昼食の献立は和食(日本型食生活)である。正しい配膳の仕方を図で表しなさい。ただし，飯碗・汁碗・主菜・副菜とわかるように記入すること。

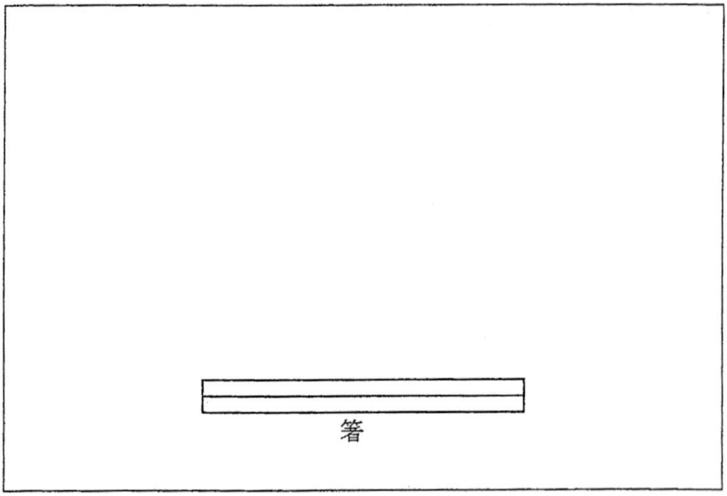

5　表のA筑前煮(いりどり)の調理について，次の問いに答えよ。

(1)　「ごぼう」と「にんじん」を乱切りにする。乱切りにする利点を答えよ。

(2)　「ごぼう」を切った後に，褐変を防ぐためにすることを答えよ。

(3)　「干ししいたけをもどす」とは，どのようにすることか，説明せよ。

6　表のB豚肉のしょうが焼きの調理について，次の問いに答えよ。

(1)　豚肉をしょうがのしぼり汁につける利点について，2つ説明せよ。

(2)　肉を加熱調理する利点を答えよ。

(☆☆☆◎◎◎)

【6】次の①～③は，滋賀県の伝統的な料理や特産物について説明した文である。料理名または特産物名を答えよ。

①　子どものおやつや手土産用に作られた。小豆あんと米粉(小麦粉)を練り混ぜて，竹の皮に包んで蒸し上げる。行儀見習の人が奉公先への土産にしたと伝えられる。

②　なれずし。すしの原型で，魚などを塩と飯で乳酸発酵させた漬物。3～4月ごろの産卵前のニゴロブナが材料となる。独特の香りがある。

③　滋賀県の特産野菜で，細長いかぶ。ぬか漬けや桜漬けにすると，独特の苦みが風味になっておいしい漬物になる。かぶに含まれる色素が，酢の作用できれいな桜色になる。

(☆☆☆☆◎◎◎)

【高等学校】

【1】高等学校の「家庭総合」における学習活動の指導事例に関する次の各問いに答えなさい。

1　単元名　人の一生と食事　―ライフステージに合わせた食事のデザイン―

2　単元の目標

・乳児期から高齢期までの各ライフステージにおける食生活の課題，<u>食事摂取基準</u>や嗜好の変化などについて理解させる。

・自分の食生活を振り返り，現代の食生活の傾向と問題点について考えさせ，毎日の食事が健康と深く関わっていることを理解させる。

・青年期の食事や家族の食事を管理運営することの重要性について

考えさせる。

3　単元の評価規準

関心・意欲・態度	思考・判断・表現	技能	知識・理解
（　ア　）	生涯を見通した食生活について考え，自分なりに工夫している。	（　イ　）	各ライフステージの栄養的な特徴について理解している。

(1)　(　ア　)(　イ　)に評価の規準を書きなさい。

(2)　下線部の食事摂取基準について説明しなさい。また，エネルギーの摂取基準である推定エネルギー必要量の求め方を書きなさい。

(3)　現代の食生活の課題と高校生の食生活とを関連づけて考察させるために，

①　3日間の食事で食べるものを記入する表を作成しなさい。

②　生徒自身が食生活を点検するためのチェックポイントを箇条書きしなさい。

(4)　嗜好について考えるために，だしの素材とだし汁のうま味との関連を調べる実験をした。

①　だしの種類と作り方について表を完成しなさい。

種類	うま味の成分	使用濃度	作り方
煮干		3～5％	
かつお節		2～4％	
昆布		2～4％	

②　上の①で作った3種類のだし，および，昆布だしとかつお節だしを200mlずつ混ぜて作った混合だしをそれぞれ400mlとり，塩0.5％(2g)を入れる。これら4種類のだしを比較し，それぞれの特徴を記入するための表を作成しなさい。

③　この実験のまとめとしておさえるポイントを書きなさい。

(☆☆☆☆◎◎◎)

【2】洋服の製作に関する次の各問いに答えなさい。

(1)　パンツたけ75cm，ヒップ90cmのパンツを，次の2種類の布幅で製作する場合の布地使用量の見積もり方を示し，必要量を求めなさい。

①　布幅　90cm　　②　布幅　140cm

(2)　布目方向の見分け方を説明しなさい。

(3)　裏地の役割を説明しなさい。

(4)　裏地の縦方向の縫製について，縫い方と，そのように縫う理由について説明しなさい。

(5)　採寸について，男女によって採寸方法が異なる個所をあげ，はかり方の違いについて説明しなさい。

(6)　動きやすい衣服を製作するうえでのデザインの工夫について説明しなさい。

(7)　スカートやパンツのすそのしまつには，すそ上げテープを用いたり，ミシンで縫ったりする方が便利であるが，手縫いのまつり縫いをする場合もある。それぞれの特徴を説明しなさい。

(☆☆☆☆◎◎◎)

【3】子どもの発達の過程に関する次の各問いに答えなさい。

(1)　認知の発達を研究したスイスの心理学者J.ピアジェは，出生後から1歳6か月～2歳ころまでを感覚運動的な知能の段階，2歳前後から7歳ころまでを表象的な知能の段階としている。それぞれの段階について，子どもの具体的な行動の例をあげて説明しなさい。

(2)　子どもの発育には個人差があるが，発育状態を評価するものに，パーセンタイル値やカウプ指数がある。それぞれについて説明しなさい。

(3)　親と子のアタッチメントについて説明しなさい。また，その形成過程について，「親子の相互作用」「人見知り」「後追い」「分離不安反応」の語句を使って説明しなさい。(4つの語句の内容を示しながら説明すること。)

(☆☆☆☆◎◎◎)

【4】住生活に関する次の各問いに答えなさい。

(1)　バリアフリー住宅について説明しなさい。

(2)　環境共生住宅について説明しなさい。

(3)　長寿社会に対応した住宅においては，どのような配慮が必要か。次の表にそれぞれの場所について配慮を書きなさい。

場所	配慮
玄関	
浴室・トイレ	
床・通路	

(☆☆☆◎◎◎)

【5】次の各問いに答えなさい。

(1)　家庭や地域における食育推進活動のひとつである「FOOD ACTION NIPPON」について説明しなさい。また，その中に示されている具体的なアクションをあげなさい。

(2)　次のような消費者被害が多発したことへの対応として改正され，平成21年12月1日に施行された法律の名称について，①・②に適当な語を入れなさい。

・高齢者等に対して，個別の契約ごとに与信を行う個別クレジットを利用した訪問販売等による被害が深刻化し，執拗な勧誘を断り切れないまま，大量の購入契約をしてしまう事例。

・インターネット通信販売などの新しい分野において，返品を巡ってのトラブルや不当請求の手段となる迷惑広告メールの問題，クレジットカード情報の漏えいなど。

「(　①　)に関する法律及び(　②　)の一部を改正する法律」

(3)　クレジットカードの支払い方法の一つに，リボルビング払いがある。リボルビング払いが多重債務に陥りやすい理由を説明しなさい。

(4)　「介護を必要とする高齢者」，および「働きながら子育てや介護をする人」をそれぞれ支援する法律や制度をあげ，その内容を説明しなさい。

(☆☆☆◎◎◎)

【6】次の(1)(2)について授業を行う場合の板書の内容を書きなさい。

(1)　栄養素としてのたんぱく質の特徴

(2)　持続可能な社会をめざす取り組みである「5つのR」「環境ラベル」「グリーンコンシューマー」について

(☆☆☆◎◎◎)

解答・解説

【中学校】

【1】a　自立　　b　技術　　c　機能　　d　課題　　e　子どもの成長　f　地域　　g　遊び道具　　h　触れ合い

〈解説〉中学校学習指導要領解説技術・家庭編(平成20年9月)第1章　3　(2)　ア及びイでは，家庭分野の内容の構成や履修方法について，小学校家庭科の学習を踏まえて内容の体系化を図るものとしている。各指導事項がどのように関連しており，小学校と比べたときどのような学習内容の深化がみられるか，整理しておくこと。

【2】1　項目…(1)　衣服の選択と手入れ　　事項…ア　衣服と社会生活とのかかわり，目的に応じた着用や個性を生かす着用の工夫

2　(1)　①　襟　　②　袖　　③　おくみ　　④　襟　　⑤　袖　⑥　袖口　　(2)　⑩

(3)

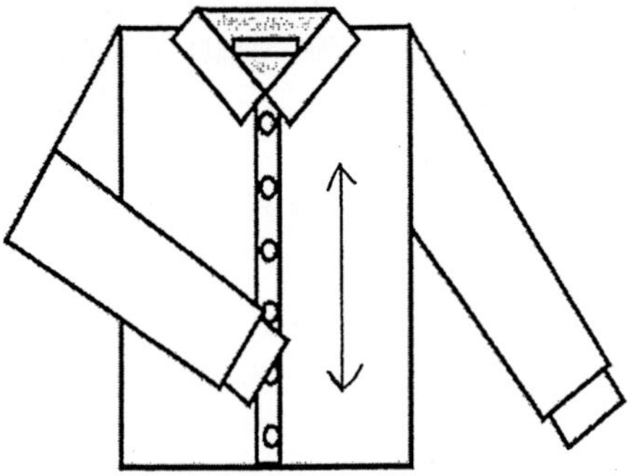

(4)　(防しわ性，吸水性，アイロンの温度の順)　ポリエステル：しわになりにくい，水をよく吸わない，中温でかける　　綿：しわになりやすい，水をよく吸う，高温でかける

(5)

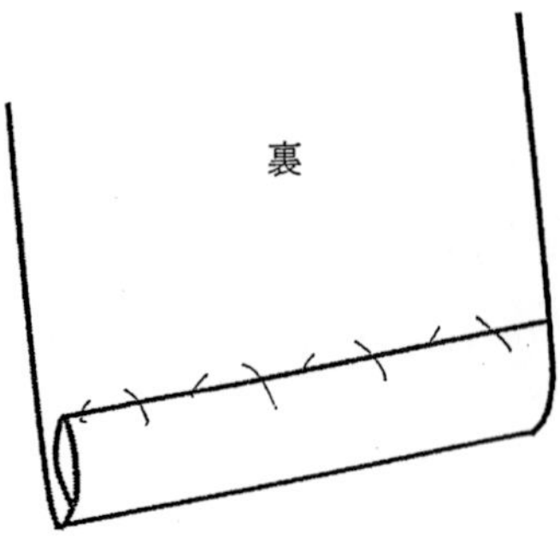

〈解説〉1　「C　衣生活・住生活と自立」の内容の取り扱いについて示した中学校学習指導要領(平成20年3月)第2章　第8節　第2　〔家庭分野〕3　(3)　アでは「(1)のアについては，和服の基本的な着装を扱うこと

もできること」を示している。このことについて中学校学習指導要領解説技術・家庭編(平成20年9月)第2章　第3節　2　C　(1)　アでは，「和服と洋服の構成や着方の違いに気付かせたり，衣文化に関心をもたせたりすることなど，和服の基本的な着装を扱うことも考えられる」としている。　2　(1)　衣服の構成について，和服は平面構成，洋服は立体構成である。各部分の名称と位置は暗記しておくこと。また，和服については男女で構成が異なる(女物にはおはしょりや身八つ口の空きがある，男物には内揚げや人形がある等)ので，比較しながら違いをおさえておきたい。　(2)　和服は，男女とも左を上前にして着用する。洋服の場合は，女物は右を上，男物は左を上にして着るのが一般的な着装である。　(3)　この印は地の目といい，布の耳に平行であることを表す。アイロンもその方向にかけるとよい。

(4)　2種類の繊維からできた糸を混紡といい，それぞれの長所を生かし布の性能改善を図る目的がある。本問のようなポリエステルと綿の混紡は，ポリエステルの防しわ性と，綿の吸湿性という長所を生かしたものである。　(5)　まつり縫いをして，糸目が表に出ない(ひびかない)ようにするのがポイントである。まつり縫いにはたてまつり，奥まつり縫い等もあるので，縫い方の違いと用途をマスターしよう。

【3】1　危険箇所…下の表の①～⑤に示した箇所のうち一箇所に◯を書き入れること。

災害対策…次の表の危険箇所①～⑤に対応していること

	危険箇所	災害対策
①	戸棚，本棚，吊り戸棚，サイドテーブル	L型金具で固定する。
②	ベッド	L型金具で固定する。頭側に落ちてくるような物を置かない
③	観葉植物，姿見	固定して動かないようにする。
④	電灯	天井にはめ込み，電灯カバーをつける。
⑤	窓	ガラス飛散防止フィルムを貼る。

2　空気が汚染し，一酸化炭素や二酸化炭素，ほこり，ダニ，かびなどが発生し，健康に悪影響を及ぼすから。

〈解説〉1　寝室での地震対策ではまず，寝室には倒れそうな物等を置かない，頭の上にものが落ちてこない場所に寝る等の，部屋のしつらえそのものに対するものがある。そして，枕元には厚手の靴下やスリッパ，懐中電灯，携帯ラジオ等を備え，いつでも避難ができる準備をしておく。地震発生時には，寝具にもぐるかベッドの下に入り，身を守る。　2　現在，建築基準法ではシックハウス症候群を予防する意味で，換気設備の設置が義務づけられている。シックハウス症候群とは，建材や家具などに含まれているホルムアルデヒド，有機溶剤，有機リン系等の化学物質が徐々に室内の空気中に揮発してきて起こる，目の痛み，頭痛等の健康障害の総称。

【4】食料を輸送する際には，多くの燃料を使い多くのCO_2を排出する。地産地消は生産地から消費地までの距離が近いので，輸送の面で環境に与える負担が小さいと言えるから。

〈解説〉家庭分野の内容B「食生活と自立」と内容D「身近な消費生活と環境」の関連を図るという学習である。中学校学習指導要領解説技術・家庭編(平成20年9月)第2章　第3節　2　B　(2)　ウでは，食品の選択についての学習において，内容Dとの関連を図りながら取り扱うことも考えられるとしている。輸送食料の重量に輸送距離を乗じた値をフードマイレージといい，この値が高いほど二酸化炭素を排出していることになる。日本は先進国の中でもフードマイレージが高いことから，これを減らす効果のある地産地消の取り組みを調理実習に組み込むことで，消費生活と環境についても学習することができる。

【5】1

献立名	食品名	分量	たんぱく質	無機質	カロテン	ビタミン	炭水化物	脂質
みそ汁	煮干し	5g		5g				
	豆腐	50g	50g					
	だいこん	50g				50g		
A筑前煮（いりどり）	とり肉	40g	40g					
	赤こんにゃく	40g					40g	
	にんじん	20g			20g			
	ごぼう	20g				20g		

2　無機質を補う食品…わかめ　　ビタミンを補う食品…きゅうり　献立名…わかめときゅうりの酢のもの　　3　緑黄色野菜

4

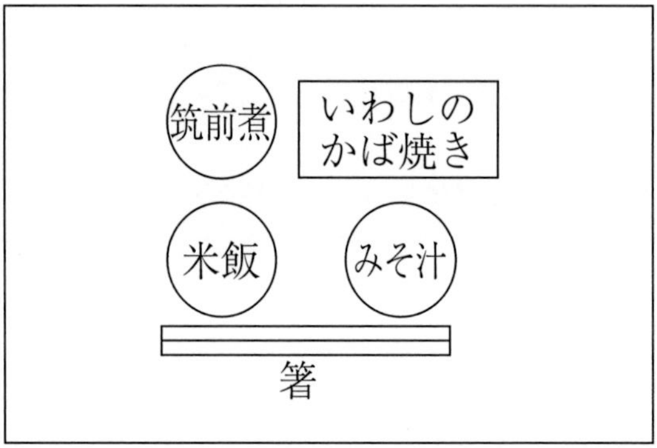

5　(1)　切り口の表面積が広いため，熱が通りやすく煮物の味がしみこみやすくなる。　(2)　水につけておく。　(3)　かさを下にして，約1時間水につけておく。　6　(1)　・しょうがのたんぱく質分解酵素により，肉が柔らかくなる。　・しょうがの香りや辛みにより，肉の生臭みがとれて風味が増す。　(2)　食中毒を起こすほとんどの細菌を殺菌することができる。

〈解説〉1　日頃の食生活で摂取することの多い食品については，主となる栄養素を確実におさえておくこと。　2　それぞれの栄養素ごとに摂取量を合計し，表の一番下に記載してある「中学生女子の1日の食品群別摂取量の目安」と比較すると，無機質が200g，ビタミンが185g不足していることがわかる。わかめときゅうりの酢のものの他に，副菜としてチーズとキャベツのサラダや，デザートとしてりんごやみかんなどのフルーツをヨーグルトで和えたりアイスクリームに添えたりすることも考えられる。　3　緑黄色野菜以外の野菜(100gあたりカロテン含有量が600μg以下)は淡色野菜とも呼ばれる。表中のだいこん，ごぼう，レタスなどである。　4　本問では取り扱っていないが，和食の配膳では一般的に中央に香の物を置く。一汁三菜の日本型食生活は昔からの日本の食事形式であるが，1980年代頃から栄養バランスのよい食事として見直されており，世界でも注目されている。
5 (1) 基本的な野菜の切り方はひととおり習得しておくこと。煮物などでは，味が均一になるよう大きさをそろえて切る。 (2) ごぼうを褐変させる成分は，クロロゲンというポリフェノールの一種である。切り口が空気に触れてクロロゲンが酸素と結びついて褐変を起こさないようにする必要がある。 (3) 干ししいたけのうま味成分はグアニル酸である。水または40℃以下のぬるま湯につけ，長時間かけてじっくりともどすとうま味成分が出てくる。特有の香りもつけ汁に移るので料理に使用するとよい。 6 (1) しょうがは，薬味として用いたり，甘酢漬けや紅しょうがとして用いたりして，さまざまな料理に利用される。 (2) 豚肉は，豚自体が保有しているウイルスや流通の段階で付着する細菌等による感染症にかかるおそれがあるため，必ず加熱調理しなければならない。牛肉や鶏肉には生食する料理もあるが，衛生面からは加熱調理が望ましい。

【6】① 丁稚ようかん ② ふなずし ③ 日野菜

〈解説〉地域の伝統的な行事食や郷土料理について，主なものを把握しておく。特に，地元の郷土料理については，歴史的背景や作り方も身につけておいたほうがよい。 ① 丁稚ようかんは，近江八幡市の名物である。 ② ふなずしは保存性を高めたなれずしである。なれずしはすしの原型とされ，これが押しずし，ばらずし，握りずしと変化していく。 ③ 日野菜は近江蒲生郡で生まれたといわれ，現在は西日本を中心に全国各地で栽培されている。日野菜漬けは現在でも滋賀県の特産品となっている。

【高等学校】

【1】(1) (ア) 各ライフステージに応じた食事について関心をもち，その課題について考えようとしている。 (イ) 生涯を見通した食生活を営むために必要な情報を収集・整理することができる。

(2) 食事摂取基準…日本人の体格，運動，食事状況から1日分のエネルギーや栄養素の年齢別摂取量の基準が示されているもの。 推定エネルギー必要量の求め方…基礎代謝量(kcal/日)×身体活動レベル

(3) ①

月日 時間	場所 誰と	料理名	食品名　分量				満足度
			肉・魚	卵・乳・乳製品	いも・野菜	穀類	

② ・それぞれの食事でどんなところに満足しているか。 ・食事内容，様式，雰囲気，時間などはどうだったか。 ・間食の内容や量，時間はどうだったか。 ・食事の前に空腹感があるか。 ・お腹が空いた時，何を食べているか。 ・自分の好きな食事を知る。 ・精神的に満足する食事の条件を考える。

(4) ①

種類	うま味の成分	使用濃度	作り方
煮干	イノシン酸ナトリウム	3～5％	頭とわたを除き、水につけてから煮出し、上ずみをこす。
かつお節	イノシン酸ナトリウム	2～4％	沸騰したら加えて、すぐ火を止め、上ずみをこす。
昆布	グルタミン酸ナトリウム	2～4％	水に30～60分間つけてから火にかけ、沸騰直前に取り出す。

②

だしの種類	煮干	昆布	かつお節	混合だし
香り				
味				
合う料理				

③　・だしの素材には，昆布，かつお節，煮干，干ししいたけ，鶏がら，肉などがある。だし汁をとるには，適切なだし素材の量と加熱の仕方があることを理解し，その味の特徴を知る。　・昆布，かつお節，煮干のだしをとり，それぞれのうま味の違い，混合だしによるうま味の相乗効果を知る。

〈解説〉(1)　高等学校の「家庭総合」の指導内容である「人の一生と家族・家庭」及び「食生活の科学と文化」を関連させた指導事例である。(ア)　「関心・意欲・態度」は，各ライフステージ(特に，ここでは乳児から高齢者のうち，身近な自分や家族に焦点を合わせる)に関心を持たせる。　(イ)　「技能」は，「…ができる」という視点から学習内容を理解し，それを情報として使うことができることを意味する。

(2)　食事摂取基準は，従来「栄養所要量」と呼ばれ，栄養素の摂取不足の解消を目指し，5年に1度ずつ見直されてきたが，2000年から名称を「食事摂取基準」と改め，過剰摂取にも対応するようになった。推定エネルギー必要量とは，エネルギー摂取量とエネルギー消費量がつりあっており，体重に変化のない状態が最も望ましいエネルギー摂取状態と考えることができ，その時の推定摂取量のことである。

(3)　①　高等学校では，食品の成分の特徴による4つの食品群を用いる。備考欄を設け，実際と比較してのポイントを記入させるのもよい。②　生徒に自分の食生活について点検，考察させるとき，まず4つの食品群との比較で過不足を理解させる。誰と食事をしたか，献立のバランスと見栄えと味，季節感，嗜好，食事時間などから順にチェックするが，生徒の思うままに点検させ教師が補足するのも一つの手法であろう。　(4)　①・②　基本的なだしの種類，うま味成分，使用濃度，作り方を習得すること。また，和風だし，洋風だし，中華風だしの材料の違いも理解する。　③　混合だしの他にも，かつお節のだしでは一番だし，二番だしという方法もある。また，相乗効果とは味の相互作用の1つで，2種の違ったたしを使うことにより，うま味が強まることをいう。

【2】(1)　①　(パンツたけ×2)＋縫いしろ分(20cm)＝170cm　②　パンツたけ＋縫いしろ分(20cm)＝95cm　(2)　布には地の目の方向があり，布地の耳端に平行な方向が縦，直角な方向が横である。裁ち合わせ図やパターンのなかでは縦方向が矢印で示される。　(3)　表布のシルエットをきれいに見せる。すべりをよくして着やすくする。保温効果を高める。組織の粗い布や透ける布の透過を防ぐ。表地の傷みを防ぐ。着用による型崩れを少なくする。　(4)　できあがり線より0.2〜0.4cm外側を縫い，縫いしろをできあがり線どおりに片返してきせとする。これは，裏地は表地ほど伸びないので，きせをかけて表布の横方向の伸び分に対してゆとりを入れる必要があるため。

(5)　・胸囲…女性は胸の最も高いところ，男性は腕のつけねのところで上半身の最も太いところを水平に一周はかる。　・胴囲…女性は胴の最も細いところを水平に，男性は腰骨を基準としてその2cm上をしめつけないように一周はかる。　・首つけね囲・首囲…女性は首のつけねにメジャーを立てて一周はかるが，男性は，首のつけねよりやや上を，前方で指1本くらいゆとりを入れてはかる。　・スラックスたけ…女性は胴囲をはかった位置からすそまでをはかる，男性は胴囲をはかった腰骨からすそまでをはかる。　(6)　袖口や上着のすそ，スカートやズボンのすそに縦にスリットを入れると動きやすい。腕を動かしやすくするために，ギャザーやタック，プリーツをつくると動きに応じて衣服が開くので拘束性が小さくなり，動きやすい。

(7)　すそ上げテープ…接着剤を140℃〜160℃のアイロンの熱で溶融させて使用するため，熱に弱い布には適さない。接着面に段差があると接着しにくい。一度接着すると接着剤が繊維に染み込むので，はがして付け直すのは難しい。　ミシン縫い…速く，しっかりと縫うことができるが，表面に縫い目が出て目立つ。縫い目が手縫いに比べて固くなり，柔らかい布のスカートなどは，すそのシルエットに影響することがある。　手縫い…すそ上げテープやミシン縫いに比べて手間がかかるが，表目が目立たず，縫い目が柔らかく，布に負担がかからないので，外観上の仕上がりが良い。

〈解説〉(1)　パンツの製作で型紙は，前身ごろと後ろ身ごろの2枚を作図する。布幅に関して，ヒップは90cmなので，90センチ幅(ヤール幅)では不足する。そこで，パンツたけの2倍と縫いしろ分(10(cm)×2＝20(cm))が必要である。布幅140cm(ダブル幅)では，ヒップ(90cmと脇の縫いしろ)の布地が十分とれるので，パンツたけと縫いしろ分が必要量になっている。　(2)　製図での地の目の表示記号を確認すること。地の目を正して，裁断・製作することが必要なので，これを行う地直しは大切な作業である。　(3)　裏地の素材として，キュプラは吸湿性に優れ静電気が起こりにくく，絹に似たしなやかさと光沢がある。また，しわになりにくく表布へのなじみもよい。ポリエステルは合成繊維なのでじょうぶでしわになりにくいため，既製服に多く使われる。しかし，吸湿性は低く静電気が起こりやすい。　(4)　きせとは，縫い目どおりに折らずにゆとりを持たせて折ることをいう。裏地の縦方向の縫い方として主に脇縫いやスカートなどの脇を縫うときに用いる。

(5)　採寸において，男女で名称と測り方が違うのは，女子の胸囲と男子のチェストである。胴囲はズボンやベルトの位置の設定が男女で異なる。この2点は特に注意する。　(6)　スリットとは，切り口，裂け目という意味である。ギャザーは布を縫い縮めてしわを出す方法，タックはつまみ縫いする方法，プリーツは規則的に布をたたんだひだのことをいう。　(7)　袖口やすその折しろのしまつには，ミシンを使用する三つ折り縫い，二つ折り縫い，手縫いでしまつするたてまつり，ちどりがけ，両方を用いる奥まつり，玉縁等がある。

【3】(1)　感覚運動的知能の段階…ひもで引っ張って動く自動車で遊んでいるときは，「引っ張る」と自動車が「動く」という関係を理解する。　　表象的知能の段階…おもちゃの食材で調理するふりをして，皿に乗せ，スプーンをそえてどうぞと出すなど，仲間でままごとを一緒にするようなごっこ遊びへと発展していく。　　(2)　パーセンタイル値…子どもの計測値が，同じ性別・年齢の人のなかでどの程度の位置にいるのかを表す数値である。母集団を100人として50番目に相当する人を50パーセンタイルとし，10～90パーセンタイル内で一定の線に沿っていれば，それがその人なりの発育の仕方であり，極端に外れる場合は病気等の可能性を考える必要がある。　　カウプ指数…乳児から2～3歳までの栄養状態を，身長と体重から評価する指数であり，カウプ指数＝体重(g)÷身長$(cm)^2$×10の式で求められる。この値が15～18の時はふつう，13以下ではやせ，20以上では肥満と判断される。
(3)　アタッチメントは，愛着関係とも呼ばれ，新生児期からの親と子の密接なかかわりを通してはぐくまれる。子どもの側は，見つめる・泣く・笑うなどの行動で親にはたらきかけ，関係をつくろうとする。このような行動はアタッチメント行動と呼ばれる。一方，親はこれらの行動にこたえて，子どもの相手をする。このような互いのやりとりを「親子の相互作用」という。「親子の相互作用」が続くと，乳児は，特定の人として親を認識し始める。その結果，生後7～8か月頃に，愛着の対象となる人と，それ以外の人を見分けることでおこる「人見知り」が見られるようになる。これと同じ時期に，親の姿が見えなくなると泣いて後を追う行動「後追い」も見られるようになる。その後，乳児は親から離れると泣いたり，不安に思って親のそばから離れなくなることがある。これらは「分離不安反応」と呼ばれる。この反応は，同じ人と心地よい体験を繰り返したり，離れた後に迎えに来てもらう体験を積み重ねることによって，少しずつ軽くなっていく。
〈解説〉(1)　ピアジェの思考発達段階について，感覚運動的知能の段階，表象的知能の段階以降は，7～12歳ころの具体的な操作的思考の段階(具体的に理解できるものは論理的操作を使って理解する)，12歳以降の形式的な操作的思考の段階(具体的な現実から離れて抽象的・仮説的に思考する能力を備える発達の最終段階)の段階をとるとしている。
(2) パーセンタイル値は，50パーセンタイルを中央値と呼ぶことを補足しておく。子どもの発育状態の評価規準として，パーセンタイル値，カウプ指数の他に，肥満度(標準体重に対してどのくらい体重がオーバーしているか)もおさえておきたい。 (3) アタッチメント(愛着関係)は，イギリスの医学者ボウルビィが提唱した。アタッチメントが適切な時期にきちんと形成されないと，かえって親から離れられない場合があるといわれる。

【4】(1) 高齢者や身体に障害をもった人が，生活するうえで，行動を阻害する障壁を取り除いた住宅である。 (2) 地球環境を保全する観点から，資源・エネルギー利用や廃棄物処理の面で配慮するとともに，周辺の自然環境と親和し，住み手が主体的にかかわりながら，健康で快適に生活できるようにくふうされた住宅およびその地域環境のこと。 (3) 玄関…上りかまちの段差を低くし，手すりや腰掛けを設置すると，楽に昇降でき，靴のはきかえも容易になる。
浴室・トイレ…介助の可能な広さにし，手すりを設置する。
床・通路…段差をなくし，介助用車いすが使える広さ(78cm以上)にする。

〈解説〉(1) バリアフリー住宅では，たとえば廊下やトイレ，浴室等必要なところに手すりをつけたり，段差を解消したりすることが求められる。なお，公共の建築物については，2006年(平成18年)に高齢者，障害者等の移動等の円滑化の促進に関する法律(バリアフリー新法)が制定され，バリアフリー化が進められている。 (2) 光，風，水，土，動植物，気候，風土といった自然界の環境を住まいに取り入れ，室内環境をよくしようとすることをパッシブシステムという。この考え方を住宅に取り入れたのが環境共生住宅である。国産材の積極的な利用や住宅寿命の長期化，分別リサイクルしやすい工法を用いたり，天然素材の使用によってシックハウス症候群を防いだりすることも一つの手法である。　(3)　長寿社会に対応した住宅は，住まいのバリアフリーといえる。玄関，浴室・トイレ，床・通路の他にも，たとえば門(道路から玄関まで不必要な段差はないか)，台所(調理台の高さは身長や姿勢にあっているか，台所と食事室のつながりはスムーズか)，部屋の出入り口(段差，握りやすい取っ手)等についても配慮すべき事項を整理しておきたい。

【5】(1)　世界規模で食料問題が深刻化するなか，国民が一体となって国産農産物の消費を拡大し，食料自給率向上を実現しようとする運動である。この運動の中で示されている具体的なアクションは，①今が旬の食べ物を選ぶ，②地元でとれる食材を日々の食事にいかす，などである。　(2)　①　特定商取引　②　割賦販売法　(3)　リボルビング払いは，毎月の支払金額は定額なので，お金を使っていることや現在の借入残高に対する感覚や意識が薄くなる。毎月の支払額から負債全体を把握することが困難であるために多重債務に陥りやすい。(4)　介護保険制度…介護保険法にもとづいて，介護を必要とする高齢者を，家族だけでなく社会全体で支えていく高齢者福祉の仕組みである。　育児・介護休業法…育児や家族の介護をおこなう労働者の職業生活と家庭生活の両立を支援する法律。

〈解説〉(1)　日本の食料自給率を向上させるために，農林水産省は2008年(平成20年)に「食料自給率向上に向けた国民運動推進事業」を立ち上げた。その一環として「FOOD　ACTION　NIPPON」が提唱され，食料自給率と食料自給力の維持向上を目指し，5つのアクションを推進している。解答例にあがっている2つ以外には，「ごはんを中心に，野菜をたっぷり使ったバランスのよい食事を心がけ，しっかり朝ごはんをたべましょう」，「食べ残しを減らしましょう」，「自給率向上を図るさまざまな取り組みを知り，試し，応援しましょう」を掲げている。(2)　特定商取引に関する法律は，訪問販売，通信販売，連鎖販売取引等の主に無店舗販売での取引を規定している法律である。1978年(昭和53年)に「訪問販売に関する法律」として制定され，2000年(平成12年)

にこの名称に変わった。割賦販売法は1961年(昭和36年)に制定され，割賦販売，ローン提携販売，信用購入あっせん等について規制している。　(3)　リボルビング払いを利用する場合は，きちんと返済計画を立てることが大切である。また，指導において取り扱う際は，多重債務の背景も理解させたい。　(4)　・介護保険制度は2000年(平成12年)にスタートし，制度維持のために5年ごとに制度見直しがされている。また，保険料や施設への報酬に関しては，3年ごとの見直しが制定されている。　・育児・介護休業法(育児休業，介護休業等育児又は家族介護を行う労働者の福祉に関する法律)は，1991年(平成3年)に制定された。その後，次世代育成支援を進めていくうえで大きな課題となっている，育児や介護を行う労働者の仕事と家庭の両立をより一層推進するために，2005年(平成17年)に改正された。

【6】解答略

〈解説〉(1)　「栄養素としてのたんぱく質」は次のことが主に扱われている。エネルギー源，アミノ酸の種類，働き，消化及び吸収，必須アミノ酸，アミノ酸価，たんぱく質の補足効果などである。それらをわかりやすく，見やすく板書してみること。　(2)　持続可能な社会をめざす取り組みについて，循環型社会形成推進基本法に基づく発生抑制(リデュース)，再使用(リユース)，再生利用(リサイクル)を「3つのR」という。これに拒否(リフューズ)と修理(リペア)をプラスして「5つのR」という。「環境ラベル」は商品(製品やサービス)の環境に関する情報を製品や，パッケージ，広告等を通じて，消費者に伝えるものと定義してある。ISO(国際標準化機構)と関連させ理解させるよう板書するとよい。「グリーンコンシューマー」は，環境保全にあった行動をする消費者という意味である。「グリーンコンシューマー10原則」を掲げ，学習者の日ごろの行動等も点検するような進め方にするのもよい。これらをどのように体系的に板書案としてまとめるかが問われる。

2013年度　実施問題

【中学校】

【1】次の文は，中学校学習指導要領解説技術・家庭編「第1節　技術・家庭科の目標」(平成20年9月)から引用している。よく読んであとの問いに答えよ。

教科の目標は，中学校技術・家庭科の果たすべき役割やねらいについて総括して示したものである。

技術・家庭科は，社会の変化に主体的に対応できる人間の育成を目指して，生徒が生活を(　①　)して営めるようにするとともに，自分なりの工夫を生かして生活を(　②　)ことや，学習した事柄を進んで生活の場で活用する能力や態度を育成することをねらいとしている。

社会において(　①　)的に生きる基礎を培う観点から，生活に必要な基礎的・基本的な知識及び技術を確実に身に付けさせるとともに，生活を(　③　)し創造する能力を育成するなど，「生きる力」をはぐくむことを目指すことは，従前と同様である。今回の改訂では，更にその趣旨を徹底させるため，ものづくりを支える能力などを一層高めることや(　④　)と家庭，家庭と社会とのつながりを重視し，これからの生活を見通し，よりよい生活を送るための能力を育成することなど，本教科のねらいの確実な定着を図るために技術分野と家庭分野の内容を再編し，それぞれ<u>A4つの内容</u>に整理した。

目標にある「生活」は，日常の生活，例えば，家庭における生活，(　⑤　)における生活，地域社会における生活など，様々な場面を意味しており，学習指導の展開の中に，生徒の実際の生活を意図的に取り込むことや，生徒が学習の成果を積極的に生活に生かすことができるようにすることが重要である。

「生活に必要な基礎的・基本的な知識及び技術の習得を通して」とは，技術・家庭科の学習において，知識及び技術の習得の重要性を示している。

B「生活に必要な基礎的・基本的な知識及び技術」とは，生徒が自立して主体的な生活を営むために必要とされる基礎的・基本的な知識と技術であり，各分野の指導内容として示されている。「習得」とは，知識と技術の確実な定着を図ることを意味しており，生徒が次の課題を解決するための(　⑥　)ともなるべきものである。また，同時に，生徒の主体的な学習を支え，学習の深化や発展へとつながるものである。

技術・家庭科においては，(　⑦　)，整備，操作，調理などの実習や，観察・(　⑧　)，見学，調査・研究などのC実践的・体験的な学習活動を通して，基礎的・基本的な知識と技術を習得させることを重視しており，生徒の発達の段階を踏まえるなど学習の適時性を考慮するとともに，生徒の生活ともかかわらせて具体的な(　⑨　)を工夫することが重要である。

(1)　空欄(　　①　　)～(　　⑨　　)に適切な語句を入れよ。

(2)　下線部A4つの内容とあるが，どのような内容か2つ答えよ。

(3)　次の文は，下線部B「生活に必要な基礎的・基本的な知識及び技術」について述べている。空欄(　①　)～(　⑤　)に適切な語句を入れよ。

衣生活と住生活に関する実践的・体験的な学習活動を通して，衣服の選択，着用，手入れと住居の安全で快適な住まい方についての基礎的・基本的な知識及び技術を習得するとしている。

衣服の選択では，(　①　)を中心に取り扱い，(　②　)表示，取扱い絵表示，サイズ表示などを理解して衣服の選択に生かせるようにする。

衣服の購入に当たっては，縫い方や(　③　)付けなどの縫製の良否，手入れの仕方，手持ちの衣服との組合せ，(　④　)などにも留意し，目的に応じて衣服を選択できるようにする。

なお，衣服の入手については，購入するだけでなく，環境に配慮する視点から他の人から譲り受けたり，(　⑤　)したりする方法があることにも触れるようにする。

(4)　次の①～④の取扱い絵表示は，どのような意味かそれぞれ答えよ。

①

②

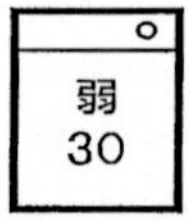

③

④

(5)　次の文は，下線部<u>C実践的・体験的な学習活動</u>について配慮することを述べている。空欄(　①　)～(　⑤　)にあてはまる適切な語句を語群ア～コから選び記号で答えよ。

技術・家庭科では，機器類，刃物類，引火性液体，(　①　)，ガス，火気などを取り扱って実習するため，安全の保持に十分留意して学習指導を行う必要がある。

実習室の環境の整備と管理については，安全管理だけの問題ではなく，学習環境の整った実習室そのものが，生徒の内発的な(　②　)を高める効果があることに留意する。そのため，実習室内は生徒の(　②　)を喚起するように題材に関する資料や模型等を掲示するなど工夫し，授業実践を支える(　③　)としての実習室の整備に努めるようにする。

材料や用具の管理は，学習効果を高めるとともに，作業の能率，(　④　)管理，事故防止にも関係しているので，実習等で使用する材料の保管，用具の手入れなどを適切に行うようにする。調理実習では，火気，包丁，(　⑤　)などについての安全と衛生に留意し，食品の購入や管理を適切に行うよう十分に留意する。

【語群】

ア　食品　　イ　態度　　ウ　薬品
エ　安全　　オ　衛生　　カ　電気
キ　学習態度　　ク　学習意欲　　ケ　構成
コ　環境

(☆☆☆☆◎◎◎)

【2】表1は，ある中学校第1学年の学習の予定を示している。題材名は，□で囲み，学習内容・学習活動は，箇条書きで示している。よく読んで下の問いに答えよ。

〈表1　第1学年の学習の予定〉

	題材名　学習内容・学習活動		題材名　学習内容・学習活動
1	(a)学習を始める前に	19	・家族の安全を考えた室内環境
2	豊かな衣生活を目指して	20	（つづき）
3	・(b)衣服と社会生活上の機能	21	↓（実習あり）
4	・和服と洋服（実習あり）	22	
5	↓	23	
6	・衣服の計画的な活用	24	豊かな生活を目指して
7	・衣服の適切な選択	25	・布を用いた物の製作で生活を豊か
8	↓	26	にする工夫
9	・(c)衣服の材料（観察実験あり）	27	・製作計画表の作成
10	↓	28	↓
11	・(d)日常着の手入れ（実習あり）	29	・(f)製作計画表について交流発表会
12	↓	30	・製作計画表の見直し
13		31	・製作（１人１作品）
14		32	（ミシン・アイロン等を使用）
15	快適な住まいを目指して	33	↓
16	・住まいの基本的な機能	34	
17	・家族の(e)安全を考えた室内環境	35	・製作品の活用について交流と評価
18	（実習あり）		

(1)　下線部(a)学習を始める前には，中学校3学年間の技術・家庭科(家庭分野)の学習の最初にガイダンスとして位置づけた題材である。その目的は何か，句読点を含めて40字以内で答えよ。

(2)　第1学年の技術・家庭科の標準の授業時数は，「学校教育法施行規則」により何単位時間と定められているか。

(3)　下線部(b)衣服について，小学校で指導する衣服の働きは何か，2つ答えよ。

(4)　下線部(c)衣服の材料(観察実験あり)について，どのような衣服の材料をとりあげ，どのような性質について指導するかそれぞれ答えよ。

(5)　下線部(d)日常着の手入れ(実習あり)について，具体的にどのような実習が考えられるか，洗濯と補修についてそれぞれ1つずつ答えよ。

(6)　(e)安全を考えた室内環境について，どのような内容について指導するか，簡単に2つ答えよ。

(7)　下線部(f)製作計画表について，中学1年生の「滋賀のぞみ」さんは，表2のような製作計画表を立てた。よく読んであとの問いに答えよ。

〈表2　製作計画表〉

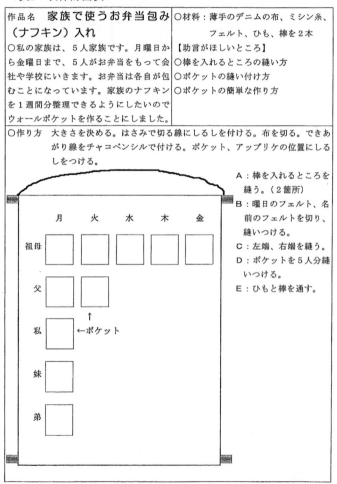

作品名　**家族で使うお弁当包み（ナフキン）入れ** ○私の家族は、５人家族です。月曜日から金曜日まで、５人がお弁当をもって会社や学校にいきます。お弁当は各自が包むことになっています。家族のナフキンを１週間分整理できるようにしたいのでウォールポケットを作ることにしました。	○材料：薄手のデニムの布、ミシン糸、フェルト、ひも、棒を２本 【助言がほしいところ】 ○棒を入れるところの縫い方 ○ポケットの縫い付け方 ○ポケットの簡単な作り方

○作り方　大きさを決める。はさみで切る線にしるしを付ける。布を切る。できあがり線をチャコペンシルで付ける。ポケット、アップリケの位置にしるしをつける。

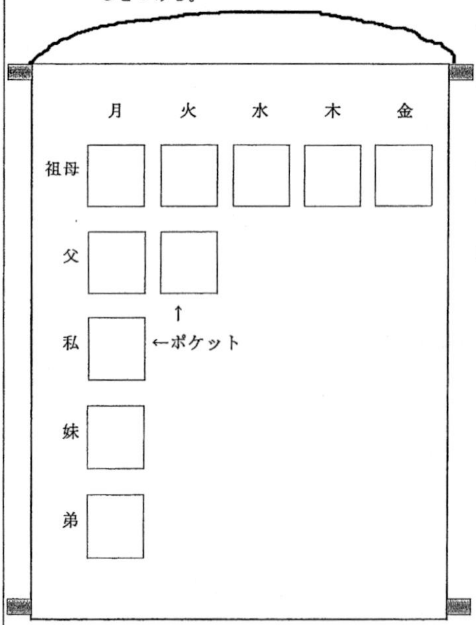

A：棒を入れるところを縫う。（２箇所）

B：曜日のフェルト、名前のフェルトを切り、縫いつける。

C：左端、右端を縫う。

D：ポケットを５人分縫いつける。

E：ひもと棒を通す。

ア 「滋賀のぞみ」さんの作り方の順序A～Dについて正しく並び替えよ。

イ アで答えた理由について，挿絵を示し説明せよ。

(☆☆☆☆◎◎◎)

【3】次の表は，ある中学2年生の1日の食事や間食の内容を記録したものである。よく読んであとの問いに答えよ。

〈表　食事内容〉　(1人分)

	献立名	食品名	分量
朝食	飲み物	牛乳	200ml
	トースト	食パン１枚	70g
		バター	5g
昼食	豚汁	豚肉	20g
		にんじん	5g
		しいたけ	5g
		だいこん	20g
		こんにゃく	10g
		さつまいも	10g
		青ねぎ	5g
		みそ	15g
		油揚げ	10g
	米飯	米	100g
	コロッケ２個	じゃがいも	100g
		油	10g
		玉ねぎ	20g
		あいびき肉	10g
		パン粉	適量
		小麦粉	適量
		卵	適量
		塩	少々
		こしょう	少々
		ウスターソース	15ml
	つけあわせ	キャベツ	20g
		ミニトマト	20g
		塩	少々
	飲み物	麦茶	200ml
	フルーツ	りんご	50g

	献立名	食品名	分量
間食	ハンバーガー２個（購入）	パン	100g
		ハンバーグ（冷凍）	60g
		ピクルス	5g
		レタス	5g
		ケチャップ	15ml
		炭酸飲料	500ml
	ポテトチップ		120g
	チョコレート		100g
	飲み物	炭酸飲料	500ml
夕食	ラーメン	カップめん	100g
	飲み物	麦茶	500ml

(1)　次の文は，中学生が摂取する栄養の特徴を踏まえ，改善策について述べている。空欄(　①　)～(　⑨　)について，語群ア～タから適切な語句を選び，記号で答えよ。

中学生は，体の成長が(　①　)，活動も大人に比較して(　②　)であるから，体をつくる栄養や活動のもとになるエネルギーをたくさん必要とする。

3食それぞれの(　③　)のバランスをみると，(　④　)の献立が比較的よいと思われる。中学生一日分の食事としては，食事の内容に課題があることは明らかである。そこで，次のように献立を改善することにする。

まず，朝食の内容である。現状では，カルシウムと脂質と(　⑤　)という栄養を取り込んでいることになる。これに，「いちご」のような果物と「オムレツ」を献立に加えると，ビタミンと(　⑥　)を摂取することになり，(　③　)のバランスの偏りが解消される。

2つめの改善点は，夕食の内容である。

ファーストフードなど，購入した即席食品を間食としてとらなくてもよいように夕食の献立の内容を改善することが大切であると考える。即席ラーメンを変更しないで改善を図ることにする。

夕食の献立として，即席ラーメンに(　⑦　)と副菜を加えることとする。

(　⑦　)としては，白身魚を油で揚げ，野菜の炒めものをあんにして添える。

副菜としては，春雨ときゅうりともやしを用いた(　⑧　)を提案したい。

また，(　⑨　)を摂取したいことから「ひじきの煮物」を，ビタミンを摂取したいことから「キャベツとかぶの即席漬け」を添えたい。

【語群】

ア　主菜	イ　副菜	ウ　著しく
エ　栄養	オ　献立	カ　活発
キ　ビタミン	ク　炭水化物	ケ　脂質

コ　たんぱく質　　サ　デザート　　シ　あえもの
ス　朝食　　　　　セ　昼食　　　　ソ　夕食
タ　無機質

(☆☆☆◎◎)

【4】環境に配慮した消費生活について，下の参考資料「中学校学習指導要領解説技術・家庭編(平成20年9月)」をもとに，次のような授業の導入を行った。よく読んであとの問いに答えよ。

〈授業の導入〉

○　生徒がテーマを考えることができるように，調理実習のようすを写真A・Bで黒板に示す。

写真A：「ポリ袋，紙袋，発泡スチロールトレイ，生ごみ」が混在し捨てられているごみ箱

写真B：煮込みハンバーグを作った後，ソースが付いている鍋を洗剤を付けたスポンジたわしで洗っているようす

↓

○　「節水・省エネ・ごみの減量化」という視点から，食生活における課題を考えるよう促す。

↓

○　生徒から出された意見

生徒A：ソースがもったいないので，ゴムべらで鍋についたソースを落とし，盛り付けに使う。

生徒B：紙でソースをふきとった後，洗剤を付けたスポンジで洗う。

参考資料

消費生活と環境とのかかわりについて関心と理解を深め，持続可能な社会の構築のため，これからの生活を展望して，自分や家族の生活を見直し，環境に配慮した消費生活について工夫し，実践ができるよ

うにすることをねらいとしている。

消費生活が環境に与える影響については，自分や家族の生活の仕方が身近な環境に与える影響について，具体的な事例を通して考えることができるようにする。

中学校学習指導要領解説　技術・家庭編(平成20年9月)

(1)　写真A「ポリ袋，紙袋，発泡スチロールトレイ，生ごみ」が混在し捨てられているごみ箱について，生徒が調理実習時にごみを分別することを意識し，実践できるようにするために，あなたは，どのように調理室の環境を整えるか，2つ答えよ。

(2)　生徒Bは，紙でソースをふきとった後，洗剤を付けたスポンジで洗う。のような改善策を提案してきた。あなたはどのように評価し助言するか，簡単に書け。

(☆☆☆☆◎◎)

解答・解説

【中学校】

【1】(1)　①　自立　②　営む　③　工夫　④　自己　⑤　学校　⑥　礎　⑦　製作　⑧　実験　⑨　題材　(2)　・家族・家庭と子どもの成長　・食生活と自立　・衣生活・住生活と自立　・身近な消費生活と環境(以上から2つ)　(3)　①　既製服　②　組成　③　ボタン　④　価格　⑤　リフォーム

(4)　①　脱水機では，短時間で行う。手では弱く絞る。　②　30度以下の液温で，洗濯の弱水流で洗う。　③　アイロンは，当て布をして，140～160度の中温でかける。　④　日陰で平干しがよい。

(5)　①　カ　②　ク　③　コ　④　オ　⑤　ア

〈解説〉(1)　学習指導要領解説の「技術・家庭科」の目標と，その目標に関する説明の内容である。学習指導要領についての設問は頻出であるので，教科の目標を暗記しておくことはもちろん，その中で使われている言葉の意味についても学習指導要領解説をもとに説明できるようにしておこう。また，指導事項，配慮事項についても重要語句を中心に覚えておくようにしたい。なお，小学校から高等学校まで系統性のある指導ができるようにとの観点から，今回の改訂では，中学校の家庭科の内容が小学校にあわせて再構成された。小学校，中学校，高等学校の内容がどのように関連づけられているのかについても目を配る必要がある。　(2)　家庭分野の内容は，解答例の4つである。なお，技術分野は，「材料と加工に関する技術」「エネルギー変換に関する技術」「生物育成に関する技術」「情報に関する技術」の4つの内容となった。　(3)　中学校学習指導要領解説の家庭分野における，「C 衣生活・住生活と自立」の指導事項である「イ 衣服の計画的な活用の必要性を理解し，適切な選択ができること。」についての内容である。
(4)　取扱い絵表示については頻出である。JIS(日本工業規格)とISO(国際標準化機構)の2つの取扱い絵表示があるので，両方について意味を答えられるようにしておこう。　(5)　設問の文章は，学習指導要領解説の「第3章 指導計画の作成と内容の取扱い」の「3 実習の指導」から配慮すべき事項に関する内容を抜粋したものである。「配慮事項」については，この第3章の中に記載されているので，忘れずに目を通し，理解しておこう。

【2】(1)　(例)　小学校家庭科の学習をふまえ，中学校3学年間の学習の見通しをもたせ意欲を喚起する。　(2)　70(単位時間)　(3)　・保健衛生上(の働き)　・生活活動上(の働き)　(4)　(例)　・衣服の材料…綿　・性質…防しわ性　(5)　(例)　・洗濯…電気洗濯機での洗い方　・補修…まつり縫いによるすそあげ　(6)　(例)　・家庭内の事故防止　・室内の空気調節　(7)　ア　D→B→C→A→(E)

イ

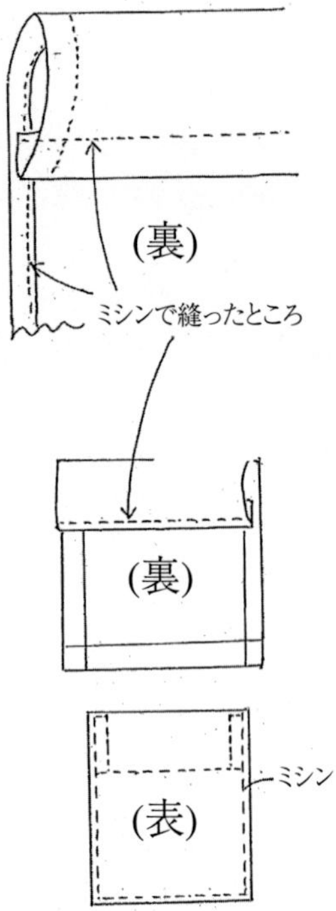

(理由)　(例)・布の両端を三つ折りにしてミシン縫いし，その後棒を通す部分を三つ折りにしてミシン縫いをして始末すると仕上がりが美しいから。　・棒とひもを通す部分が丈夫だから。

〈解説〉(1)　中学校家庭分野では，家庭に関する教育を体系的に行う視点から，小学校での学習を踏まえ中学校での3学年間の学習の見通しを立てさせるガイダンス的な内容を設定し，第1学年の最初に履修させることとなった。具体的には，「家族・家庭と子どもの成長」の内容の中の，「自分の成長と家族」の「自分の成長と家族や家庭生活とのかかわりについて考えること。」をガイダンスとして扱う。また，この内容については，他の学習の導入時に再度扱うこととなっている点にも注意したい。　(2)　第1，第2学年が70単位時間，第3学年が35

単位時間である。　(3)　学習指導要領によると，中学校家庭分野の「衣服の選択と手入れ」では，「小学校家庭科で学習した保健衛生上の着方と生活活動上の着方を踏まえて，衣服の社会生活上の機能を中心に理解し，時・場所・場合に応じた衣服の着用や個性を生かす着用の工夫ができるようにする。」とある。　(4)　布地の主な性質としては，「保温性」「通気性」「伸縮性」「吸水・吸湿・透湿性」があげられる。また，観察して性質をとらえることができるよう，布地の吸水性実験なども教科書に出ているので，あわせて確認しておくとよい。繊維の特徴や用途については頻出であるので，必ず覚えておくこと。

(6)　自然災害への備えや，音と生活とのかかわりなども考えられる。

【3】(1)　①　ウ　②　カ　③　エ　④　セ　⑤　ク
⑥　コ　⑦　ア　⑧　シ　⑨　タ

〈解説〉選択肢からの空欄補充問題であり，内容も比較的やさしい。⑨は後に「ひじきの煮物」とあるので，無機質と判断できる。無機質は，骨や歯，血液などを構成する成分で，ミネラルともよばれる。無機質には，カルシウム，鉄，ナトリウム，カリウム，リン，銅，亜鉛，ヨウ素などがあり，このうち日本人に不足しがちなのは，鉄とカルシウムである。なお，栄養素については，主な働きや作用をよく理解しておこう。特に体内における炭水化物やたんぱく質の作用については頻出である。また，ビタミンについても働きや欠乏症，多く含む食品などをおさえておきたい。

【4】(1)　(例)　・ごみ箱に捨てるごみの絵を描いたポスターをはる。・掲示物としてごみの分別を促すポスターをはる。　(2)　(例)　紙でソースをふきとることは，節水につながることから評価できる。しかし可燃ごみが増えることは，ごみの減量化になったとはいえない。スポンジに直接洗剤を付けることについても適切な使い方とはいえないので，さらに工夫したり，見直しできることはないかと助言する。

〈解説〉「D　身近な消費生活と環境」の授業に関する設問である。中学校学習指導要領解説では，「内容『B　食生活と自立』又は『C　衣生活・住生活と自立』の学習との関連を図り，…実践的な学習となるように配慮する」とされている。なお，評価規準についての設問や，実際の授業を想定した指導計画案の作成などの出題も増えている。国立教育政策研究所の「評価規準の作成，評価方法等の工夫改善のための参考資料」に評価規準や評価規準の設定例，評価に関する事例が出ているので確認しておこう。

2012年度　実施問題

【中学校】

【1】次の文は，中学校学習指導要領解説技術・家庭編(平成20年9月)から引用している。よく読んであとの問いに答えよ。

衣食住などに関する(　①　)的・体験的な学習活動を通して，生活の自立に必要な基礎的・基本的な知識及び技術を習得するとともに，(　②　)について理解を深め，これからの生活を(　③　)して，課題をもって生活をよりよくしようとする能力と態度を育てる。

「家族・家庭と子どもの成長」では，(　④　)の成長や家族・家庭に関する学習を進める中で，人間が心身ともに成長し，(　⑤　)としての役割を果たすことの意義や周囲の人々の人間関係の大切さなどを理解し，よりよい生活を主体的に工夫できる能力と態度を育てることをねらいとしている。

「食生活と自立」では，(　⑥　)に必要な栄養のとり方や(　⑦　)の作成，調理やA)　食文化などに関する学習を一層重視し，食生活の自立に向けた基礎的・基本的な知識と技術を習得することとともに，食生活を主体的に営む能力と態度を育てることをねらいとしている。

「衣生活・住生活と自立」では，衣生活と住生活を人間を取り巻く環境の視点から取り上げ，(　⑧　)の選択と手入れ，(　⑨　)の機能とB)　住まい方などに関する基礎的・基本的な知識と技術を習得するとともに，C)　布を用いた物の製作などを通して生活を豊かにしようと工夫する能力と態度を育てることをねらいとしている。

「身近な消費生活と環境」では，社会において主体的に生きる(　⑩　)をはぐくむ視点から，消費の在り方や環境等に配慮した生活の仕方に関する基礎的・基本的な知識と技術を習得するとともに，持続可能な社会における生活の営みへの足掛かりとなる能力と態度を育てることをねらいとしている。

また，これからの生活を展望し生活をよりよく営むためには，

D)　自らの生活の課題を見付け，解決のための実践を行うことによって，学習した知識と技術を生活に生かす学習活動に留意する必要がある。

(1)　空欄(　①　)～(　⑩　)に適切な語句を入れよ。

(2)　下線部A)　食文化については，「地域の食材を生かすなどの調理を通して地域の食文化を理解すること」とある。生徒が調理実習する場合，適切な滋賀県の郷土料理名を2つ答えよ。

(3)　下線部B)　住まい方については，小学校及び中学校での指導する事項を次のように規定している。空欄(　①　)～(　④　)に適切な語句を入れて完成させよ。

　小学校の暑さ・(　①　)，通風・(　②　)及び(　③　)に重点を置いた快適な室内環境の整え方についての学習を踏まえて，中学校では，(　④　)に重点を置いた室内環境の整え方について取り扱うこととする。

(4)　下線部C)　布を用いた物の製作については，内容の取り扱いとして「主として補修の技術を生かしてできる製作品を扱うこと」とあるが，どういう意味か，簡単に説明せよ。

(5)　下線部D)　「自らの生活の課題を見付け，解決のための実践を行うことによって，学習した知識と技術を生活に生かす学習活動に留意する必要がある。」は「生活の課題と実践」についての記述である。「生活の課題と実践」は，3学年間の年間指導計画上にどのように位置づけるとよいか。

「家族・家庭と子どもの成長」「食生活と自立」「衣生活・住生活と自立」という文言を用いて説明せよ。

(☆☆☆◎◎◎◎)

【2】中学1年生の滋賀太郎さんは母親にプレゼントをしようと写真のようなエプロンを縫うことにした。太郎さんは，小学5年生の時にランチョンマットを，小学6年生の時にまくらカバーをミシンで縫っている。簡単な手縫いも学習している。

(1)　小学校で学習する手縫いの方法について，2つ答えよ。

(2)　①～⑤の名称について，下記の語群から選択し，記号で答えよ。

(3)　⑥に下糸を準備するがこのようなかまを何というか，答えよ。

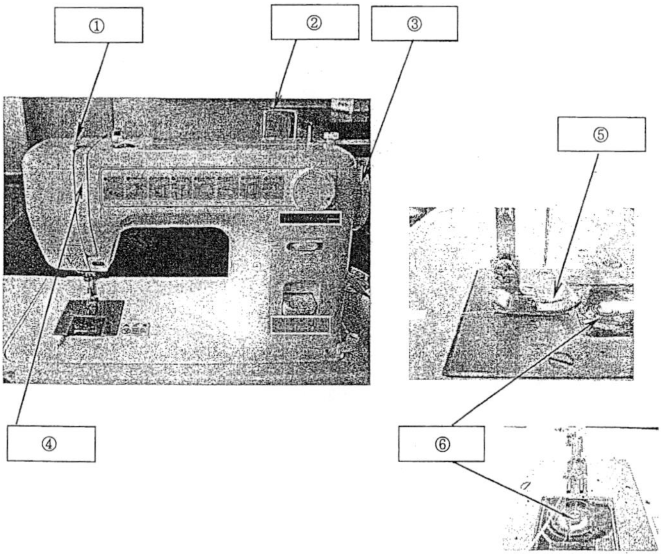

ア　針	イ　返し縫いボタン	ウ　糸立て棒
エ　おさえ	オ　下糸巻き軸	カ　糸案内板
キ　天びん	ク　糸案内	ケ　はずみ車

(4)　次のような材料を用いAからIの順序でエプロンを製作することにした。空欄(　①　)(　②　)を適切な作業手順で埋めよ。

【材料】　エプロン用布　(90cm幅)　長さ　50cm

結びひも(2cm幅綿テープ)　長さ　200cm

ミシン糸・手縫い糸・しつけ糸

A　チャコペンシルで裁ち切り線のしるしをつける。

B　(　　　①　　　)。

C　チャコペンシルででき上がり線のしるしをつける。

D　ポケット口をミシンで縫う。

E　ポケットをミシンで縫いつける。

F　脇の縫い代のしまつをミシンでする。

G　(　　　②　　　)。

H　胴回りの縫い代の始末をする。

I　ひもを縫いつける。

(5)　下線部「E　ポケットをミシンで縫いつける。」とあるが，どのように縫うとよいか。図にミシンで縫ったところを実線で記入せよ。ただし，ポケット口はミシンで縫ったものとする。縫い代は，内側に折っているものとする。縫い始めと縫い終わりは返し縫いをするものとする。

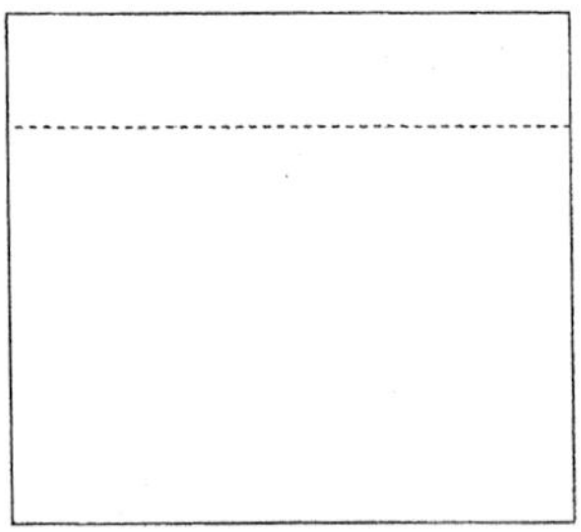

(6)　太郎さんがエプロンを縫い始めたが，調子よく縫えない。どのような原因が考えられるか，それぞれ簡単に答えよ。電源とスイッチは入っているものとする。

①　コントローラを踏むが，布が進まない。

②　コントローラを踏むと，上糸が切れる。

(☆☆☆◎◎◎◎)

【3】技術・家庭科の授業で調理実習をすることになった。滋賀花子さんのグループでは,「みそ汁　ハンバーグ　温野菜サラダ　米飯」を作る計画を立てている。

下の問いに答えよ。

(1人分)

材料名	分量(g)	廃棄率(%)	材料名	分量(g)	廃棄率(%)
ひき肉	80		②ブロッコリー	50	50
(ア)卵	10	15	③にんじん	50	3
①玉ねぎ	30	6	さやいんげん	20	3
バター	2		油	8	
(イ)牛乳	10ml		酢	5	
(ウ)パン粉	5		塩	1	
塩	1.4		こしょう	少々	
こしょう	少々		煮干し	5	
ケチャップソース	15		水	170	
ウスターソース	8		みそ	15	
油	3		乾燥わかめ	1	
米	100		とうふ	10	
水	150		根みつば	5	35

(1)　滋賀花子さんは4人分の材料を買いに行くことになった。①～③の材料は何グラム購入するとよいか。小数点以下第1位を四捨五入すること。

(2)　ハンバーグは,ひき肉の調理上の性質を利用した料理である。どのような性質か,簡単に答えよ。

(3)　材料表の(ア)～(ウ)については,ハンバーグを作る上でどのような働きをしているか。それぞれ答えよ。

(4)　みそ汁のだしとして煮干しを用いたが,すまし汁にかえた場合,だしとしてどのような食材があるか。またそのうま味成分は何か答えよ。

解答例　あさり－コハク酸

(5)　調理実習では,安全面や衛生面に配慮して実施する必要がある。

①　食器やまな板は,衛生を保つために生徒にどのようにして使用

させるとよいか，それぞれ答えよ。

② ハンバーグをフライパンで安全に焼くには，どのようなことに注意させるとよいか，答えよ。

(☆☆☆◎◎◎◎)

【4】次の文をよく読んで問いに答えよ。

滋賀太郎さんは，夏休みの家族旅行用にTシャツとズボンを買うことにした。雑誌に載っていたTシャツとズボンを，注文はがきを使って注文した。

10日後，Tシャツとズボンとともに，代金の振り込み用紙が届いた。代金の振り込みは，商品が届いてから2週間以内と書かれていた。太郎さんは，保護者に振り込み用紙を渡した。

しかし，太郎さんは，届いたTシャツを見て雑誌で紹介されていたTシャツとはイメージが異なっていると感じていた。太郎さんは，返品できるのか，わからなかった。

学校の家庭分野の授業で，消費者のトラブルについて学んでいたことを思い出した。太郎さんは，家庭分野担当の先生に相談することにした。

(1) 下線部____のような販売方法は，何という販売に分類できるか。

(2) (1)の販売方法には，雑誌以外に，どのような媒体があるか。2つ答えよ。

(3) 下線部 消費者のトラブルについての相談機関にはどんなものがあるか。1つ答えよ。

(4) 滋賀太郎さんの場合，送付書を見ると返品や交換ができるという意味のマークがついていた。何というマークか，答えよ。

(5) 訪問販売や電話勧誘販売などで品物やサービスを購入した場合，契約を解除できる制度があるが，何というか。

(6) 滋賀太郎さんが今回利用した販売方法の長所を2つ答えよ。

(☆☆☆◎◎◎◎)

【5】内容A「家族・家庭と子どもの成長」について次の問いに答えよ。

(1) 次の語群を正しい順に並べかえ，記号で答えよ。

① 運動機能について

ア 首がすわる　　　　イ 走る
ウ 鉄棒で逆上がりができる　　エ 三輪車をこぐ
オ 一人で歩く　　　　カ 床に座る

② 遊び方について

サ 大人と1対1で「いないいないばー」で遊ぶ
シ 保育者と一緒に子ども数人で遊ぶ
ス 一人遊びをする
セ ドッチボールをする
ソ 子ども同士で協力して遊ぶ
タ 同年齢の子どもの近くで一人で遊ぶ

(2) 幼児と触れ合う活動を次のような指導過程で実施することとした。①～③について答えよ。

生徒の学習内容や学習活動	時間	教材や教具，指導者の配慮など
事前学習① ・ねらいを知る。 ・訪問する日時を知る。 ・訪問学級の希望を書く。 ・「触れ合い体験」への個人目標を立てる。	1	B) 生徒が「触れ合い体験」のイメージをもつことができるようにする。 ・記入用のプリントを配布する。 ・希望調査票を配布する。 ・ねらい・日時について説明する。
事前学習② ・「触れ合い体験」に向けて，簡単なおもちゃを作る。	3	・おもちゃの製作について説明する。 C) 生徒がおもちゃづくりのイメージをもつことができるようにする。 D) おもちゃの製作用のプリントを配布する。
事前学習③ ・「触れ合い体験」前日，注意事項を知る。持ち物，A) 服装やみなり，集合時間などを確認する。	1	・注意事項や日程を説明し，プリントに記入させる。

① 下線部A)　服装やみなりについて，「触れ合い体験」では学生服は適切ではないと保育所から指示された。どのように指導するか，具体的に答えよ。

② 下線部B)　生徒が「触れ合い体験」のイメージをもつことができるようにする。について，どのように指導するか，具体例を答えよ。

③ 下線部C)　生徒がおもちゃづくりのイメージをもつことができるようにする。について，どのように指導するか，具体例を答えよ。

(3) 平成20年9月に示された学習指導要領解説技術・家庭編では，「幼児との触れ合う活動」は，必修となっている。立地条件によっては，近隣に保育所や幼稚園等がなく，訪問して触れ合い体験を実施できない中学校もある。そのような場合は，どのように指導するか，具体例を答えよ。

(4) 下線部D)　おもちゃの製作用のプリントについて，次の条件を満たすプリントを作成せよ。ただし「学年・組」「氏名」の欄は不要とする。

① おもちゃの材料としてはフェルトを用いる。

② 中学生一人ひとりが触れ合う子どもに合わせておもちゃを製作する。

③ 指導者がプリントを点検すると，中学生が製作しようとしているおもちゃがわかる。

④ 指導者がプリントを点検すると，その中学生の製作の進度がわかる。

(☆☆☆☆◎◎◎)

【6】次の表は，家庭分野の中学校3学年間の年間指導計画の概略を示している。

	題材名と学習内容 第１学年（ ① ）時間	題材名と学習内容 第２学年（ ② ）時間	題材名と学習内容 第３学年（ ③ ）時間
1学期	④ガイダンス「○○○○」 家族・家庭を見つめる ・自分と家族・家庭生活 生活の自立を目指す　ミッション1 【基礎コース】 ・衣生活編	生活の自立を目指す　ミッション2 食生活編「私におまかせ！食事作り」 ・献立作成のひみつ ・食品の選択	これからの生活を見通す　ミッション1 子どもの成長を見つめる ・子どもの心身の発達 ・子どもの遊び
2学期	「エプロンづくり」 ・食生活編 「いろいろな切り方」 「中学生に必要な栄養」 ・住生活編 「快適な住まい」	・調理実習「和え物」 ・調理実習「けんちん汁」「煮魚」 ・調理実習「みそ汁・ハンバーグ・温野菜サラダ・米飯」	・子どものおもちゃ ・保育所での触れ合い体験 ・子どもの成長を支える
3学期	生活の自立を目指す　ミッション2 【活用コース】 衣生活編「　⑤　」 ・「衣服の手入れ」 ・「⑥生活を豊かにするものづくり」	・伝統的な食事 ・食生活を豊かに 住生活編「災害に備えた住まい」	これからの生活を見通す　ミッション2 消費者としての自覚を高めるには ・消費者の権利と責任 ・学習のまとめ

※　「生活の自立を目指す　ミッション1」「生活の自立を目指す　ミッション2」「これからの生活を見通す　ミッション1」「これからの生活を見通す　ミッション2」は，大題材名を示している。

(1)　技術分野，家庭分野ともに，授業時数を均等に配当すると各学年は何時間ずつになるか，空欄①～③に適切な数字を入れよ。

(2)　④　ガイダンス「○○○○」は，3学年間の家庭分野の最初の授業である。これまでの学習をふりかえったり，生徒が家庭分野の学習内容への見通しをもったりする時間である。空欄「○○○○」には，生徒の学習意欲が高まるような小題材名を答えよ。

(3)　衣生活編「　⑤　」は，学習内容として「衣服の手入れ」「生活を豊かにするものづくり」を計画している。このことを踏まえ，上記の(2)と同様，生徒の学習意欲が高まるような小題材名を答えよ。

(4)　下線部・「⑥生活を豊かにするものづくり」について，布を用いて製作するが，具体的にはどのような教材が適切か，答えよ。

(☆☆☆◎◎◎)

【高等学校】

【1】次のA，Bの文章は，食事の役割と食文化についてまとめたものである。あとの問いに答えよ。

A　人は，体外から栄養分を摂取しなければ生命を維持することができない。食事の役割は，まず第一に生命を維持することにある。この生理的な役割を十分に果たし，健康を増進させるには，食事に各種の①栄養素がバランスよく含まれていることが必要である。そのうえで，②安全を確保するための調理法も工夫されなければならない。

さらに，食事は家族や社会のなかでの共食を原則としてきたことから，人間関係を円滑にするために一定の食事作法をうみだしたり，よりおいしく食べるための工夫を凝らすなどの社会的な役割も果たしてきた。これらが，世界の各地域で気候や風土に根ざして，それぞれの地域で様々な食文化を育んできた。

B　日本の地形と気候は，水田稲作と大豆などの畑作に適しており，海は魚介類の宝庫ともいえる。こうしたことから日本では，③米，④大豆，⑤魚による食習慣が形成された。また，多湿な気候であることから微生物が繁殖しやすいために，⑥漬け物，塩魚などの生鮮食品の保存や貯蔵技術が発達し，微生物を利用した日本独自の発酵食品をつくりだした。これらが日本食の原型となっている。

四季の移り変わりとともに，折々の旬の材料にも恵まれ，それぞれの地方でその土地でとれた自然の産物を使った⑦郷土料理がうまれた。旬の素材を使い，器や盛りつけにも季節感を盛り込むことが日本料理の特色である。その伝統の味は，親子代々語り継がれ，今日に至るまで受け継がれてきている。

一方，日本料理は⑧婚礼などの儀礼食において貴族や武士の間で基本的な形が整った。本膳料理形式といわれる食事献立がこれである。その後は，茶道の発達にともない⑨カイセキ料理の献立も用いられた。現在では，料理店の発展により酒宴向きの⑩カイセキ料理もうまれている。このように時代とともに変化をしてきたが，日本料理の基本は，飯・汁・漬け物に，時代に応じた菜(主菜・副菜)が付けられていることである。

(1) 下線部①について，炭水化物の単糖類であるぶどう糖は消化吸収などのエネルギーとして使われ，残りはグリコーゲンに合成されて，筋肉と肝臓に蓄えられる。筋肉と肝臓に蓄えられたグリコーゲンについて，それぞれの働きを答えよ。

(2) 下線部①について，たんぱく質の栄養価をみる方法としてアミノ酸価がある。アミノ酸価はその食品中の必須アミノ酸含有量で決まるが，必須アミノ酸は，含硫アミノ酸，芳香族アミノ酸，イソロイシン，ロイシン，リジンの他に4つある。それらの名前をすべて答えよ。

(3) 下線部②に関係する次の2つの法律名を答えよ。

ア 食品の安全性の確保のために公衆衛生の見地から必要な規制その他の措置を講ずることにより，飲食に起因する衛生上の危害の発生を防止し，もつて国民の健康の保護を図ることを目的とした，1947年に制定された法律。

イ 食品の安全性の確保に関し，基本理念を定めるとともに，施策の策定に係る基本的な方針を定めることにより，食品の安全性の確保に関する施策を総合的に推進することを目的とした，2003年に制定された法律。

(4) 下線部③米の日本で用いられた最初の一般的な調理法を答えよ。

(5) 下線部④大豆の加工品である生ゆばの作り方について簡潔に説明せよ。

(6)　下線部⑤について，米を主食とする日本人にとって，魚類が日常食として良い組み合わせである理由を，あじを例に栄養面から説明せよ。

(7)　下線部⑥について，次の文の空欄に適する語句を答えよ。

漬け物とは，素材を塩などで押して(　ア　)させ(　イ　)発酵を起こし，貯蔵性を高め，(　ウ　)を付与したものである。

(8)　下線部⑦について，滋賀県の湖魚のなれずしに関する次の文の空欄に適する語句を答えよ。

フナずしに最も適したフナは，(　ア　)であるが，他にも(　イ　)，ウグイ，オイカワなどなれずしに用いる湖魚は多い。フナずしを作るには，まず，えらぶたから(　ウ　)だけを残して内臓を全部抜き取るが，他の湖魚では，(　エ　)にして内臓を取り出す。次にフナを塩で長期間漬け，その後，さらに(　オ　)で漬け直しをして発酵させる。これをすることで味に変化が出て(　カ　)味が増し，うま味も増す。

(9)　下線部⑧は，何時代のことか答えよ。

(10)　下線部⑨～⑩のカタカナを漢字になおせ。

(☆☆☆◎◎◎)

【2】次の文章は，食生活についてまとめたものである。あとの問いに答えよ。

1960年代には，欧米料理が急速に普及した。欧米料理は日本食に比べて獣肉を多くとり，植物性食品はサラダなどだけで量が少ない。このため獣肉に多い脂質の摂取が増え，植物性食品に多く含まれる①食物繊維の摂取量が減った。この食生活の変化が生活習慣病などの増加につながっている。また，高血圧は，日本食の特徴の一つである食塩のとりすぎが原因と考えられている。

さらに日本人の食習慣は変わりつつある。インスタント食品や調理済み食品などに頼る人が多くなり，外食も日常的になるなど，食生活の栄養バランスが失われつつある。このような中，②味覚がにぶくなったり，味を感じないなどの味覚障害が，近年若い世代に増えている。③味覚障害の多くは，無機質やビタミン類をバランス良く摂取できないような加工食品に，極度に依存した食生活の乱れが一因と考えられている。また，単身世帯の増加や，高齢化の進展，生活スタイルの多様化などを背景として，④「中食」を利用する人が増加しており，「孤食」や「個食」の現状もある。食事の作法や他者への思いやりの心を育てるためにも，家族とともにバラエティに富んだ食事をする工夫が重要である。

食生活をめぐる環境が変化するなかで，都市と農山漁村の共生や，地域社会の活性化，豊かな食文化の継承など，多くの食に関する課題の解決に向けて，国はさまざまな施策を試みてきた。現在の食生活指針は，2000年に策定された。厚生省(現厚生労働省)だけでなく，農林水産省・文部省(現文部科学省)の3省が共同で作成した点に特徴がある。食生活の指針では，主食・主菜・副菜を基本にしてバランスをとることや，野菜・くだもの，牛乳・乳製品，豆類，魚などを組み合わせ，バランスをとることをすすめている他，栄養的な項目に先立って⑤最初に掲げている項目も特徴的である。また，⑥2005年7月に施行された法律では，子どもたちがゆたかな人間性をはぐくみ，生きる力を身につけるための基本を定めている。

一方，民間の食にかかわる運動として，ゆったりとした人間的な食生活を提唱した「スローフード宣言」がある。イタリアで始まったこの運動は，⑦3つの基本指針を定めている。日本でも，特色ある食材や料理を見直そうとする動きがある。

このような身体・精神両面からの食生活改善の動きが盛んになるということは，それだけ現在の食生活に課題が多いということである。

環境面から食生活を捉えてみると，近年，⑧地元で生産した野菜や肉類，魚介類などをその地域で消費する方法が注目されている。生産者の顔や流通の過程がわかりやすく，輸送に係るエネルギーも少なくて済み，新鮮で，安価なものを手に入れられるという利点がある。しかし，現在日本は，世界のあらゆる地域から食べ物を輸入している。

⑨フードマイレージは世界一であり，環境への配慮が必要となっている。環境に配慮した食品の選択も食生活の大きな課題である。

(1)　下線部①の働きを2つ答えよ。

(2)　下線部②は，舌のどの部分が味覚を感じ取るのか答えよ。

(3)　下線部③の原因で，バランス良く摂取できていないものを答えよ。

(4)　下線部④の「中食」と「個食」の意味を説明せよ。

(5)　下線部⑤は，どのような内容か答えよ。

(6)　下線部⑥の法律名を答えよ。

(7)　下線部⑦の3つの基本指針を答えよ。

(8)　下線部⑧の方法は何というか，答えよ。

(9)　下線部⑨について説明せよ。

(☆☆☆◎◎◎◎)

【3】次のA～Dを読んで，子どもの福祉に関する以下の問いに答えよ。

A　「すべて人間は，うまれながらにして自由であり，かつ尊厳と権利とについて平等である。」と第1条で述べている。(1948年採択)

B　「すべての児童は，心身ともにすこやかに生まれ，育てられ，その生活を保障される。」「すべての児童は，家庭で，正しい愛情と知識と技術をもって育てられ，家庭に恵まれない児童には，これにかわる環境が与えられる。」と定められている。(1951年制定)

C　「すべて国民は，児童が心身ともにすこやかに生まれ，かつ，育成されるよう努めなければならない。すべて児童は，ひとしくその生活を保障され，愛護されなければならない。」と第1条で児童福祉の理念を明確に示している。(1947年制定)

D　「児童に関するすべての措置をとるにあたっては，公的もしくは私的な社会福祉施設，裁判所，行政当局または立法機関のいずれによっておこなわれるものであっても，児童の最善の利益が主として考慮されるものとする。」と第3条で述べている。(1989年に国連総会で採択，日本は1994年に採択・決議)

(1)　児童福祉を目的とする上記A～Dの名称を答えよ。

(2) B・CとDを比較して，日本の児童福祉について説明せよ。

(3) Dについて，次の各条で示している内容を簡潔にまとめて答えよ。

第2条…

第12条…

第18条…

(4) 児童虐待についての次の文章の空欄に適する語句や数を答えよ。

日本で，親や養育者による児童虐待が社会問題になり，社会全体としての取組みが始まったのは1990年代である。児童虐待とは(ア)歳未満の子どもに対する行為をいう。その後(イ)年に児童虐待防止法が制定された。その中では，国および地方公共団体の責務を「児童虐待の(ウ)，及び児童虐待を受けた児童の迅速かつ適切な(エ)」としている。同法は，その後改正され，児童虐待は児童の人権を著しく侵害するものとし，「児童虐待を受けたと思われる児童」を(オ)の対象に加えて(ウ)と(エ)をしやすくした。

地域に最も密着したミニ相談機関として設置され，児童相談所の相談機能の一部を担い，児童虐待予防の相談窓口にもなっている機関が(カ)である。

(5) 児童虐待防止法は，Cではできなかったどのようなことが可能になったか答えよ。

(☆☆☆◎◎◎)

【4】住居と住環境に関する次の問いに答えよ。

(1) 建物に関する安全性や建築物の秩序について1950年に制定された法律の名称を答えよ。

(2) 容積率について説明せよ。

(3) 建ぺい率が60%に制限された土地に，平屋建てで面積が117m²の家を建てたい。敷地面積は，最低何m²必要かを答えよ。また，その面積を坪数で答えよ。(いずれも整数で答えよ。)

(4) 近年，ビルなどの建造物の屋上緑化によって環境改善を図り，環境への負荷を少なくする試みが各地で進められている。このような環境改善を推進している理由を答えよ。

(☆☆☆◎◎◎)

【5】高齢者の介護について，次の(1)～(3)の文章を読み，あとの問いに答えよ。

(1)　介護保険法が改正され平成18年度から高齢者の身近な生活圏に，地域包括センターがつくられ，虚弱高齢者の介護予防や自立支援のために「運動機能の向上」，「栄養改善」，「口腔機能の向上」，「閉じこもり予防・支援」，「うつ予防・支援」，「認知症予防支援」などのサービスが提供されている。

問い：虚弱高齢者への筋力トレーニングや口腔ケアの有効性について答えよ。

(2)　老化に伴う機能の低下は，その種類によって異なるが，特にいくつかの機能を合わせて行う複雑な動作や，ある時間内ではやく行うことを要求される機能は，高齢になるほど著しく低下してくる。一方，熟練により獲得された能力は，加齢によってますますすぐれてくる。

問い：流動性知能と結晶性知能について説明せよ。

(3)　移動の介助をするときは，からだの状態や自立の状態を考えてその高齢者に適した方法で苦痛や危険のないように援助する。高齢者が使うものの高さをそろえておくと，移動するときに便利である。

問1：個人差はあるが，高齢者の移動の介助がしやすいものの高さはおよそ何センチか答えよ。

問2：移動の介助をするときのポイントについて，順序立てて説明せよ。

(☆☆☆◎◎◎)

【6】健康診断の実施を規定している法律を3つ答え，その法律の目的について簡単に説明せよ。

(☆☆☆◎◎◎)

【7】次の文章は，高等学校学習指導要領解説家庭編 (平成22年1月) に述べられている，学習指導要領の「改訂の要点」の抜粋である。空欄①～④に適する語句等を答えよ。

自己と家庭，家庭と社会とのつながりを重視し，生涯の見通しをもってよりよい生活を送るための能力と実践的な態度を育成するために，目標を「(　①　)と生活の営みを総合的にとらえ，家族・家庭の意義，家族・家庭と社会とのかかわりについて理解させるとともに，(　②　)させ，(　③　)を育てる」とした。

共通教科としての家庭科においては，生徒の多様な能力・適性，興味・関心等に応じて選択して履修させることを重視し，「家庭基礎」(2単位),「家庭総合」(4単位)及び(　④　)の3科目を設けた。これらの3科目のうちいずれか1科目を必履修科目として履修することとしている。

(☆☆☆◎◎◎◎)

【8】次の条件のもとで，ヒューマンサービスにかかわる就業体験(インターンシップ)を実施する。(1)～(4)の問いに答えよ。

(条件)

① 対象生徒：家庭学科2年生40人

② 就業体験(インターンシップ)実習先

0歳から5歳児クラスのある保育所(園)または認定保育園…4か所

高齢者福祉施設(デイサービス・ショートステイ受け入れ有り)…4か所

(1) 就業体験(インターンシップ)の目的を答えよ。

(2) 事前学習における指導事項について，次の問いに答えよ。

① 体験学習を行う施設について何を理解しておくべきか。

② 体験学習にふさわしい服装は，ネックレスや指輪，ピアスなどのアクセサリーは身に付けてはならない。それはなぜか。

③ 健康の自己管理が必要な理由は何か。

④ 利用者のプライバシーについて，守らなければならないことは

何か。

(3) ヒューマンサービスにかかわる体験学習で，特に大切にしなければならないことは何か答えよ。

(4) 体験学習を定着させるための指導について，次の問いに答えよ。

① 就業体験の共有化や報告会の意義は何か。

② 各自の体験や反省をまとめることの意義は何か。

(☆☆☆☆◎◎)

【9】「環境への負荷を少なくするライフスタイル」についての1時間の家庭科の授業を，次のように行うとき，どのような板書をするか記入せよ。

・導入：家庭と学校での自分の生活行動をチェックして環境への影響を考えさせる。

・展開：持続可能な消費生活についての法制度と消費者が果たさなければならない責任について授業を展開する。

・まとめ：ホームプロジェクトへつなげる。

(☆☆☆☆◎◎)

【10】布地の種類と吸水性の実験を，次に示す条件で実施する。(1)～(3)の問いについて箇条書きで説明せよ。

(条件)

① 実験の目的：繊維の種類や布の組織の違いによる吸水性への影響を調べる

② 試料：組織の異なる綿・毛・ポリエステルの布各2種類，各20cm×2cm

③ 用具等：バット，木わく，クリップ，画びょう，水性カラーペン，水

(1) 実験の目的を達成するための仮説を2つ答えよ。

(2) 実験の方法・手順を答えよ。

(3) 実験をどうまとめるか，答えよ。

(☆☆☆◎◎◎)

解答・解説

【中学校】

【1】(1) ① 実践 ② 家庭の機能 ③ 展望 ④ 幼児 ⑤ 家族の一員 ⑥ 中学生 ⑦ 献立 ⑧ 衣服 ⑨ 住居 ⑩ 消費者 (2) (例) しじみ飯，どんがめ汁 (3) ① 寒さ ② 換気 ③ 採光 ④ 安全 (4) 製作にはミシン縫いとまつり縫いを用いるという意味 (5) 「家族・家庭と子どもの成長」「食生活と自立」「衣生活・住生活と自立」のそれぞれに「生活の課題と実践」があるが，3学年間で1または2事項位置づける

〈解説〉(1) 問題文は改訂された家庭分野の目標，及び目標に関する解説の一部である。目標は家庭科を学ぶに当たっての基本事項なので，全文暗記が基本になる。目標に関する解説は全体を俯瞰した内容なので，はじめは大意を把握するにとどめ，各項目について学習した後，キーワードを詳細に確認するとよいだろう。 (2) 地域の食文化に関心を持ち理解することについて，中学校では地域の食材を調理実習に使う，地域の行事食や郷土料理を取り上げる等が行われる(小学校では地域の食材を取り上げる程度)。近年では地域色の強い問題が出題される傾向が強い。そのため，ホームページ等で受験地域の食や衣服，住居などの特色を確認しておこう。 (5) 「生活の課題と実践」は家庭科の特徴である実践的な学びを習得するためのもので，各内容ごとに置いて重視している。たとえば「家族・家庭と子どもの成長」では，家族・家庭・幼児の生活について基礎・基本的な学習の中で，あるいはまとめとして，課題をもってよりよい生活にしようと工夫する問題解決学習を行う。

【2】(1)　(例)　なみ縫い，半返し縫い　(2)　①　キ　②　ウ　③　ケ　④　カ　⑤　エ　(3)　水平がま　(4)　①　布を裁つ　②　すその縫い代のしまつをミシンでする

(5)

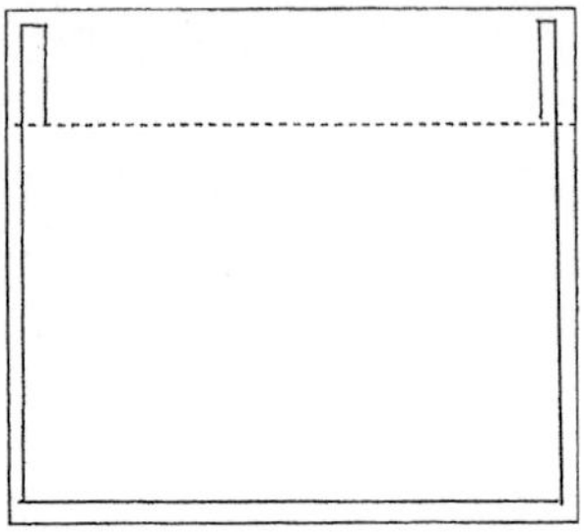

(6)　①　縫い目ダイヤルが「0」になっている　②　上糸の調子が強すぎる

〈解説〉(1)　他に，本返し縫いやかがり縫いがあげられる。　(3)　最近の家庭用ミシンでは水平がまが主流となっているが，受験地によって縦がまのミシンが出題されることがあるので，両方覚えておくとよい。　(6)　ミシンの故障と原因は頻出であるため，実際にミシンを使って確かめるとよい。布が進まない原因は他に，送り歯にほこりや糸くずがつまっていること，送り歯の高さが低く布を抑える圧力が弱いことがあげられる。一方，上糸が切れる原因は他に，上糸のかけ方が間違っている，上糸が途中でからまっている等が考えられる。

【3】(1)　①　128g　②　400g　③　206g　(2)　塩を加え混ぜると粘りが出て成形しやすいという性質　(3)　(ア)　材料をまとめる　(イ)　肉の臭みをとる　(ウ)　肉汁を吸い取る　(4)　こんぶ－グルタミン酸　(5)　①　食器…洗剤で食器を洗い，水洗いをした後，熱湯で消毒する　まな板…水洗いをし，日光で乾かす　②　フライパンのふちからすべらせるようにハンバーグを入れ，油のはねによるやけどを防ぐ

〈解説〉(1)　廃棄部を含めた原材料重量(g)＝$\frac{\text{調理前の可食部重量 (g)}}{100-\text{廃棄率 (\%)}}$×100を用いて計算する。(100－廃棄率)は可食部の割合である。
(3)　玉ねぎやパン粉は肉の結着性を低下させて柔らかく仕上げる働きもある。また玉ねぎは他に，肉の臭みを消して風味を増す効果もある。
(4)　煮干しのうま味成分はイノシン酸である。また，だしによく用いられるかつお節のうまみ成分もイノシン酸である。　(5)　油を使う調理ではやけどをしないように安全対策を指導する。ハンバーグのように，生肉を用いる調理実習では，生肉の扱いも安全上しっかり指導する必要がある。

【4】(1)　通信販売，無店舗販売，カタログ販売　　(2)　テレビ，インターネット，新聞折り込み広告など　　(3)　消費者相談センター
(4)　ジャドママーク　　(5)　クーリング・オフ制度　　(6)　・店舗を訪ねる時間が必要ない　　・どの時間でも注文できる
〈解説〉(3)　平成21年4月に国民生活センターに設置された，消費者トラブル解決のための紛争解決手段の1つであるADRも覚えておくこと。
(4)　ジャドママークは日本通信販売協会会員であることを示すマークで，適正な通信販売を行っていることを示している。　(5)　クーリング・オフ制度については，クーリング・オフできる条件なども頻出項目である。特定商取引法改正により，2009年12月から条件付きでクーリング・オフが可能になった。　(6)　短所は他の店舗や品物と品質や価格などを比較できない(選択範囲が限られる)などがあげられる。『ハンドブック消費者』(消費者庁),『くらしの豆知識』(国民生活センター)等を参照すること。

【5】(1)　①　ア→カ→オ→イ→エ→ウ　　②　サ→ス→タ→シ→ソ→セ　　(2)　(例)　①　服装…体操服など活発に動くことのできる服装　　みなり…髪，つめなど衛生面に注意する　　②　触れ合い体験のようすを写真やVTRなどで紹介する　　③　見本などを作っておき，生徒に見せる　　(3)　(例)　幼児を学校に招く

(4)　解説参照

〈解説〉(1)　子どもの運動機能は，基本的に頭部から下へ，中心から末端部への方向で発達する。　(4)　プリントには，学年・組，氏名，おもちゃの名称，出来上がり図，対象年齢，遊び方，特色，材料，製作の用具，製作の手順と実施日，製作の工夫点，反省と感想などの欄を設ける。幼児のおもちゃは，心身の発達に合ったもの，幼児が遊びを工夫する余地があるもの，安全であるもの，丈夫で壊れにくいもの，という条件を満たしたものか確認する欄があってよい。

【6】(1)　①　35時間　②　35時間　③　17.5時間　(2)「中学生になった私と家族」「家庭科でサバイバル」など　(3)「身の回りを整えて楽しく」「衣服は環境」など　(4)　ティッシュケースカバー，扇風機カバーなど

〈解説〉平成24年度から中学校新学習指導要領が全面実施となる。新学習指導要領では，1年次の最初にガイダンス的な内容を設定することとなった。この年間指導計画では，自分と家族・家庭生活のかかわりを見つめる内容となっている。　(4)　その他に，ハーフパンツ，トートバッグなども考えられる。布を用いた製作は，旧学習指導要領では選択の内容で「簡単な衣服の製作」があったが，改訂では選択内容は全体になくなり，「布を用いた物の製作，生活を豊かにするもの」となり，簡単な衣服や小物の製作を通して衣生活や住生活を豊かにすることとなった。

【高等学校】

【1】(1)　筋肉…運動エネルギー源となる　肝臓…グリコーゲンをぶどう糖に分解する　(2)　スレオニン，トリプトファン，バリン，ヒスチジン　(3)　ア　食品衛生法　イ　食品安全基本法　(4)　蒸す　(5)　大豆を水につけてミキサー等で砕く。これに水を加えて煮たものをこす。こした液体(豆乳)を煮つめて，表面の膜を取り出す。
(6)　米の第1制限アミノ酸であるリジンが，あじには多く含まれており，米の不足分を補うことができ，体内での完全なたんぱく質の合成

ができるため。 (7) ア 脱水 イ 乳酸 ウ 風味 (8) ア ニゴロブナ イ (例) ハス ウ 卵 エ 背開き オ ご飯 カ 酸 (9) 室町時代 (10) ⑨ 懐石 ⑩ 会席

〈解説〉(3) 食品安全基本法は，BSE問題や偽装表示問題を契機に制定された。 (5) 大豆や牛乳の加工品は頻出である。加工法と食品の関係を図などでおさえるとよい。 (6) いわゆるたんぱく質の補足効果のことである。 (8) 滋賀県は，京都をはじめ伝統の日本料理を中心とした食育が盛んである。受験地の伝統食と食材，調理法を調べておこう。 (9) 本膳料理は，形式や作法が煩雑であるため今日ではほとんど使われなくなっている。 (10) ⑨ 懐石料理は安土桃山時代に完成した，精神性の高い簡素な料理様式である。 ⑩ 会席料理は，文化・文政時代以降の太平の世を反映した町人文化の中で登場した料理屋の中で洗練されたもので，酒主体の膳で，料理の味付けに重点をおいた実質的な料理様式である。

【2】(1) ・コレステロールを低下させる。 ・排便を促進し，大腸がんを予防する。 (2) 味蕾 (3) 亜鉛 (4) 中食…調理済み食品を購入し，持ち帰って食べること。 個食…同じ食卓を囲んでいても，各々が別々に好きなものを食べること。 (5) 食事を楽しみましょう。 (6) 食育基本法 (7) ・消えていくおそれのある伝統的な食材や料理，質のよい食品を守ること。 ・良質な素材を提供する小生産者を守ること。 ・子どもたちを含め，消費者に味の教育をすすめること。 (8) 地産地消 (9) (例) 「食料(food)の輸送距離(mileage)」という意味であり，食料の輸送が環境に与える負荷を示す指標で，数値が大きいほど環境への負荷が大きい。

〈解説〉(3) 亜鉛の欠乏症は，味覚障害以外に食欲の減退や成長低下などがある。 (6) 家庭や学校の教育における食生活改善により，国民の健康増進を図ることを目的とする。 (7) スローフード運動は，食べ方も人工的で不自然なファスト(速い)から本来的で自然なスロー(ゆっくり)に立ち戻ろうという運動。1986年にイタリアのブラ(BRA)とい

う地方からスタートした。　(9)　フードマイレージ(食料総輸送距離)は，食料の輸入量(t)×輸送距離(km)で求められる。

【3】(1)　A　世界人権宣言　　B 児童憲章　　C　児童福祉法
D　児童の権利に関する条約(子どもの権利条約)　　(2)　(例)　児童福祉に関する日本の基本的な考え方は，日本国憲法にもとづいてBとCのなかで明らかにされているように，主に保護が必要な児童を対象にした施策であった。Dでは，世界的な視野から，子どもの人権を尊重すべきことが示されており，これからは，Dに示されているように，すべての子どもたちを権利主体ととらえ，社会の変化に対応しながら，すこやかに生まれ育っていけるようにしていくことが大切である。
(3)　第2条…差別を禁止する　　第12条…子どもの意思表明権を保障する　　第18条…親が第一義的に養育の責任を持ち，それを国が援助する　　(4)　ア　18　　イ　2000　　ウ　早期発見　　エ　保護
オ　通告　　カ　児童家庭支援センター　　(5)　(例)「虐待がおこなわれているおそれ」がある場合，Cではできなかった立ち入り調査ができるようになり，緊急な場合には警察官の援助を求めることも可能になった。
〈解説〉(1)　児童憲章は，日本の国民が子どもたちの幸福を図るために，日本国憲法の精神にしたがって，1951年5月5日に制定した。　(3)　児童の権利に関する条約の重要な条文は内容まで問われることが多いので，全文を把握するとよい。　(4)　児童虐待の発生割合は増加傾向にあり，高等学校の教科書の中には記載されているものもある。通告は児童福祉関係者だけでなく，教師，医師，周囲の大人なども該当し，社会が子どもの権利を守ることに責任を持つ意味がある。

【4】(1)　建築基準法　　(2)　敷地面積に対する建物の延べ面積の割合
(3)　195m^2，59坪　　(4)　ヒートアイランド現象が人口集中地域ほど著しく，年々深刻化しているため。
〈解説〉(1)　建築基準法は国民の生命，健康及び財産を守るため，建築

物の敷地，構造，設備及び用途に関する最低基準を定めている。

(2)　容積率は，$\frac{\text{各階の延べ床面積}}{\text{敷地面積}}\times 100(\%)$で求められる。

(3)　建ぺい率は$\frac{\text{建築面積}}{\text{敷地面積}}\times 100(\%)$，1坪は1間(1.8m)×1間＝$3.3m^2$である。　(4)　ヒートアイランド現象とは，大都市の中心部で，ビル・工場からの排熱の増大や太陽熱エネルギーの蓄積，自然の冷却作用の低下などにより，郊外に比べて年間を通じて平均気温が高くなること。

【5】(1)　筋力トレーニング…身体機能改善に有効な手段で，転倒・骨折予防や医療費の抑制につながる。　口腔ケア…肺炎予防や介護予防に効果がある。栄養改善や身体機能の改善にも有効である。　(2)　流動性知能…新しい場面に適応するために働く能力で，情報をうまく処理・操作するために働く知能で青年期以降漸減する。　結晶性知能…経験により習得した知能であり，これと関連した能力は，高齢期になっても比較的遅くまで維持される。　(3)　問1　40～45cm

問2　①事前に「移動すること」を説明する。途中も声をかけながら介助する。　②高齢者の残存能力を引き出すようにして介助する。③介助者と高齢者の重心を近づけて行う。　④からだを持ち上げるよりは，回転や水平移動をする。　⑤移動したあとは，安楽かどうか本人に確かめる。　⑥高齢者を，はじめてベッドに座らせたり腰かけさせたりするときは，その前後に脈拍・呼吸・顔色などを観察する。

〈解説〉(1)　口腔ケアは，口腔ケアにより歯や粘膜の清掃をしっかり行い，同時に摂食嚥下機能を高めることで，誤嚥性肺炎を予防できる。また口から食事をとり，栄養摂取することも誤嚥性肺炎の予防につながる。　(2)　知能全般が，単純に年齢とともに低下するとはいえない。また，知能の変化にも，からだの変化と同様に個人差がある。

【6】(例)　学校保健安全法…学校における児童生徒等及び職員の健康の保持増進を図るための保健管理や，学校における教育活動が安全な環

境において実施され，児童生徒等の安全の確保が図られるよう安全管理に関し必要な事項を定め，学校教育の円滑な実施とその成果の確保に資することを目的とする。　労働安全衛生法…労働基準法と相まって，労働災害の防止のための危害防止基準の確立，責任体制の明瞭化及び自主的活動の促進の措置を講ずる等その防止に関する総合的計画的な対策を推進することにより職場における労働者の安全と健康を確保するとともに，快適な職場環境の形成を促進することを目的とする。母子保健法…母性並びに乳児及び幼児の健康の保持及び増進を図るため，母子保健に関する原理を明らかにするとともに，母性並びに乳児及び幼児に対する保健指導，健康診査，医務その他の措置を講じ，もって国民保健の向上に寄与することを目的とする。

〈解説〉健康診断には，学校・職場・地方公共団体等で行われる等法令で規定されているものと，受診者の意思で任意に行われるものがある。

【7】① 人間の生涯にわたる発達　② 生活に必要な知識と技術を習得　③ 男女が協力して主体的に家庭や地域の生活を創造する能力と実践的な態度　④「生活デザイン」

〈解説〉高等学校における学習指導要領の実施時期は，平成25年度入学生からである。いわゆる過渡期であるため，改訂に関する出題は要注意といえよう。本問は教科目標の改善，科目編成の改善に関する出題であり，科目編成については生徒が選択できるよう，複数の科目を開設することが学校に求められている。

【8】(例) (1) 体験的な学習を通して，その業務の素晴らしさや大切さを体感的に理解する。　(2) ① 施設の種類，設置目的，その施設で働いている人々の職種や利用者はどのような日常生活を送っているのか。　② 高齢者や子どもの皮膚は傷つきやすく，利用者を傷つけないため。また，利用者にピアスを引っ張られて実習生自身がけがをすることもあるため。　③ 実習生の手指の小さな傷口が原因で利用者に病気を伝播することもあり，病原菌を施設に持ち込まないため。ま

た，実習生が利用者の病気に感染する恐れもあるため。 ④ 実習により知り得た利用者や職員のプライバシーに関する情報は，正当な理由のない限り他に話してはならない。 (3) ヒューマンサービスにかかわる体験学習は，コミュニケーションに始まり，コミュニケーションに終わる。利用者が話しやすい雰囲気をつくることや，利用者の思いを尊重し，利用者や職員とよいかかわりをつくって信頼関係を築き，学んだ知識や技術を応用する体験活動につなげること。 (4) ① 他の生徒の体験報告を聞くことにより，体験学習で学んだことを確認したり，共有化したり，さらに視野を広げることができる。また，体験内容を報告し合うことにより，全力で打ち込んだ思い，それをやり遂げた成就感や達成感をもつよい機会になり，職業への理解も深まる。 ② できたことの喜びを感じ，できなかったことの原因を考えることで，より専門的な学習への興味・関心を高め，3年次の科目選択や課題研究でのテーマ学習につなげたり，卒業後の進路について考える機会とすることができる。

〈解説〉ヒューマンサービスに関する学習は，専門学科において開設される教科「家庭」の各科目で取り上げられる。教科目標の改善の中では「衣食住，ヒューマンサービスなどにかかわる生活産業の各分野で職業人として必要とされる資質や能力を育成する」とある。さらに就業体験については，キャリア教育の推進と関連して家庭科全体において重視されており，各学科に共通する教科「家庭」における，指導計画作成に当たっての配慮事項には『「家庭基礎」，「家庭総合」及び「生活デザイン」の各科目の指導計画の作成に当たっては，各科目の総授業時数のうち，10分の5以上を実験・実習に配当するようにする』とある。

【9】(例) (導入) 例として，家庭や学校で物を購入・消費するときに，環境保全のためどのようなことに配慮しているか発表させる。あるいは，容器・包装品や家電などをリサイクルしているか，リサイクル品を使用しているか，リユースやリフォームをして長く使っているかな

どの項目をあげておき，チェックした結果から自分の消費スタイルについて考えさせる。　(展開)　例として，循環型社会を形成するために，わが国ではそのような社会的システムになっているか，主として法制度について調べ発表させる。法制度は環境基本法，循環型社会形成推進基本法，廃棄物処理法，資源有効利用促進法，グリーン購入法等がある。それとともに消費者として自分たちに何ができるか，グリーンコンシューマーとはどのように行動するのか，これからのライフスタイルをどうしたいかについて考えを話し合わせる。　(まとめ)例として，自分たちにできることや周囲に働きかけたいことを実践するためにテーマを決めてホームプロジェクトで計画・実践してみることを促す。

〈解説〉現行の学習指導要領「家庭総合」では「消費行動と資源・環境」と広くとらえた内容があるが，新学習指導要領では「持続可能な社会を目指したライフスタイルの確立」となっており，より積極的にライフスタイルの工夫まで学習することが求められている。実践行動につなげるには，ホームプロジェクトで各自の創意工夫を生かして取り上げるようにするとよい。

【10】(例)　(1)　・同じ種類の繊維でも，組織の違いにより吸水性はどう変わるか。　・植物性・動物性・合成の繊維の特徴により吸水性はどう変化するか。　(2)　①布地の下端から1cm間隔で水性カラーペンでしるしを付け，クリップのおもりをつける。　②木わくに①の布を長さがそろうように画びょうでとめ，下にバットをおく。　③バットに，布の1cmのしるしまで水を入れる。　④5分後，10分後，15分後，20分後，水の吸い上げ位置の高さをはかる。　(3)　同じ繊維で異なる組織の布の吸水性(綿)を比較する。

〈解説〉新学習指導要領では，被服の機能，着装，被服管理について，被服材料や被服の構成とかかわらせて科学的に理解させることが求められている。衣生活分野に関係する実験についておさえておくとよい。

2011年度　実施問題

【中学校】

【1】次の文は「中学校学習指導要領解説(平成20年9月)第3節　家庭分野　1　家庭分野の目標」の部分の抜粋である。このことについて下の問いに答えよ。

衣食住などに関する⑤実践的・体験的な学習活動を通して，生活の(　①　)に必要な基礎的・基本的な知識及び技術を(　②　)するとともに，家庭の(　③　)について理解を深め，これからの生活を展望して，(　④　)をもって⑥生活をよりよくしようとする能力と態度を育てる。

1　①～④にあてはまる語句を答えよ。

2　下線部⑤「実践的・体験的な学習活動」について，「衣」「食」「住」について，それぞれ学習活動の例を1つ答えよ。

3　下線部⑥を育てる視点から，複数の事項の中から1又は2事項を選択して履修させることとした指導事項を答えよ。

(☆☆☆◎◎◎)

【2】「中学校学習指導要領解説(平成20年9月)第3節　家庭分野　2　家庭分野の内容」について次の(　　)にあてはまる語句を答えよ。

小学校で学習した(　①　)分の献立の学習を踏まえ，中学生に必要な栄養量を満たす(　②　)分の献立を考えることができるようにする。

献立を考える際には，(　③　)，し好，調理法，季節，(　④　)などの点から検討する必要があるが，ここでは，主に(　③　)を考えた食品の組み合わせを中心に考えるよう指導する。

(☆☆☆◎◎◎)

【3】次のグラフは，2000年度に内閣府が実施した「第2回青少年の生活と意識に関する基本調査」において，中学生が，家や家のまわりで親とよく一緒にする行動について答えた結果である。このグラフを見て，下の問いに答えよ。

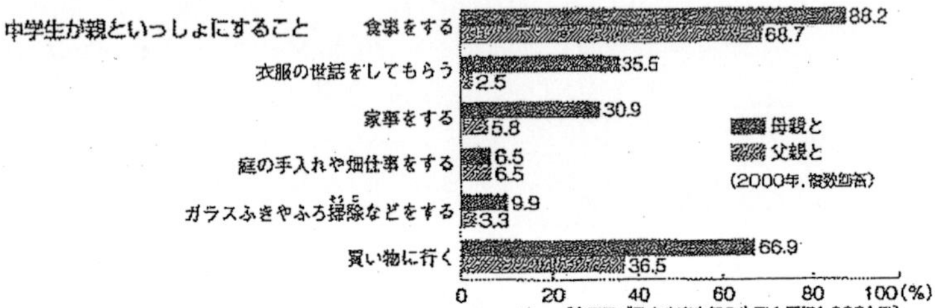

[内閣府「日本の青少年の生活と意識」2001年]

1　中学生が家族の一員として仕事をすることにはどのような意義があるかを上のグラフの結果をふまえて答えよ。

2　家庭のはたらきには，「調理・洗たく・掃除などの家事をする」の他にどんなものがあるか，2つ答えよ。

(☆☆☆◎◎◎)

【4】次の文は栄養素について述べたものである。(　　)にあてはまる語句を答えよ。

炭水化物は，人の消化酵素で消化される(　①　)と消化されにくい(　②　)に分類される。(　①　)を過剰に摂取すると，(　③　)として蓄積され，肥満の原因になる。

脂質は，エネルギー源となる(　④　)，細胞膜を作る(　⑤　)，コレステロールなどに分類される。食品中の脂質の大部分は(　④　)であり，脂肪酸とグリセリンが結合してできている。

(☆☆☆◎◎◎)

【5】スパゲッティミートソースと温野菜サラダの調理実習について，下の問いに答えよ。

材料

〔スパゲッティミートソース〕

・スパゲッティ(乾)

・ひき肉　　・たまねぎ　　・にんじん

・油　　・水　　・トマトピューレー

・スープの素　　・塩　　・こしょう

〔温野菜サラダ〕

・にんじん　　・キャベツ

・たまねぎ　　・ピーマン

・ソース　｛マヨネーズ
　　　　　しょうゆ

1　ミートソースのたまねぎはみじん切りにするが，みじん切りの手順を図で示して答えよ。

2　材料にある野菜から，緑黄色野菜をすべて答えよ。また，緑黄色野菜に分類される根拠を基準を示して答えよ。

3　ミートソースにはひき肉を使うが，牛肉でひき肉にする部位を右の図から選んで答えよ。また，調理実習でひき肉を扱うときに気をつけなければならないことを答えよ。

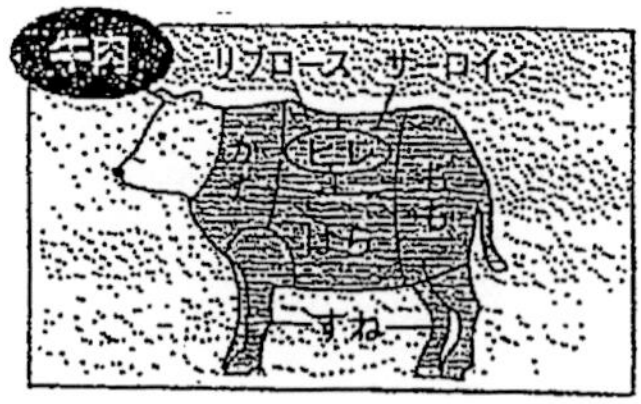

4　この調理実習の後かたづけで，水を大切にするための工夫としてどのようなことができるかを答えよ。

5　この調理は50分間で行い，調理で使った用具の後かたづけまで行うこととし，4人で行う場合の計画表を作成せよ。

計画表

	こんろ1	こんろ2	流し台	調理台
10分				
20分				
30分				
40分				

(☆☆☆◎◎◎)

【6】衣服について，次の問いに答えよ。

1　購入した衣服に右のような表示がついていた。ア，イについて，表示の名称を答えよ。

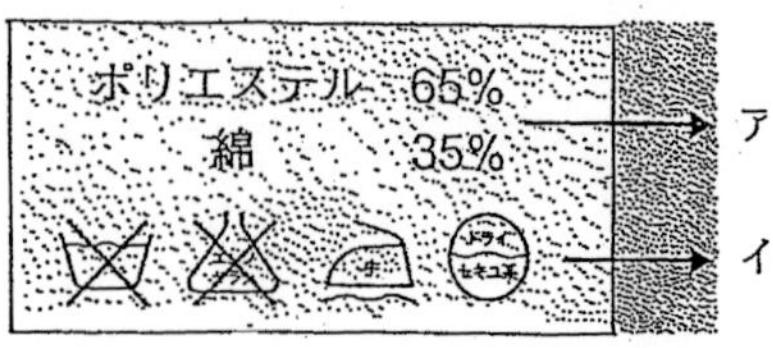

2　イの表示は手入れの仕方について示しているが，どのように手入れすればいいのか，表示か

らわかることをすべて答えよ。

3　この衣服素材はポリエステルと綿の混紡である。混紡にする利点をそれぞれの繊維の特徴(手入れにかかわること)を述べた上で答えよ。

4　衣生活の面から，環境を大切にするためにできることを①購入時，②着用しているときの手入れ，③着られなくなったときのそれぞれの場面を想定して答えよ。

(☆☆☆◎◎◎)

【7】T型シャツの製作について，次の問いに答えよ。

1　右の図はT型シャツの型紙である。型紙に使われている①「わ」と②「←→」の意味を答えよ。

2　布の裁断を正確に行うためのはさみの使い方について注意点を答えよ。

3　肩の縫い方について，まち針を打つ順序としつけをかける位置を下図に書き込んで答えよ。

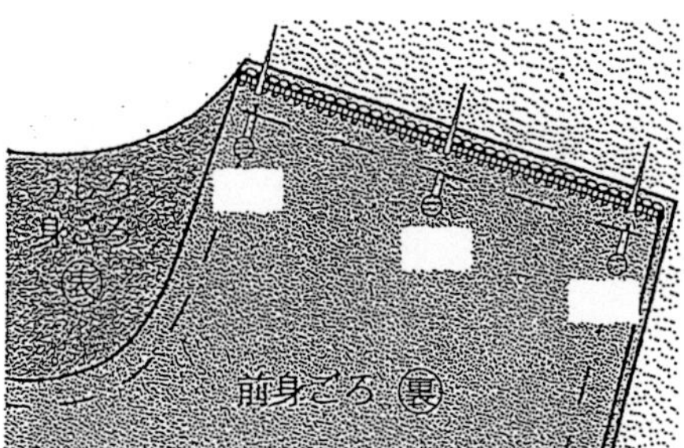

しつけ　- - - - - - - - - - -

4　ミシン縫いをしたところ，上糸の調子が強い状態になってしまった。この場合，ミシンのどの部分をどのようにして調子を整えればよいかを答えよ。

(☆☆☆◎◎◎)

【8】「布を用いた物の製作」で扱う題材として適切と思う物について，次の表を完成させよ。製作には5時間かけることとし，それぞれの時間について記入し，縫製の手順はできるだけ詳しく製作手順に記入することとする。

できあがり図		
	製作手順	身につく技術
1		
2		
3		
4		
5		
この作品を製作する良さ		

(☆☆☆◎◎◎)

【9】次の表は幼児の遊びかたの発達の様子をまとめたものである。これを見て，あとの問いに答えよ。

一人遊び	平行遊び	連合遊び	協同遊び
お絵描きや積木など、興味をおぼえたことを、一人でいろいろ工夫しながら遊ぶ	同じ場所に２～３人の子どもがいても、話をしたり、もののやりとりなど、互いにかかわることなく遊ぶ	子どもが３～４人でやりとりをしながら遊ぶ。役割分担などはしない。	遊びの集団が大きくなり、遊びのルールや役割分担があらわれてくる。

1　砂場での遊びを例にして，上の表のように遊びが発達していく様子を詳しく答えよ。

2　幼児は遊びによってさまざまな能力を発達させていく。遊びとことばの発達のかかわりについて，わかりやすく答えよ。

3　平行遊びをするようになる2歳頃には，友だちとのものの取り合いがよく起こるようになる。この理由を発達段階をふまえて答えよ。

(☆☆☆◎◎◎)

【10】次の図はあるマンションの鳥瞰図である。この図を見て下の問いに答えよ。

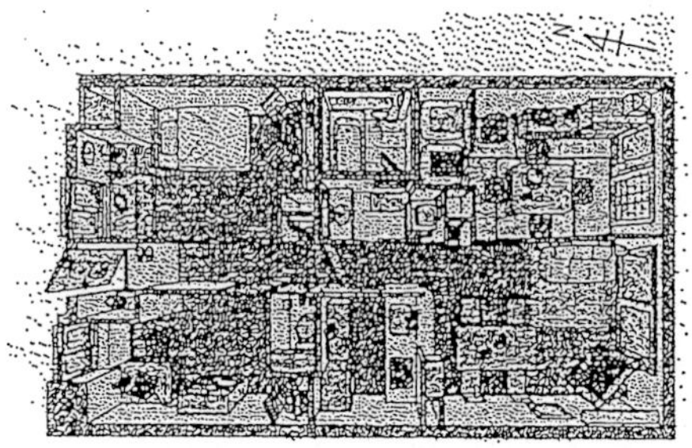

1　間取りは，1K，2DK，3LDKなどと表すが，この意味を3LDKを例にして答えよ。

2　左上(寝室)のような使い方の起居様式を何というかを答えよ。また，その起居様式の長所を答えよ。

3　このマンションの和室でかびが発生し，ダニが繁殖した。特にこの和室でこのようになった原因を答えよ。

4　幼児の室内での事故に溺死がある。室内での溺死を防ぐために，気をつけることを答えよ。

5　住まいでは自然災害に対する対策が必要である。地震による被害を少なくするためにどのような対策が取れるかを答えよ。

(☆☆☆◎◎◎)

【11】洗濯の機能のみの洗濯機を使っているAさんの家では，梅雨の時期に洗たく物が乾かずに困ったため，衣類乾燥機を購入したいと考えた。このことについて，次の問いに答えよ。

1　衣類乾燥機を購入する場合の利点と問題点をできるだけ多く答えよ。

2　衣類乾燥機を購入するかどうかを決めるための情報収集の内容と方法について，できるだけ多く答えよ。

3　衣類乾燥機を購入することにした場合，価格以外で気をつけたいことをできるだけ多く答えよ。

4　消費者を守る制度の一つであるクーリング・オフ制度について，説明せよ。

(☆☆☆◎◎◎)

【高等学校】

【1】次の文章は，ライフステージに応じた栄養計画をまとめたものである。下線部①～⑨に関するあとの問いに答えよ。

乳児期は1歳未満をいい，乳児期前半を授乳期，後半を離乳期という。生後5か月ころになると，①乳汁だけでは栄養が不足するので，②離乳食を与えはじめる。

幼児期は成長が著しいため，栄養バランスのよい食事，③必須アミノ酸を多く含むたんぱく質をとる必要がある。消化・吸収機能が未発達なので間食で補う。偏食の習慣がつきやすい時期なので，⑨食事内容に気を配る。

学童期は，成長がはやいので3食規則正しくとり，動物性たんぱく質，カルシウム，鉄分が不足しないようにする。また，運動活動もさかんなためエネルギーの④食事摂取基準は増加する。神経組織や一部のホルモンをつくるのに必要な必須⑤脂肪酸を含む植物性油脂や魚油，代謝が円滑にいくための各種⑥ビタミン類や無機質の補給なども大切である。

青年期の栄養量は，一生のうちで最も多い。食欲が旺盛なので，栄養が偏らないよう⑦バランスのとれた食事を規則正しくとることが大切である。

成人期は，生活習慣病が顕在化する。⑧適切な栄養を摂取するとともに十分な運動をとり入れることが必要である。

高齢期は個人差はあるが，生理機能が低下するので消化のよいものをとることや，カルシウムや鉄分の吸収率も低下するので⑨食事内容に気を配る必要がある。

(1) 下線部①には，母乳栄養と人工栄養がある。違いについて説明せよ。

(2) 下線部②を与えるさいの留意点を説明し，離乳初期・中期・後期・完了期の調理形態について答えよ。

(3) 下線部③について，からだを構成するたんぱく質は，アミノ酸を1個ずつ順番に結合させて合成するので，どれか1つでも不足するアミノ酸があると，完全なたんぱく質ができない。たんぱく質の栄養を評価する方法と質のよい食事について具体的に説明せよ。

(4) 下線部④について，説明せよ。

(5) 下線部⑤について，次の表や図中の(ア)～(ケ)に適する語句を答えよ。

脂質の種類

種類	名称	構造
単純脂質	中性脂肪	脂肪酸＋(ア)
	ろう	脂肪酸＋高級アルコール
複合脂質	りん脂質	脂肪酸＋(ア)＋りん酸＋コリンなどの塩基
	糖脂質	脂肪酸＋(ア)＋ｽﾌｨﾝｺﾞｼﾝ＋ブドウ糖またはｶﾞﾗｸﾄｰｽ
誘導脂質	脂肪酸	脂肪を構成する有機酸
	ステロール	エルゴステロール・(カ)・性ホルモン・胆汁酸

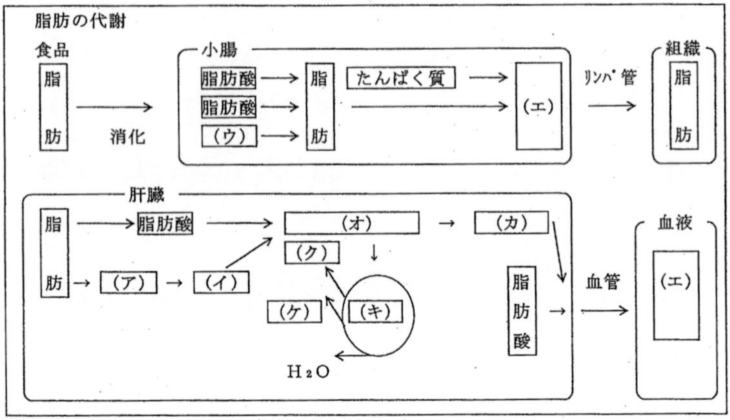

(6)　下線部⑥について，次の文章が説明しているビタミンや無機質の名称を答えよ。

ア　からだのなかでは，不飽和脂肪酸やビタミンAが酸化されるのをふせぎ，がんをひきおこす物質を分解して，がんの予防に役立っている。油脂類・種実類・魚介類に多く含まれる。

イ　ビタミンCにより吸収が促進され，茶に含まれるタンニンにより吸収が抑えられる。

ウ　リン，マグネシウムとともに摂取すると吸収がよい。2(この物質)：2(P)：1(Mg)比率が理想的である。血液の酸・アルカリ平衡を保つ作用，血液凝固作用，筋肉の収縮作用，神経の感受性を調節するなど，からだの恒常性を保つはたらきがある。

エ　血液が固まるときに重要なはたらきをし，不足すると出血しやすくなるが，成人の腸内細菌が産生しており，それを利用するので不足することはまれである。小松菜・しゅんぎく・ほうれん草・納豆に多く含まれている。

(7)　下線部⑦について，現代の若者によく見られる課題のある食行動には，欠食・ダイエット・間食・夜食・孤食・中食などがある。

「○年○組」には，ダイエットのために朝食を食べない花子(身長162cm，体重55kg)や，帰宅途中にハンバーガーセットを食べることが日課の太郎(身長178cm，体重82kg)のような生徒が少なくない。各自のBMIを求め，生徒が食生活の問題点を自覚し，改善するために必要な指導について説明せよ。

(8) 次のア，イは，下線部⑧への対応に関するものである。それぞれ何について説明したものか答えよ。

ア 国民一人ひとりの1日の適切な食事摂取量を「何」を「どれだけ」食べればよいか，望ましい食事のとり方やおおよその量をわかりやすくイラストで示した厚生労働省と農林水産省により策定されたもの。

イ 肥満や栄養バランス・食習慣の乱れなど，食生活の改善がみられないことから，2005年6月に制定された世界初の食に関する法律。

(9) 下線部⑨について，家族の夕食献立を下に示した。幼児(2歳)や高齢者(75歳)には，食材や調理方法をどのように工夫するとよいか説明せよ。

献立

ごはん

のっぺい汁(人参・ねぎ・大根・牛蒡・なめこ・里芋・片栗粉・だし汁・しょうゆ・塩・酒・みりん)

鮭と玉ねぎのフライ(粉チーズ・卵・鮭・パセリ・玉ねぎ・小麦粉・パン粉・油・塩・こしょう)

タルタルソース(うずら卵・パセリ・玉ねぎ・マヨネーズソース・塩・こしょう)

付け合わせ：ボイルドブロッコリ(ブロッコリ・塩)

凍り豆腐と野菜の煮物(凍り豆腐・人参・かぼちゃ・さやえんどう・しめじ・しいたけ・だし汁・しょうゆ・塩)

漬物(きゅうりの浅漬け・たくあん漬け)

くだもの(木の葉りんご)

(☆☆☆◎◎◎)

【2】食育には，3つの柱「食の安全」「食文化の継承」「食糧問題」がある。近江教諭は，食育の柱を視野に入れた実験・実習や夏季休業中の課題を次のように計画した。以下の問いに答えよ。

違いのわかる舌になろう		糖度と塩分濃度に関する実験と官能検査 （自分の味覚を客観的にみてみよう）
調理実習	赤飯・さばの味噌煮・筑前煮・菊花豆腐のうすくず汁 （和食の基本・魚と根菜を食べよう・バランスのよい食生活をしよう）	
課題	ホームプロジェクト（自分や家族の生活を見つめ直し、よりよい生活を目指して考え工夫し、実践する力を培おう）	

(1)　塩分濃度実験の展開について説明せよ。

(2)　調理実習では，調理技術の他にどのようなことを指導すべきか答えよ。

(3)　生徒Aは，「郷土料理にチャレンジ」というテーマで，祖母を先生に郷土料理作りに取り組んだ。近江教諭は提出レポートを確認後，調理上のコツや調理科学のコメントをすることにした。コメントする下線部ア～キについて答えよ。

【小あゆのあめ煮】

①　魚は洗って水切りしておく。

②　ア平たい大きめの鍋にしょうゆ，砂糖，酒を入れ強火にかけて沸騰させ，イ魚を1尾ずつパラパラと入れる。再沸騰したら弱火にしてウ梅干しとさんしょうを入れ，エ落としぶたをし，弱火でゆっくりと煮る。

③　煮汁がほとんどなくなったら，みりんをつや出しに入れ，炊きあがり。

【鯖の棒寿司】

塩鯖は一度オ酢洗いし，頭を取って三枚におろし，中骨，腹骨を取る。塩鯖をオ漬け液(酢・だし昆布・みりん)に4時間位漬けた後，骨抜きで中央の小骨を抜き，頭の方から表面の薄皮をむく。(略)

【野菜のいろいろどぼ漬け：カぬか床に漬ける材料の下準備】

なすは，塩で板ずりをして表皮に傷をつけ洗う。キ鉄と一緒に漬ける。

ア　「平たい大きめの鍋」を使用し，イ「魚を1尾ずつパラパラと入れる」や，エ「落としぶたをし，弱火でゆっくりと煮る」理由を説明せよ。

ウ　「梅干しとさんしょう」の代わりに土生姜などを使ったり，魚を牛乳に浸す方法もある。牛乳に含まれる成分のどのような性質を利用したものか答えよ。

オ　「酢洗い」や「漬け液(酢)」は，塩鯖の調理にどのような変化や効果をもたらすか説明せよ。

カ　「ぬか床に漬ける」ことで，栄養面でどのような効果があるか答えよ。

キ　「鉄と一緒に漬ける」となすの色はどのように変化するか。なすの色素の特徴をふまえて説明せよ。

(4)　生徒Bは，「食こだわり派をめざして」というテーマで，調べたことを発表した。近江教諭が補足した，次の①～③について答えよ。

①生徒Bが発表した次の表には誤りがある。誤りのあるものをすべて記号で選び，正しい病因菌・中毒原因や原因食品を答えよ。

記号	分　類	病因菌・中毒原因	原因食品	潜伏期間	症　状
ア	感染侵入型	病原性大腸菌	食肉・一般食品	7～14日	下痢・腹痛・発熱
イ	自然毒	アミグダリン	ふぐの内臓	30分	運動麻痺・呼吸困難
ウ	感染侵入型	ｶﾝﾋﾟﾛﾊﾞｸﾀｰ	鶏肉	2～7日	発熱・下痢・腹痛
エ	自然毒	ソラニン	青梅	30分	腹痛・胃腸障害
オ	食品内毒素型	黄色ﾌﾞﾄﾞｳ球菌	おにぎり	1～5時間	嘔吐・腹痛・下痢
カ	ウイルス性	ノロウイルス	生かき	1～2日	嘔吐・腹痛・下痢
キ	ｱﾚﾙｷﾞｰ様食中毒	ヒスタミン	さば・いわし	5分～5時間	顔面紅潮・じんましん
ク	感染毒素型	腸炎ビブリオ	魚介類	3～40時間	下痢・腹痛
ケ	感染侵入型	サルモネラ属菌	食肉・鶏卵	6～48時間	嘔吐・下痢・発熱
コ	食品内毒素型	セレウス菌	いずし	18～36時間	嘔吐・視覚障害・呼吸麻痺
サ	感染毒素型	腸管出血性大腸菌 (O-157)	食肉・ 一般食品	1～14日	腹痛・下痢・ 溶血性尿毒症

②スローフードについて説明せよ。

③このマークについて説明せよ。

(5)　あなたが近江教諭なら，ホームプロジェクト発表会をどのようにしめくくるか答えよ。

(☆☆☆◎◎◎)

【3】人の一生とおもな法律について示した。(1)～(16)は，日本国憲法・民法・戸籍法・学校教育法・労働基準法・国民年金法のどの法律を説明したものか，分類し，記号で答えよ。ただし，※は参考のために示したものである。

胎児　(1)　第721条(損害賠償請求権に関する胎児の権利能力)胎児は，損害賠償の請求権については，既に生まれたものとみなす。

出生　(2)　第49条(出生の届け出期間)出生の届け出は，14日以内(国外で出生があったときは，3箇月以内)にこれをしなければならない。

(3)
- 第11条(基本的人権の享有)
- 第13条(個人の尊重，生命・自由・幸福追求の権利の尊重)
- 第14条(法の下の平等)，第25条(生存権，国の生存権保障義務)

6歳　(4)　第17条(就学させる義務)保護者は，子の満6歳に達した日の翌日以降における最初の学年の初めから，満12歳に達した日の属する学年の終りまで，これを小学校又は特別支援学校の小学部に就学させる義務を負う。(略)

※教育基本法　第5条(義務教育)国民は，その保護する子に，別に法律で定めるところにより，普通教育を受けさせる義務を負う。

※日本国憲法　第26条(教育を受ける権利，教育の義務)

13歳　(5)　第56条(最低年齢)②…，児童の健康および福祉に有害でなく，かつ，その労働が軽易なものについては，行政官庁の許可を受けて，満13歳以上の児童をその者の修学時間外に使用することができる。(略)

16歳～　(6)　第753条(婚姻による成年擬制)未成年者が婚姻をしたときは，これによって成年に達したものとみなす。

20歳　(7)　第4条(成年)年齢20歳をもって，成年とする。

※公職選挙法　第9条(選挙権)日本国民で年齢満20年以上の者は，衆議院議員及び参議院議員の選挙権を有する。

(8)　第8条(資格取得の時期)20歳に達したとき，被保険者の資格を取得する。

結婚　(9)　第74条　婚姻をしようとする者は，(略)その旨を届け出なければならない。

(10)　第24条(婚姻，家族生活における個人の尊厳と両性の本質的平等)

※民法　第731条(婚姻適齢)，第732条(重婚の禁止)，737条(未成年者の婚姻についての父母の同意)，第739条(婚姻の届出)，第750条(夫婦の氏)，第752条(同居，協力及び扶助の義務)

子の誕生　※民法　第818条(親権者)，第820条(監護及び教育の権利義務)

(11)　第65条(産前産後)①使用者は，6週間(多胎妊娠の場合にあっては14週間)以内に出産する予定の女性が休業を請求した場合においては，その者を就業させてはならない。(略)

※児童福祉法　第2条　国及び地方公共団体は，児童の保護者とともに，児童を心身ともに健やかに育成する責任を負う。

※児童虐待防止法　第3条(児童に対する虐待の禁止)

離婚　(12)　第76条　離婚をしようとする者は，(略)その旨を届け出なければならない。

(13)　第733条　①女は，前婚の解消又は，取消しの日から6箇月を経過した後でなければ，再婚をすることができない。

65歳　(14)　第26条(支給要件)老齢基礎年金は，保険料納付済期間又は保険料免除期間を有する者が65歳に達したときに，その者に支給する。ただし，その者の保険料納付済期間と保険料免除期間とを合算した期間が25年に満たないときは，この限りでない。

死亡　(15)　第86条(死亡の届け出)死亡の届出は，届出義務者が，死亡の事実を知った日から7日以内に，これをしなければならない。

(16)　第882条(相続開始の原因)相続は，死亡によって開始する。

日本国憲法	民法
戸籍法	学校教育法
労働基準法	国民年金法

(☆☆☆◎◎◎)

【4】次の図はAさんの家の1か月の家計収支の内訳である。下の問いに答えよ。

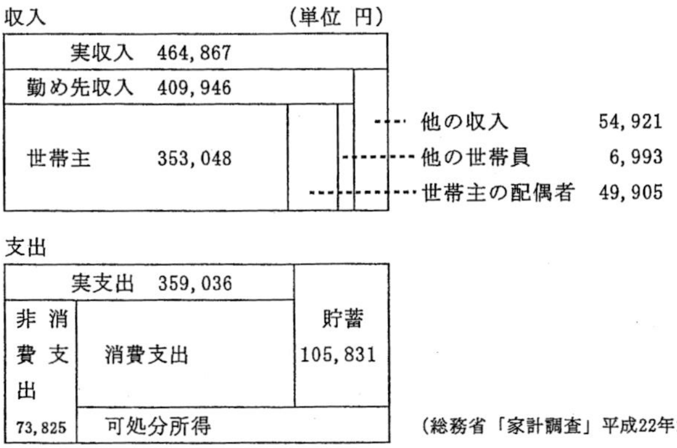

(総務省「家計調査」平成22年2月の結果より)

(1) 家計の収入には実収入と実収入以外の収入がある。実収入以外の収入には，どのようなものがあるか，答えよ。

(2) 非消費支出はどのようなものか，答えよ。

(3) Aさんの家の可処分所得はいくらか，答えよ。

(☆☆☆◎◎◎)

【5】次の消費者トラブル事例の解決方法について，法制度等の根拠もふまえて説明せよ。

生徒Kの自宅にセールスマンが来て,「この英会話教材で学習すれば，必ず実力はアップし，大学入試にも大変有利になる。今，申し込めばサブテキストがついてきて2割引きになる。」と勧められ，教材購入の契約をした。DVDと本がセットで15万円もするものだった。自分のお小遣いでは買えないし，解約したい。

(☆☆☆◎◎◎)

【6】ライフステージによって住み方は異なり，それに応じた住空間が必要となる。子どもの誕生とその成長，親の高齢化により就寝スタイルや住要求は変化する。授乳時期，幼児期，小中学生時期，思春期・青年期，子どもの独立後・老後期に分けて，子どもの成長と寝室の対応や住空間に求められることについて説明せよ。

(☆☆☆◎◎◎)

【7】健康で安全な住まい環境について，次の問いに答えよ。

(1)　紫外線(日照)の効果を説明せよ。

(2)　体感温度は，気温が同じでも，湿度・風・輻射熱により変化する。また，人の体感感覚は，温度・湿度・着衣・代謝によって異なる。外気温36℃の時に，エアコンなしで室温を28℃という快適な環境を実現する安全・安心な方法や日本古来から涼をとるための工夫について説明せよ。

(☆☆☆◎◎◎)

【8】次の表は，子どもの発達と保育・福祉について，高等学校学習指導要領解説家庭編(平成12年3月発行)に記されている内容の抜粋である。②・⑦・⑧の空欄に適語を入れて，あとの問いに答えよ。

［子どもの心身の発達と特徴］

◇①乳幼児期は一生を通じての人間の発達の基礎をつくる最も重要な時期であり、子どもの発育・発達には、個人差はあるが②[　　　　]があることを理解させる。

［子どもの生活と遊び］

◇遊びは子どもの生活の大部分を占めており、遊びを通して心身の発達や健康の保持増進がなされることを理解させ、③遊びの意義や児童文化について考えさせる。

◇家庭保育と④集団保育を取り上げ、子どもの発達と環境とのかかわりについて認識させる。

［親の役割と子どもの人間形成］

◇乳幼児期は、人間形成の基礎づくりの時期であり、発達の方向に即した親の働きかけが重要であることを理解させる。特に、⑤乳児期の親とのかかわりによる「愛着」の形成は、将来の人間関係の基礎となることを理解させる。

［親の保育責任とその支援］

◇保育の第一義的な責任は親にあることを認識させるとともに、育児不安や⑥児童虐待などにも触れ、親が保育責任を果たすための社会における支援の在り方や支援策について理解させる。

［子どもを生み育てることの意義］

◇子どもを生み育てることは、私的な営みであると同時に、⑦[　　　　]を育てるという社会的な側面をもっていることを考えさせる。

◇子育てを通じて親自身も⑧[　　　　]ことに気付かせ、子どもを生み育てることの意義について考えさせる。

［児童福祉の基本的な理念］

◇「児童福祉法」、⑨「児童憲章」、「児童の権利に関する条約」などの法律や制度の趣旨と概要を取り上げ、子どもが健全に育つことを目的とした児童福祉の基本的な理念について理解させる。

［子どもを取り巻く環境の変化と課題］

◇近年の⑩少子社会における子どもを取り巻く環境の変化と、よりよい環境を保障するために、親や家庭、社会が果たす役割について考えさせる。

(1)　波線部①を，動物行動学者のポルトマンの説を用いて説明せよ。

(2)　波線部③と④および⑩を関連させて，1時間の授業計画を立てたい。ア～ウの指導上の留意点について，箇条書きで答えよ。

指導上の留意点
ア　社会性の発達の面から見た「遊びの意義」について
イ　少子化や生活環境の変化と子どもの遊びについて
ウ「集団保育」の意義について

(3)　波線部⑤に関連して，人間関係の発達について次のことばをすべて用いて説明せよ。

(　自己受容　・　基本的信頼　・　安全基地　・　愛着　)

(4)　波線部⑥にはどのようなものがあるか，種類をあげて説明せよ。

(5)　次のア～ウは，波線部⑨の前文の一部である。(　)に適切な文を記入せよ。

ア　児童は，人として尊ばれる。

イ　児童は，(　　　　　　　　)。

ウ　児童は，(　　　　　　　　)。

(☆☆☆◎◎◎)

【9】高齢者の生活と福祉に関する次の文章を読んで，次の問いに答えよ。

(1)　加齢にともない心身の形態や機能は変化する。知能のなかで，加齢により低下する知能と，比較的維持される知能について説明せよ。

(2)　「廃用症候群」ということばを使って，寝たきりにならないための配慮について説明せよ。

(3)　高齢者が充実した日常生活を営むための介護について，次の語句をすべて用いて説明せよ。

(ADL ・ QOL ・ 残存機能)

(4) 高齢者の事故では，交通事故で亡くなるよりも，住みなれた家庭内での転倒や転落，窒息などで亡くなる高齢者のほうが多い。高齢者の事故を未然に防止するための住まいへの配慮について説明せよ。

(☆☆☆◎◎◎)

【10】被服に関する次の問いに答えよ。

(1) 次の①～③の語句について説明せよ。

① 衣服気候　② 織物組織

③ 編物の特徴

(2) 次の表の特徴をふまえて，被服製作や衣生活の配慮事項について説明せよ。

時期	特徴	配慮事項
乳児期	・一生のうちで、最も成長が著しい時期で、新陳代謝が激しい。 ・汗を多量にかくため、皮膚の殺菌力が低下し、ばい菌が繁殖しやすい。	
	・腹式呼吸。	
幼児期	・乳児期に次いで、身体の発育が著しく、活動も激しくなる。	
	・さまざまな基本的生活習慣を習得する時期である。	
高齢期	・胸が湾曲し、背中が丸くなり、首が前に傾斜してくる。	

(3)　次の①～④の文章は，何について説明したものか答えよ。

①　採寸値をもとにして作成した人体の平面展開図であり，パターンを製作する場合の土台となるもの。

②　布地を正しく裁断し，着用後の型くずれをふせぐために，裁断前に布のゆがみやつれ，しわを正し，洗濯による収縮をふせぐために行う処理。

③　立体的な人体を平面な布で包んだときにできるたるみをつまんで，縫い消したつまみの部分。

④　ふくらみをもたせたい部分の布端を，しつけ糸などで細かく縫い縮めて立体にすること。

(4)　被服と環境・資源について指導するうえで，「循環型社会に向けて，被服の有効利用を考えよう」というテーマで，1時間の指導計画を立てたい。①～③の指導上の留意点について，箇条書きでポイントをまとめよ。

区　分	指　導　上　の　留　意　点
導　入	①　ゴミとして廃棄された衣服と環境負荷について
展　開	②　循環型社会に向けた、不要衣料の活用について
実　践 発　展	③　学んだことをいかす、発展的な取組みについて

(☆☆☆◎◎◎)

【11】炭水化物の種類と特徴，炭水化物を多く含む食品の特徴や調理上の性質について，実際の授業においてどのように説明するか記述せよ。

(☆☆☆◎◎◎)

解答・解説

【中学校】

【1】1 ① 自立　② 習得　③ 機能　④ 課題　2 衣：コーヒー・インクなど様々なものでしみをつくり，しみの種類に合ったしみ抜きや，洗剤や漂白剤の使用方法について学習する，等　食：地域の食文化について調査し，地域の方々を講師として招き，調理や食材の活用方法を直接教えてもらう。また，本やインターネットで調べ，結果を発表する，等　住：高齢者にとっての安全な住まいとはどのような住まいかを調べるために，学校の階段や調理台，スイッチなどに触れ高齢者の疑似体験を行い，使いにくい場所や危険な場所をチェックする，等　3 ・家族又は幼児の生活についての課題と実践　・食生活についての課題と実践　・衣生活又は住生活についての課題と実践

〈解説〉学習指導要領には「実践的・体験的な学習活動を通して，理論や考え方のみの学習に終わることなく，実習や調査などの実践的・体験的な学習活動を通して具体的に学習することにより，学習した知識と技術が生徒自らの生活に生かされることを重視することを意味する」と記載されている。

【2】① 1食　② 1日　③ 栄養　④ 費用

〈解説〉学習指導要領では「食生活と自立」の内容について，日常食の献立作成や調理などに関する実践的・体験的な学習活動を通して，中学生の栄養と調理についての基礎的・基本的な知識及び技術を習得する

とともに，地域の食文化について関心と理解を深め，これからの生活を展望して，課題をもって食生活をよりよくしようとする能力と態度を育てることをねらいとしている，と記載されている。

【3】1　中学生は常に親と一緒に食事をしているわけではなく，特に父親とは少ない。特に衣服の世話をしてもらう・家事をする項目では一緒に行う割合が少ない。中学生が家族の一員として家事仕事をすることは，周りの人々に支えられながら，自分も主体的に家庭生活を支える家族の一員であることの自覚や生活をよりよくしていこうとする態度を育てることにつながる。　2　子どもの養育，休息の場，高齢者の保護など。

〈解説〉かつて家庭は生産活動を含めた衣食住の自給自足や冠婚葬祭の実施など多くの役割を担ってきたが，現在では家族が一緒にいる時間は減り，家族の働く姿に触れたり，文化を受け継いだりする機会は減っている。また，社会に対する家庭の機能として，種族の保存・労働力の提供・資本の提供・物質の消費・文化の伝承などがある。

【4】①　糖質　②　食物繊維　③　脂肪　④　中性脂肪
⑤　リン脂質

〈解説〉食物繊維(ダイエタリーファイバー)は，消化吸収されないのでエネルギー源になりにくいが，便秘や腸内細菌の改善，大腸がんの予防や血糖値上昇の抑制などの生理作用がある。食物繊維の摂取率は，動物性食品の摂取量が増え，加工食品への依存度が高くなるにつれて低下してきている。

【5】1　省略　2　緑黄色野菜：にんじん・ピーマン　根拠：緑黄色野菜とは，生の状態で可食部100g当たりにカロテンを600μg以上含む野菜のことである。ただし，600μgに満たなくても摂取量や使用頻度の高いピーマンやトマトなども緑黄色野菜として扱われている。
3　部位：ばら　気をつけること：ひき肉は，かたまりの肉より空

気に触れる面が大きく腐敗しやすいので，新鮮なものを購入して早めに使う。加熱調理で中までしっかり火を通す。まな板を使用した場合は，すぐによく洗う。等　4　・油汚れのない食器類は洗剤を使用しない。・沸かし湯や水，米のとぎ汁を食器や鍋の下洗いに再利用する。など　5　省略

〈解説〉調理実習では，安全面と衛生面に特に留意する必要がある。食肉などを扱う場合には食中毒に気をつけなければならない。物質別発生状況としては，カンピロバクター，ウイルス，サルモネラ属菌などの細菌性食中毒が上位を占めている。これらの細菌性食中毒の予防として，①菌をつけない，②菌を増やさない，③食べる直前に加熱殺菌する，という3原則を守るようにすることが重要である。

【6】1　ア　組成表示　イ　取扱い絵表示　2　・水洗いはできない(洗濯機でも洗えない)。　・塩素系漂白剤による漂白はできない。　・アイロンは中程度(140～160℃まで)の温度でかける。　・ドライクリーニングができる。溶剤は石油系のものを使用する。　3　ポリエステルは，引っ張り・摩擦に強く，耐熱性や熱可塑性が大きいが，吸湿性吸水性はほとんどない。一方，綿は吸湿・吸水性が大きいが，しわになりやすく洗濯で委縮するという性質を持つ。ポリエステルと綿は互いに逆の性質を持つため，2つの繊維を混紡することにより，それぞれの長所を生かし，短所を補うことができる。　4　①　現在持っている衣服の種類や枚数，着る頻度や耐用年数，不要になった衣服の状況などを把握し，無駄な購入を防ぐために適切な衣服計画を立てる，等　②　衣服の材質に応じて適切に洗濯したり，補修して使用する，等　③　リサイクルショップやフリーマーケットで他人に譲ったり，他の商品につくりかえたりして有効に再利用する，等

〈解説〉繊維製品には，家庭用品品質表示法などにもとづいて，項目が表示されている。取扱い絵表示は，製品の国際的な流通の増加に対応して，ISO表示(国際標準化機構)に統一される方向にある。

【7】1　①　布地を2つに折って布地の折りやまに合わせることを示す。②　布目のたて方向，布目線を表す。　2　・布を持ち上げない。・刃を大きく開いて深く入れる。　・片方の手で布をおさえる。・はさみの下側は，机の面に当てたまま裁つ。　3　省略　4　上糸調節装置をゆるめる(小さい目盛りにする)。ボビンケースのあるミシンの場合は，ボビンケースの調節ねじで下糸を調節することもできる。

〈解説〉4　他に重要なこととして，丈夫で美しい針目をつくるためには，布地に対して，針と糸，縫製条件を適切に整えなければいけない。布とミシン糸，針は，普通地(ブロードなど)の場合，カタン糸50・60番，ポリエステル糸60番を用い，ミシン針は11番を準備する。

【8】できあがり図(省略)ショートパンツ

	制作手順	身につく技術
1	裁断をする(1時間)	・地直し・パターンの置き方　・しるしつけの仕方　・まち針の打ち方　・布の裁ち方
2	また上・また下の縫い代のしまつをする(1時間)	・ロックミシンの使い方
3	また上・また下を縫う(1時間)	・ミシンの使い方・丈夫にするための二度縫いの方法・おさえミシンの方法
4	ウエストのしまつをする(1時間)	・三つ折り縫いの方法(ミシン)・ゴム通しの方法
5	すそのしまつをし，仕上げをする(1時間)	・三つ折り縫いの方法(まつり縫い)・アイロンの扱い方
この作品を制作する良さ ・手縫いやミシン縫いの両方の技術を学ぶことができる。 ・三つ折り縫いや二度縫いなど目的に合わせた縫い方を学ぶことができる。 ・完成後に実際に着用することができる。など		

〈解説〉衣服づくりは，全体的な工程を考慮して計画表をつくり，材料や用具を準備して始めるとよい。平面構成の衣服は，直線的な形を保ってつくられるので作業内容が少ないが，立体構成の衣服は，人体に合わせた形を重視するので，平面構成にはない型紙づくり・仮縫い・補

正の作業内容が加わる。

【9】1 (一人遊び)一人で砂や泥をいじったりして感触を楽しむ。 → (平行遊び)他の子どもたちと同じ砂場で，それぞれ個人で砂山や泥団子など異なるものを作り遊ぶ。 → (連合遊び)仲の良い子どもとグループで泥団子や砂山など同じものを作って遊ぶが役割はない。 → (協同遊び)大きな砂山を作るために川を作ったり，トンネルを作ったり，水や砂を運ぶなど役割をつくって遊ぶ。 2 子どもは，一人遊びから協同遊びへと遊びを発達させながら友達とのやりとりや会話を通して，自分の意見やイメージを相手に伝えようとすることにより徐々に言語能力を発達させていく。 3 2歳くらいになると，自我が強くなるが，言葉での表現が不十分なため，相手に気持ちを伝えることができず，ものの取り合いが多くなる。

〈解説〉遊びは，子どもの欲求を満たす自発的で自由な活動であり，生活の中心をしめる。子どもは，遊びを通して学び，世界を広げながら心身ともに成長していく。子どもたちは，遊びの中で，ルールに従い自己をコントロールする力を身につけ，社会生活に適応していくことになる。

【10】1 3LDKの「3」とは，寝室になりうる部屋の数を表し，「L」はリビング(居間)，「D」ダイニング(食事室)，「K」はキッチン(台所)を表している。 2 起居様式……椅子座，長所……・起居などの動作が容易である。 ・活動性，作業性が高い，等 3 浴室や洗面所が近いことから，部屋の湿度が高いため。 4 浴槽に水をためておかない，浴槽にふたをする，等 5 転倒の恐れのある家具は建物に固定する，等

〈解説〉2 起居様式とは，床面に座る形式の床座(畳座とも言う)，椅子に座る形式の椅子座など，部屋における座の取り方に関わる様式のことを言う。床座は床の上に直接，座る，寝る起居様式のことである。動作は活発的でないが，自由な姿勢が可能で，部屋をいろいろな行為

に多人数で使える利点がある。

【11】1　利点：洗濯物がすぐに乾く，洗濯物を干す時間が省略される，等　　問題点：電気代がかかる，衣類が傷みやすくなる，等
2　内容：値段，機能，デザイン，等　　方法：カタログ，広告，インターネット，等　　3　保証，支払い方法，安全性，使いやすさ，等
4　クーリング・オフとは，一定期間内であれば，特定の商品・サービスに対して，契約の無条件解約ができる制度である。
〈解説〉物の購入のような意思決定に影響する要因には個人的要因，経済的要因，社会的要因などがあり，解決すべき問題(ここでは購入物)によっても異なってくる。意思決定のプロセスは，問題の自覚，情報の収集，比較・検討，決定，評価，フィードバックからなる。よりよい生活は，場面ごとに適切なプロセスをたどって，意思決定をし，それを積み重ねられることによって作られていくという自覚が必要である。

【高等学校】

【1】(1)　母乳栄養は直接母親の乳房からの授乳や乳汁を取り置いて摂取させるものであり，人工栄養とは乳児用調製粉乳を用いること。
(2)　はじめは少量ずつ子どもの機嫌や便の様子などを見ながら無理せず，あせらず進める。また，素材の味をいかし，うすい味つけを心がける。調理形態として，離乳初期は，粥・野菜・豆腐や白身魚などをゆで，なめらかにすりつぶした状態(ドロドロ状)がよい。中期には食材を煮て，舌でつぶせる固さにし，後期では歯ぐきでつぶせる固さが目安である。完了期(12～18カ月頃)では，歯ぐきで噛める固さまで徐々に移行していく。　(3)　アミノ酸価(必須アミノ酸含有量の人体の必要量に対する比率)を用いる。そのたんぱく質の第一制限アミノ酸を補うような組み合わせをするとよい。例えば，日本人は穀類からたんぱく質を摂ることが多いのでリジンが不足しやすい。したがって，大豆製品を組み合わせることによって栄養価を改善できる。
(4)　食事摂取基準とは，健康な人を対象として健康増進やエネルギ

ー・栄養素欠乏症の予防，生活習慣病の予防，過剰摂取による健康障害の予防を目的とし，科学的根拠に基づいて策定されたものである。国民の体位や食生活の変化に合わせて5年ごとに改訂され，年齢・性別に必要なエネルギー，各栄養素の摂取基準が示されている。
(5) (ア) グリセリン (イ) ピルビン酸 (ウ) モノグリセリド (エ) リポたんぱく質 (オ) アセチルCoA (カ) コレステロール (キ) クエン酸回路 (ク) CO_2 (ケ) ATP (6) ア ビタミンE イ 鉄 ウ カルシウム エ ビタミンK (7) 花子の場合……BMIは20.95で標準体重の範囲であるので，ダイエットの必要はないことを伝える。また，朝食を抜くと就寝中に下がった体温が上がらず，午前中の脳の回転が低下し学習効果が上がらない。更に朝食を抜くことで，1日の栄養摂取量が満たされず，他の食事で補おうとするため「まとめ食い」が起こる傾向も考えられ，逆に肥満の原因にもなるので朝食の必要性を理解させる。 太郎の場合……BMIは25.88で肥満である。まずは，適切な1日のエネルギー量を確認し，自分の適正体重を知らせ，現在の1日の摂取エネルギーと比較させる。肥満は高血圧や脳出血などの病気を引きおこす危険性が高くなることを理解させ，健康的な生活を送るためには，バランスの取れた食事と運動，生活習慣が大切であることを伝える。また，間食は時間と量に気をつけて上手く生活の中に取り入れるように指導する。 (8) ア 食事バランスガイド イ 食育基本法 (9) 幼児……・1回に食べられる量が少ないので，量に注意する。 ・全体的に味付けを薄めにして，食品そのもののうま味・風味を味わえるようにする。 ・消化器の発達が十分ではないので，消化がよく新鮮な食材を選ぶ。 高齢者……・個人差はあるが，あっさりしたものや柔らかいものを好むので，じっくりと火を通す。 ・活動量が減り，エネルギー摂取量も減るが，好みが片寄りやすいので，1つ1つの量は少なくしてまんべんなく食べられるようにする。 ・堅いものは細かく刻んでおく。

〈解説〉(1) 母乳栄養は授乳により，母子のスキンシップを図ることができる，アレルギーが少ない，母体の子宮の回復が促されるなどの利点がある。また，分娩後の数日間に分泌される乳汁は初乳と呼ばれ，栄養価の高いたんぱく質や免疫物質を多く含んでいる。人工栄養としては，乳児用調製粉乳が用いられている。調製粉乳は，栄養面・消化吸収面で母乳に近くなるように調整されたものであり，母親以外の者でも授乳ができる・飲んだ量が正確にわかる・母親の服薬，偏食の影響を受けないなどの利点がある。

【2】(1)　自宅のみそ汁を持参して，塩分濃度計で含まれる塩分を測定し，摂取塩分を算出する。または，塩分量の異なるだし汁を準備し，自分の好みの塩分量を測定する。うまみが強いと塩分は少なくても，おいしいと感じることに気付かせる。　(2)　火気・用具・材料などの安全と衛生に留意した事故防止の指導を行う。　(3)　ア　混ぜるとき魚の形を崩さないため。　イ　煮汁の温度を一気に下げないため。
エ　少ない煮汁で味を均一にいきわたらせ，材料の動くのを抑え，煮崩れを防ぐ。　ウ　牛乳中には微細な脂肪球やカゼインが多く含まれており，ものを吸着する力がある。この性質を利用して，魚を調理する前に牛乳に浸しておくと生臭味が取れる。　オ　魚肉に酢をつけると，そのたんぱく質が凝固するので生の場合とは違った感触のものになる。また，酢味が加わることで味が一層美味になり臭みも除かれ，酢によって殺菌されるので保存性が増す。　カ　ぬか床には，たんぱく質，脂質，繊維質，カリウム，ビタミンA，B1などの栄養素を多く含んでいる。ぬか床の栄養素が野菜に移行し，生の野菜と比較して栄養素が増加する。また，野菜の余分な水分が抜けることにより，生の野菜より多く食べることができ，食物繊維も多く摂取することができる。　キ　なすの色素であるアントシアンは，鉄などの金属イオンと結合するときれいな青紫色に安定する。　(4)　①　イ…テトロドトキシン　　エ…じゃがいも　　コ…感染毒素型　　②　スローフードとは，ファーストフードという大量生産の画一的な味をよしとするのではなく，世界各地の風土に根づいている食文化を守り発展させていくことが，生活全体にゆとりをもたらすことだけでなく，世界各国の関

係もいいものにしていけるという考えをもとにしているイタリアで始まったNPOの運動のことである。 ③ このマークの名称はHACCPといい，Hazard Analysis Critical Control Pointの略で，危険分析重要管理点と略される。原料の入荷から製造・出荷までの全ての工程を連続的に管理することによってひとつひとつの製品の安全性を保障しようとする手法である。 (5) 食は，最も身近で，日常的ですが調べてみて，びっくりすることや気付くこともたくさんあったと思います。これからも，今回調べたことをもっと深めたり，広めたりしながら食について学んでいきましょう，等

〈解説〉(3) キ 野菜の色素には，他にもクロロフィル，カロテノイド，フラボノイドなどがある。クロロフィルは緑色の色素で酸や熱に不安定で褐色になる。カロテノイドはだいだい色の色素で油脂に溶け，熱には安定である。フラボノイドは酸性で無色，アルカリ性で黄色になる色素で，鉄などの金属イオンと結合すると青，黄，緑になる。

(4) ③ 食品にHACCPと表示するには，厚生労働省の承認が必要である。

【3】日本国憲法…(3)，(10) 民法…(1)，(6)，(7)，(13)，(16) 戸籍法…(2)，(9)，(12)，(15) 学校教育法…(4) 労働基準法…(5)，(11) 国民年金法…(8)，(14)

〈解説〉設問以外で家族に関わる事項としては，扶養(民法838～881条)や相続(民法第882条～)がある。扶養については直系血族(子・孫・父母・祖父母など)・および兄弟姉妹は，互いに扶養義務を負う。また，特別の事情があるときは，三親等以内の親族(おじ・おば・おい・めいなど配偶者の親族も含む)につき，家庭裁判所の審判により扶養義務を負う。

【4】(1)　預貯金引き出し，保険受け取り金，借入金，有価証券売却，財産売却など　(2)　所得税，住民税，社会保険料など

(3)　391,042円

〈解説〉限りある収入で，家族一人ひとりがより満足できる生活をめざすには，実収入から非消費支出を引いた実際に使えるお金(可処分所得)の範囲で，短期的な収支のバランスをはかるほか，現在と将来の生活のバランスを考えた長期的な管理が重要となる。

【5】事業者の営業所以外の場所(自宅や喫茶店など)での指定商品の販売などの契約は，消費者が契約した後で一定期間内であれば，無条件で契約を解除できるクーリング・オフ制度を使用することができる。この場合での解除期間は，契約書面を受け取ってから(クーリングオフができることを書面で知らされてから)8日以内であるので，その期間内であれば事業者と信販会社に書面でクーリング・オフの通知を出す。

〈解説〉通常の店舗以外の場所での契約は，不意打ちや強制的な状況で行われやすい。このような契約から消費者を守るため契約の解除や申し込みの撤回ができるクーリング・オフ制度が，特定商取引法などで設けられている。クーリング・オフは契約成立後でも契約を解除することができる制度であるが取引内容によって期間の制限が異なったり，契約が解除できないこともあるので注意が必要である。

【6】[授乳時期] 授乳や安全確保のため，親と乳児を同じ寝室にする。乳児が寝る場所は窓や壁からの風や直射日光が直接当たらないように離す。　[幼児期] 子どもに対する安全性の確保や遊び空間を確保する。　[小中学生時期]「親と12歳までの子ども」や「夫婦」以外は性別により寝室を分ける。　[青年期] 個室の確保をプライバシーの確保をする。　[子どもの独立期] 個人生活(趣味など)の場を確保する。　[老年期] 身体機能の衰えに対する配慮(自立支援)や介護のしやすさ等を考慮する。

〈解説〉住み替えシステムの定着や可変間仕切りなどのような間取りの変

更を容易にする技術開発など，ライフステージに合わせた住まい方を可能にする社会的な対応も必要である。世帯人数の増減や子どもの成長，加齢に伴う身体機能の変化などライフステージごとの住居への要求を予想し，多少の変化には対応できる住まい方を工夫したい。

【7】(1)　紫外線には殺菌効果があり，室内のダニなどを減らすことができる。また人間は適度な紫外線を浴びることにより，体内時計をリセットし自律神経を整えることができる。　(2)　夏の暑さをしのぐための方法としては，庭や道路に打ち水をまく，風鈴を飾る，すだれやよしずを使用するなどがあげられる。その他にも，畳には湿気を吸い取ったりはきだしたりする調湿作用があり快適に過ごすことができる。
〈解説〉(1)　住居に太陽の光が入ると室内が明るくなるだけでなく，太陽の熱により暖められて乾燥するので，住む人に晴れ晴れとした感じを与えるという心理的な効果も大きい。また，紫外線によって皮膚内でビタミンDが生成される。

【8】②　共通性　　⑦　次代を担う人間　　⑧　人間的に成長する
(1)　人間は未熟で無力な状態で生まれ，全面的な養護が必要であり，ポルトマンは生理的早産とよんだ。生後約1年で他の動物が生まれたときの状態にたどりつく。　(2)　ア：友達と遊びながらことばを交わしたり，喧嘩をしたり，道具の貸し借りなどをして，多様な人間関係を体験し，社会性が発達していくことに気づかせる。　イ：遊びの中で大人が一方的にかかわるのではなく，子どもが自発的に安心して遊べるような環境づくりが必要であることに気づかせる。　ウ：異なる環境で育つ子どもが集団で遊んだり，生活することを通して人間関係を体験し，家庭の中だけでは得られない社会生活の基礎を体験する場であることに気づかせる。　(3)　愛着とは，保育者などのある特定の人や物に対して情緒的に強い結びつきを形成することであり，アタッチメントの訳語である。子どもと保育者の中に，生理的欲求を満たし

てもらう，満たしてあげるという関係を形成する中で，子どもは自己受容されていることを感じ，子どもとその人の間で基本的信頼感が生まれる。愛着の形成は，子どもの安全基地となり，能動的に外界を探索し人間としての知恵を育む土台となり，将来にわたる人間関係の基礎となる。　(4)　身体的虐待：身体に外傷が生じ，または生じるおそれのある暴行を加えること。　ネグレクト：児童の発達を妨げるような著しい減食や長時間の放置，保護者としての監護を著しく怠ること。心理的虐待：著しい暴言や拒絶的な反応，児童に心理的外傷を与える言動を行うこと。　性的虐待：わいせつな行為をすること又は児童にわいせつな行為をさせること。　(5)　イ　社会の一員として重んぜられる　　ウ　よい環境のなかで育てられる

〈解説〉平成22年告示の学習指導要領にも「ア　子どもの発達と福祉」は継続され，(ア) 子どもとかかわる，(イ) 子どもの発達と生活，(ウ) 親の役割と子育て支援，(エ)　子どもの福祉と権利の項目からなっている。

【9】(1)　一般的に加齢にともない身体の機能や記憶力は低下していくものの知恵や知性，総合的判断力，言語能力など，長い人生経験の中で身につけてきた経験的な能力は高齢期になってもあまり低下しない。これを結晶性知能という。一方，新しいことを学習したり，新しい環境に適応したりする能力で，変化への素早く柔軟な対応を支える能力のことを流動性知能という。この能力は生まれつき備わったものであり，20歳代から30歳代を境として加齢とともに低下していく。

(2)　廃用症候群とは，寝たきりなどの状態で心身の不使用・不活発などによって起こる機能低下のことである。筋力の低下や関節の拘縮だけでなく身体全体のあらゆる臓器の症状が含まれる。寝たきりを防止するためには，歩行の困難な者でもできるだけ寝たきりを避け，座位を保つようにする。また，日々のリハビリテーションにより手足の運動を継続し，高齢者が自分でできることは自分でするという気持ちを持てるように支援することも大切である。　(3)　高齢者が充実した生

活を送るためには，本人自身のそれまでの生活スタイルを維持し，残存機能を最大限に発揮するなかで尊厳ある人生をよりよく生きるQOLの充実が求められる。その中で，高齢者のADL(日常生活行動)の手助けや，話し相手になって楽しみを共にするなどのコミュニケーションをとる中で互いの気持ちを確認し合いながら，高齢者の充実した生活支援を行うことが必要である。 (4) 筋力の低下などで足が上がらず段差でつまずき，怪我をする場合があるので，段差はできる限りなくし手すりやスロープなどを設置する。視力の低下で物が見えにくかったり，色の識別も難しくなるので，足元に照明を付けたり，区別しやすい色彩の配色にする，等

〈解説〉(2) 寝たきりになる原因の多くは，脳卒中と骨折が占めている。脳卒中を引き起こしやすい高血圧，動脈硬化，糖尿病などの生活習慣病を防ぐための望ましい生活習慣を身につけることも寝たきり予防の1つである。

【10】(1) ① 衣服気候とは，衣服を着ることでつくられる，外界とは異なった人工的な空気層のことをいう。快適な衣服気候の空気層の温度は32±1℃，湿度は50±10％である。 ② 織物の基本的な交錯の仕方には，平織・斜文(綾織)・朱子織の3原組織がある。平織の特徴として，糸の交錯が多くて丈夫でありブロードやシーチングなどがある。斜文織(綾織)は平織より柔らかくてなめらかであり，デニムやサージがこれにあたる。朱子織は，摩擦に弱いが光沢があり，滑りがよくサテンなどがある。 ③ 編物は，たてまたはよこの一方向に糸のループ(編み目)をからみあわせてつくる。編み目の方向によってたてメリヤスとよこメリヤスがある。編物は，織物に比べて軽く，保温性に富み，伸縮性や柔軟性に優れているが，型くずれしやすい。

(2)

時期	特徴	配慮事項
乳児期	・一生のうちで、最も成長が著しい時期で、新陳代謝が激しい。 ・汗を多量にかくため、皮膚の殺菌力が低下し、ばい菌が繁殖しやすい。	・衣服の素材は肌触りがよく，吸湿性，通気性がよいもので体温調節がしやすいものがよい。また，皮膚も弱くかぶれやすいため，汗をかいたらこまめに着替えさせるようにする。
	・腹式呼吸。	・腹式呼吸を行うため，体を締め付けないゆったりした伸縮性のある軽量の衣服がよい，等
幼児期	・乳児期に次いで、身体の発育が著しく、活動も激しくなる。	・動きが活発になるので，ズボンやスカートが落ちないように，ウエストにゴムを入れたり，サスペンダーを利用する。
	・さまざまな基本的生活習慣を習得する時期である。	・単純なデザインや大きめのボタンがついているものを選び，着脱の，たたむ，片付けの習慣を身につけさせる。 ・前後を間違えずに一人で着られるもの，トイレでの上げ下げが簡単にできる衣服がよい，等
高齢期	・胸が湾曲し、背中が丸くなり、首が前に傾斜してくる。	・伸縮性のある素材を用いて，首や袖のゆとりを大きくし，小さな力で着脱しやすいデザインにする。背中の丸みが目立たないようなゆったりとしたデザインを選ぶ，等

(3) ① 原型　② 地なおし　③ ダーツ　④ ギャザー

(4) 解説参照

〈解説〉(4) 衣生活と環境については健康と安全に配慮した被服の入手と活用，資源・エネルギー問題や環境保全に配慮した再利用や適正な廃棄の方法などについて具体的に取り上げて，衣生活の管理が適切にできるようにする。また，資源の有効利用の観点から購入，活用，手入れ，保管，再利用，廃棄までを考えた循環型の被服計画の必要性についても理解させる。

【11】［解答例］炭水化物は消化吸収されるものと消化吸収されないものの，大きく2つに分かれる。消化吸収されるものは糖質と呼ばれ，ぶどう糖やでんぷんなどがある。これらの栄養素は体内で1gあたり約4kcalのエネルギーを作り出す。消化吸収されないものは，食物繊維や難消化性オリゴ糖などがある。これらは腸内細菌により発酵分解されて，0～2kcalのエネルギーを作り出すほか，便秘を防ぐ，血中コレステロールを低下させる，肥満を防止するなどの働きもある。炭水化物を多く含む食品はごはん，うどん，いも，砂糖などである。これらのうち，ごはん，うどん，いもなどは多糖類のでんぷんからなり，水と熱，あるいは熱を加えることにより，味も消化もよくなる。食物繊維を多く含むのは，寒天・干しヒジキ・干しシイタケなどであり，水でもどして柔らかくしてから熱を加えて調理する。

〈解説〉実際の授業では，講義で取り上げる(説明する)だけではなく，調理実習や調理実験で取り上げる場合もある。その場合は，例えばでんぷんの糊化(α化)や老化(β化)を取り上げることもできる。

●書籍内容の訂正等について

弊社では教員採用試験対策シリーズ（参考書，過去問，全国まるごと過去問題集），公務員試験対策シリーズ，公立幼稚園・保育士試験対策シリーズ，会社別就職試験対策シリーズについて，正誤表をホームページ（https://www.kyodo-s.jp）に掲載いたします。内容に訂正等，疑問点がございましたら，まずホームページをご確認ください。もし，正誤表に掲載されていない訂正等，疑問点がございましたら，下記項目をご記入の上，以下の送付先までお送りいただくようお願いいたします。

> ① **書籍名，都道府県（学校）名，年度**
> （例：教員採用試験過去問シリーズ　小学校教諭 過去問　2025 年度版）
> ② **ページ数**（書籍に記載されているページ数をご記入ください。）
> ③ **訂正等，疑問点**（内容は具体的にご記入ください。）
> （例：問題文では“ア～オの中から選べ”とあるが，選択肢はエまでしかない）

〔ご注意〕

○ 電話での質問や相談等につきましては，受付けておりません。ご注意ください。

○ 正誤表の更新は適宜行います。

○ いただいた疑問点につきましては，当社編集制作部で検討の上，正誤表への反映を決定させていただきます（個別回答は，原則行いませんのであしからずご了承ください）。

●情報提供のお願い

協同教育研究会では，これから教員採用試験を受験される方々に，より正確な問題を，より多くご提供できるよう情報の収集を行っております。つきましては，教員採用試験に関する次の項目の情報を，以下の送付先までお送りいただけますと幸いでございます。お送りいただきました方には謝礼を差し上げます。

（情報量があまりに少ない場合は，謝礼をご用意できかねる場合があります）。

◆あなたの受験された面接試験，論作文試験の実施方法や質問内容

◆教員採用試験の受験体験記

送付先	○電子メール：edit@kyodo-s.jp ○FAX：03-3233-1233（協同出版株式会社　編集制作部 行） ○郵送：〒101-0054　東京都千代田区神田錦町2-5 協同出版株式会社　編集制作部 行 ○HP：https://kyodo-s.jp/provision（右記のQRコードからもアクセスできます）

※謝礼をお送りする関係から，いずれの方法でお送りいただく際にも，「お名前」「ご住所」は，必ず明記いただきますよう，よろしくお願い申し上げます。

教員採用試験「過去問」シリーズ
滋賀県の
家庭科 過去問

編　集	© 協同教育研究会
発　行	令和6年2月25日
発行者	小貫　輝雄
発行所	協同出版株式会社
	〒101-0054　東京都千代田区神田錦町2－5
	電話　03－3295－1341
	振替　東京00190－4－94061
印刷所	協同出版・POD工場

落丁・乱丁はお取り替えいたします。